Hölderlin:
Komm!
ins Offene,
Freund!

Rüdiger Safranski

［德］吕迪格尔·萨弗兰斯基 著

何俊 译

荷尔德林传

来吧，朋友！
到广阔天地中去！

上海人民出版社

目　录

前　言

"神的火苗也在催促，在白昼与黑夜，/ 让我们启程。来吧！让我们观望那开显者"，这几句诗来自荷尔德林的《面饼与葡萄酒》——那是德语中最优美而又最强劲的哀歌。

假如我们不能敏锐地感知"神的火苗"的话，那么无论给它赋予何种意义，都几无可能靠近荷尔德林。

在荷尔德林的生活和诗歌中燃烧的火，到底是什么？这就是本书所要探讨的问题。

荷尔德林后来每次回顾其生活的时候，都会觉得自己一直都在作诗。诗句对他来说，就好像空气之于呼吸。在诗中，他完全为自己而存在，同时也与一个整体两心相依，处于一个想象的共同体中。此处再次援引《面饼与葡萄酒》中的诗句：天父以太！就这样众口呼唤相传 / 千万次，无人可以独自承受生命；这财富令人喜悦，与陌生人分享和交换，/ 它变成欢声一片……

诗对荷尔德林而言就是食粮，最高意义上的食粮，不管他茕然孤独还是亲密相依。母亲不理解这一点，想让他成为一名牧师。年轻的荷尔德林起初顺从地走上了通向这一职业的道路，在维滕堡经历了如下人生驿站：在邓肯多夫的修道院学校就读，然后到毛尔布隆继续求学，最后进入图宾根神学院。

在图宾根求学期间，一直以诗人自居的荷尔德林诗兴勃发，并且也对当时引发了觉醒潮流的哲学产生了浓厚兴趣。黑格尔、谢林与荷尔德林在神学院里组建了一个友盟，把它称作他们的"看不见的教会"。这对德意志观念论的创生可不是一段无足轻重的插曲。

1796 年，在记录集体哲思的传奇文本（后来被称作《德意志观念论最古老的体系纲领》）中，三位友人大胆无畏、年少气盛地写道："我们必须拥有一个新神话。"这随后成为友盟中的每个成员将用自己的方式付诸实现的承诺，而不满足于仅对这一神话展开哲学思考的，是荷尔德林。他投入毕生精力，将该神话用诗的形式创造出来。不过，为此他不得不一开始就从给予自己莫大鼓舞的哲学中抽身而出。作为诗人的他，超越了哲学。在灵感迸发的最佳时刻，他写下了这样的诗句：但持存者，诗人创立。

荷尔德林与黑格尔、谢林组成的友盟解散了。但荷尔德林并不是孤身一人，这个相貌堂堂的年轻男子总是被那些靠近他的人簇拥着。女士们迷恋上他，男士们也是如此。多段感情的顶点是与法兰克福的苏赛特·贡塔德之间的恋爱故事，以及与伊萨克·封·辛克莱[1]之间的友谊。

苏赛特与荷尔德林相逢，却无法相守。这是一个悲伤的故事，苏赛特在荷尔德林唯一一部长篇小说《许珀里翁》中的狄奥提玛这一形象上得以神化。辛克莱也在《许珀里翁》中有所映

1　Isaac von Sinclair（1775—1815），德国外交家、作家，荷尔德林的好友，《许珀里翁》中的阿拉班达的原型。说明：中译本脚注均为译者注。

射，他吸引荷尔德林这位热情高涨的共和主义者参与自己的革命活动。由此，荷尔德林也受到国家监管机构的密切注意。这肯定加速了他最终的精神崩溃。

逃避牧师一职的荷尔德林靠担任家庭教师维持生计，并不得不一再央求母亲提供经济援助，因为她掌管着他从父亲那里继承的数目可观的财产。假如她悉数支付给儿子的话，荷尔德林的生活进程肯定是另外一番模样。内心的独立总归必须努力获得，但更多外在的独立原本可以让他免遭某些屈辱。

终其一生，荷尔德林都是一个身揣秘笈而又怀才不遇的诗人。席勒曾试图提携他，歌德也曾向他施恩——仅此而已。在荷尔德林 1802 年初动身前往波尔多之前，他在给友人的书信中写道：他们可能并不需要我。

谜团重重地从波尔多返回半年以后，荷尔德林逐渐沉浸在自己的世界中。但他还是成功地创作了天才般的诗歌，直到他在 1806 年秋被人从霍姆堡送往图宾根的精神病院。一年后，图宾根的木匠师傅齐默尔收留他寄居家中。他在木匠家里度过了下半生，整整 36 个年头；他住在塔楼上的房间里，可以眺望他早年曾为之赋诗一首的内卡河的美丽风光。

头些年，荷尔德林还会爆发狂躁的症状。后来他就安静了下来，清醒着，不再迟钝，不断地自言自语；如果遇到他觉得自然而亲切的人，他也乐于交谈。他保留着自己的倨傲。他非常确切地知道自己是荷尔德林，即便偶尔用别的代号自称。不过，有时他也会悲伤。这时候他就会作诗，站在书桌旁边，左手击打着节拍：这世上的舒适我已享用／青年时光，多么漫长，多么漫长，业已消逝，／四月、五月和七月，渐行渐远／我再无价值，再也不愿活下去！

荷尔德林就这样活着，直到 1843 年。

他无法亲历自己的声名鹊起，那要到 1900 年前后才开始。自那以后，荷尔德林就被载入文化记忆的史册，永志不忘。但他同样也是作为"经典作家"被人铭记，或者被当作近乎神秘的人物。不过，无论如何都是一个迢远的过客。

因此，本书尝试着小心翼翼地走近他。来吧，朋友！到广阔天地中去！

第一章

出身。体面者。荷尔德林自尊自爱。

生父和继父亡故,母亲孀居。童年的诸神。

跟母亲的关系。科斯特林家族。神童谢林。

1770 年 3 月 20 日,弗里德里希·荷尔德林在内卡河畔的劳芬[1]降生,在施瓦本地区的"体面者"圈子里长大。"体面者",高级中产阶层自信地如是自称,其主要成员是所在邦郡和当地新教教会的公务人员。此地要求保持虔敬的生活作风,至少外在应该如此,人与人之间都会谨慎恪守。当地教会征召新生力量,而邦郡为此提供监管与资助。

该阶层人员的社交也限于群体内部,联姻亦是如此。于是圈子里出现了盘根错节的姻亲关系,而所有成员都拥有一段共同的历史。荷尔德林家族也是这个"体面者"圈子的成员,甚至是以一种特殊的方式呈现出来。因为荷尔德林的母亲、来自查

---

1 Lauffen,地名,今属巴登-符腾堡州。

波尔高[1] 的一位牧师的千金，是所谓的"施瓦本精神之母"雷吉娜·巴尔迪里[2] 的后代。通过这一纽带，荷尔德林就与谢林、黑格尔、乌兰德[3] 和卡尔·弗里德里希·莱恩哈德[4] 结成了远亲，而最后那位也曾就读神学院，后来在大革命时期的法国官至外交部部长。

在这些圈子内部，成员都互相支持，对待名誉谨小慎微，大多数时候表现得虔敬、能干、自信，对自身的道德作风颇为骄傲，而正是这一作风，使圈子与充斥着让人心生疑窦的放荡之风的宫廷形成鲜明对照。

跟荷尔德林的祖父一样，荷尔德林的父亲海因里希·弗里德里希[5] 也曾做过修道院总管。那时，位于劳芬的雷吉斯温迪斯修道院的财物已经移作俗用，由荷尔德林之父掌管。这是一个名利双收的职位。早在荷尔德林的祖父担任此职时，他就已经积聚了一些财富；而后的海因里希·弗里德里希，即荷尔德林之父、一位对经济营生颇为在行的法学家，则深谙财富增值之道。但他并无多少时日可以投身此事，因为在 1772 年，亦即荷尔德林出生仅仅两年之后，这位乐天合群、享受世俗之乐的男子，就因为一

---

1 Zabergäu，地名，今属巴登-符腾堡州。

2 Regina Burckhardt-Bardili（1599—1669），娘家姓布克哈特（Burckhardt），其丈夫为 Carl Bardili（1600—1647），因其众多而杰出的子嗣被地质学家拉特（Hanns Wolfgang Rath）称为"施瓦本精神之母"。她的后嗣包括荷尔德林、乌兰德、豪夫等施瓦本诗人，以及哲学家谢林和黑格尔等。

3 Johann Ludwig Uhland（1787—1862），德国诗人、剧作家、文学史家，以叙事谣曲和浪漫诗歌闻名。在浪漫派后期，德国南部施瓦本地区以乌兰特为中心聚集了一大批浪漫派作家，在文学上称他们为施瓦本浪漫派。

4 Karl Friedrich Reinhard（1761—1837），德国伯爵、文学家，后来在法国担任外交官，为德法之间的精神文化交流作出了重要贡献。

5 Heinrich Friedrich Hölderlin（1736—1772），荷尔德林的生父，劳芬修道院总管。

场中风出其不意地撒手人寰，而之前的他显然一直身强体健。

对于早年的丧父之痛，荷尔德林并未做过实质性的回忆，即便他在孩提时代闹剧般地描述过父亲下葬的情境：送葬队列静默地迂曲前移，/火把的微光映照价格不菲的灵柩，……/那时我还是个口齿不清的幼童，/哦父亲！蒙福的可亲之人！我失去了你。

年轻的母亲独自带着三个孩子孀居，分别是荷尔德林、不久夭折的一岁的大妹妹，以及遗腹女小妹妹玛丽亚·埃莱奥诺拉·海因里克[1]——大家都唤她里克。

人称"漂亮孀妇"的母亲，其单身的日子也没有持续多久。亡夫的友人——约翰·克里斯托夫·戈克[2]很快向她展开了求婚攻势。他是一位普通教员的儿子，并未跻身"体面者"行列，但作为一名能干的公务文职人员，他正在向这个圈子靠近。正如荷尔德林的父亲生前一样，戈克也与当时颇有影响力的行政长官比尔芬格[3]过从甚密。比尔芬格被调任到尼尔廷根之时，戈克也一同搬迁，并得到他的支持，在当地开了一家葡萄酒酒庄。在戈克与那位"漂亮孀妇"之间，很快就生发出一段恋爱关系。戈克不是斤斤计较的人，他真挚坦诚、不谋私利，但是将一位佳偶拥入怀中的愿景让他备感欢欣鼓舞，因为那位年轻的遗孀富庶阔绰。

行政长官比尔芬格也是荷尔德林一家孩子们的教父，他出面

1　Maria Eleonora Heinrike（1772—1850），荷尔德林的亲妹妹，他给她写过大量书信。

2　Johann Christoph Gok（1748—1779），荷尔德林的继父、葡萄酒商，曾任尼尔廷根的市长、议会议员。

3　Karl Friedrich Bilfinger（1706—1766），他还协同荷尔德林的继父在瑞士宫里建造了一座葡萄酒酒庄。

撮合这桩婚事，荷尔德林的母亲也不反对。荷尔德林同母异父的弟弟卡尔[1]在回忆录中写道，她受到鼓动，"出于后代教育和财产管理的考虑，接受了她早逝夫君的一位至交的求婚，其人就是商会理事戈克，不久前刚刚迁居尼尔廷根"（转引自 Wittkop, 5）。

不过，在新婚宴尔之前，戈克还不是"商会理事"。这个头衔是与他联姻的孀妇为他买来的。在第二任丈夫身上，她还是投资不菲。在缔结第二段婚姻之前，她还在尼尔廷根购置了一大片土地，即包括附属田邑在内的所谓的"瑞士宫"。葡萄酒酒庄里储备丰富，但据说做的是亏本买卖。戈克当时还不懂如何做葡萄酒生意，但他天性就是如此，无忧无虑，渴望有所作为，而又自信满满。大量堆积、带有酸味的葡萄酒销路很差，对此荷尔德林的母亲约翰娜在晚年所写的遗嘱中也有微词：她责备自己的第二任丈夫在经营时大手大脚，虚掷不属于他的金钱。

有了比尔芬格的支持，再加上约翰娜的财富提供后盾，戈克在竞选市长一职时大获全胜。1776 年，他得以当选。他的平步青云自然引起了"体面者"圈子的妒忌，但除此以外，他倒是做出了令众人满意的政绩。对此，约翰娜感到骄傲。她很看重地位和名声，并把这份雄心壮志传递给了儿子，而荷尔德林对自己跻身"体面者"之列也颇感自豪。就读图宾根神学院时，荷尔德林有一次打掉了一位社会地位在他之下的代课教员头顶上的礼帽，因为该教师拒绝按照自己身份规定的那样先行脱帽。荷尔德林就是这样自尊自爱。

在城市风貌和乡村景致兼有的"瑞士宫"的广阔土地上，荷

1　Karl Christoph Friedrich Gok（1776—1849），荷尔德林同母异父的弟弟，两人手足情深，荷尔德林给他写过大量书信。

尔德林度过了他的童年，此后也经常津津乐道地回忆那段时期，声称那个地方是男孩的喜乐之地，那段时期是游戏玩乐与静悄莞尔的时光。在回忆孩提时代的时候，他在《许珀里翁》的诗体稿本[1]中把自己描绘成一个耽于白日梦的孩童，不得不一再被玩伴拉回现实：

> 当然，我所见所闻时常围于自身，
> 人曰右行，我却向左，
> 被唤迅速取来杯盏，
> 我却拿来了篮筐，我也听到了
> 正确之语，就在我
> 奉命行动之前，我的万民
> 来到我面前，要求我提供建议，而敌人
> 要求我再次参战，
> 在这巨大的惶恐面前
> 我微小的害怕消散无形，……
>
> 我饱受千万重细小痛苦的折磨。
> 而这总是可以得到宽宥，每当
> 那些更聪明的人发出会心的笑声
> 让我从蒙福的至乐中惊起，……（MA I, 521；诗行
218—227, 233—236）

1　荷尔德林《许珀里翁》的创作前后历时八年，涉及不同体裁和诸多稿本。1795年，他开始创作诗体（无韵诗）的《许珀里翁》，但很快就放弃了，转回散体创作。

回顾往昔，荷尔德林觉得，在那里度过童年时光的"瑞士宫"周围的花园，正是他与神性首次相识相知的地方：

　　　　当我还是个孩子，
　　　　有位神常将我拯救
　　　　助我逃离众人的责打，
　　　　那时我安适地嬉戏
　　　　小树林里的花朵，
　　　　天上的丝丝微风
　　　　也逗引着跟我玩乐。

　　　　哦，你们这些忠贞
　　　　而友好的诸神！
　　　　你们可曾知晓，
　　　　我的灵魂何其热爱你们！
　　　　虽然那时我还没有呼唤过
　　　　你们之名，正如你们也
　　　　从未叫过我的名字，不像人群会彼此称呼，
　　　　当他们结识的时候。

　　　　但我对你们更为谙熟，
　　　　胜过我以往对众人的了解，
　　　　我感受到天穹的静寂
　　　　众人的话语我却从未明了。

　　　　抚育我的是那袅袅之音

来自沙沙作响的小树林

我初次懂得爱的滋味

就在那百花丛内。

在诸神的臂弯里我长大成人。（MA I, 167—168；诗行 1—7, 16—32）

照荷尔德林回忆，他当时总是觉得周围人群的话语在天穹的静寂中太过喧嚣。至于他是否当时确实已经感受到作为一种神性自然力量的以太——天宇和大气，抑或那是二十年后回溯式的映射，这一点无法断定。无论如何，在蒙上了神圣色彩的童年回忆中，他从小到大历经的虔敬派氛围里的道德之神仅仅扮演了一个微小角色。在他看来，自己蒙受的、充满爱意的庇佑在更大程度上来自一众尚寂寂无名的诸神；与其说源自基督教，毋宁说这些神灵似乎来自古希腊。

尼尔廷根位于施瓦本山脚下的一片优美宁静的风景之中，周围是良田沃土，其间有果园花圃，内卡河岸横亘着成排的柳树和杨树；在更开阔的周边地区则有大片的草甸山丘，那里到处可见小教堂拔地而起。

自从 14 世纪开始，尼尔廷根拥有都城权限。当地居民对此感到骄傲，也为此地的各种城市机构自豪：一所拉丁文学校、一家医院、地方特权等级的部门、一个颇具规模的市场以及多座教堂。然而，1750 年 12 月 12 日到次日的夜间，一场大火突然降临，将 133 座建筑物化为灰烬。整个中世纪的城市核心部分被焚。城市得以顺利重建，也就是说，荷尔德林的尼尔廷根很大程度上是一座新建之城。火灾让之前就已在本地生根发芽的虔敬精神重又壮大起来。直到荷尔德林上小学的 1780 年代，都还可以听到如下布道之语："上帝设立这个可悲的裁判所，其原因可能是什么？可以肯定，是因为你的市民和居民没有听从上帝的声音，除此之外，别无其他……"（转引自 Wittkop，4）那时候，当地教会相当严苛，极不情愿地容许传统民间节日的存在，比方说邻近地区万人空巷的"尼尔廷根五月节"。节庆之时，居民会载歌载舞、上演戏剧，尤其对青少年来说，那是一年中欢乐臻于顶点的时刻。但居民尽力不让喜悦之情肆意弥漫，他们在喜剧上演之前做礼拜，对此，一位同时代的观察者嘲讽地评价道："整部戏剧的滑稽之处与弥撒仪式的庄重开端形成鲜明对比。"（转引自 Wittkop，15）尼尔廷根的居民都很虔诚，至少对外如此。

在市民循规蹈矩的尼尔廷根，荷尔德林度过了备受庇佑的童年。这个天资聪颖的男孩可以自由成长，继父对他也视若己出。后来，荷尔德林沉痛地回忆他，把他称为一个永远开朗的灵魂。（MA II，775）

荷尔德林并没有真切地经历生父的离世，而继父之死让他感觉如此之近。那是在 1779 年 3 月，当时荷尔德林 9 岁。他的继父、市长克里斯多夫·戈克在一场洪灾中四处奔走效力，身体严重透支，几周之后就因为一场重感冒溘然长逝。对继父过世的回忆让荷尔德林备感痛苦，多年以来一直萦系心间。荷尔德林 16 岁时所作的诗歌《我的童年》就是献给继父的：

> 啊，昔日降至我们宁静屋舍的，
> 是那令人敬畏者，你的死亡天使！
> 永远尊贵的父亲！将你，那悲叹哀告者
> 从家庭的中心，从我们身边带走；

当在那沉寂得可怕的临终卧榻旁

我的母亲无知觉地倒卧尘埃——

呜呼！我还能看到它，那苦难之地，

永远浮现在我眼前的，是那漆黑的死亡之日——（MA I，
22；诗行 25—32 ）

在 1799 年 6 月 18 日写给母亲的书信中，荷尔德林把自己的忧悒
倾向归因于继父离世。荷尔德林写道，那时他的灵魂首次被定格
到那个严肃之人的身上，自那以后那个人就从未完全离他而去。
（MA II，775 ）

在他爱戴的继父去世以后，荷尔德林就完全依赖母亲了。母
子关系变得颇为奇特，也留下了很多悬而未决的问题。致母亲的
书信一直充盈着真挚和亲切，这样的感情基调延续到 1802 年前
后，即母子关系第一次出现裂痕之时。当母亲再次抱怨儿子与她
渐行渐远的时候，荷尔德林在给她的信中写道：母子之间存在的
虔诚精神，在您我之间并未消亡殆尽。（1799.6.18；MA II，774 ）

一种虔诚精神把荷尔德林母子连在一起，即便儿子当时
（1799 年）的虔诚之心跟母亲的并不相同。母亲恪守教义，正统
而保守，内心深处对虔敬主义执着不已。荷尔德林尊重母亲的虔
诚之心，但向她隐瞒了自己完全不同的、超出基督教范围之外的
虔诚之情。尽管如此，母子之间还是存在互相理解的可能性。不
过，这一可能性并不适用于荷尔德林安身立命的中心点——作
诗。母亲对儿子写诗执拗地视而不见，当写诗危及他的大学学业
和本职工作时，她提出了反对意见。对她而言，诗人根本就不算
是"体面者"的身份群体。唯独有一次，她过问了荷尔德林的创
作，明确请求给她寄一些他写的东西。儿子满足了母亲的心愿，

给她寄去了《致命运女神们》一诗，其中可以让人感受到大作告成之后的赴死意向——可一旦萦系我心的，/ 神圣事业，诗歌，被我完成，/……/ 那么欢迎你，哦冥界的沉寂！。（MA I，188）诗歌发出之后，他紧接着又寄了一封书信，意在消解母亲的忧虑，其中写道：亲爱的母亲，我必须请求您不要过分在意从我的诗中读到的内容。（1799.7.8；MA II，789）荷尔德林的母亲对诗歌几无涉猎，也无法理解儿子的作诗热情。后来，她坚信最终就是诗歌让儿子走向毁灭。按照她的愿望，荷尔德林应该成为牧师，她也一直敦促儿子朝此方向努力。儿子应当娶妻生子，住在牧师的宅子里，等她上了年纪再搬来同住，这就是荷尔德林母亲的心愿，为此她把继承的钱财节省下来。

虽然母子关系中不乏紧张和对立，但荷尔德林很长时间都对母亲怀有深切的感情，亲近而又依赖她。如果他不能得到母亲的尊重给予的护佑，就很难做到自尊自爱。接下来，他又担心自己会流离失所：我可以跟您说一下这个问题吗？如果我经常感到居无定所，永不消停地在人海中凤泊鸾飘，那么原因只有一个，就是您在我身上找不到愉悦之感。（1798.12.11；MA II，720）

荷尔德林不辞辛劳地给母亲写了很多信，他的大多数书信都是写给她的。这些信件感情真挚，但同时总是敬意满满，有时甚至充斥着极度可怕的刻板和拘谨；另外，从中还可以窥见策略的运用。他不愿意让她担忧，在信中淡化了某些东西，也隐瞒了很多。他在给母亲的信中从不透露自己的爱情经历，但是会不断地宣称他是多么深爱着她。他害怕跟她发生冲突，不过，一旦母亲流露出悲伤之情，让承认自己有忧悒倾向的荷尔德林心生愧疚，或是产生类似压力之感，他就会将自己保护起来。尽管他知道母亲也曾经历些许坎坷——两任丈夫和三个孩子先后离她而去，但这个 19 岁的青年就是有点早熟，提醒她注意自己身为基督徒的道义责任，不要沉湎于深切的悲恸之中，另外还建议她享受曼妙的春光。（1789 年 4 月和 5 月；MA II，450）荷尔德林就这样抗拒自己的母亲，以及她传递过来的忧郁。还有一次，他在信中写道：您不要退避到一个隐秘的团体之内承受痛苦，不要太过慷慨地对痛苦听之任之。（1797 年 7 月 10 日；MA II，660）

然而特别奇怪的是，母子关系破裂之后，这位从不间断地监管儿子生活的母亲却几乎完全退居幕后。从 1807 年直到她辞世的 1828 年，她可能从未探访过住在图宾根塔楼里的儿子。在那里居住的头些年，一旦有人哪怕是旁敲侧击地让荷尔德林想起家庭和亲属关系，他都会疾病发作、勃然大怒。

在担任家庭教师之时，荷尔德林不得不一再央求母亲经济上的救助。实际上，他恳请要回的钱本来就是他自己的。在继父戈克过世的时候，母亲与子女——里克及荷尔德林可供继承的财产是分开的：母亲因为第一段婚姻继承一部分，而子女因为母亲的改嫁享受另一部分。荷尔德林兄妹俩与同母异父的弟弟卡尔一开始所得空空，因为母亲的第二段婚姻中并没有产生财富增值，而戈克本人也没有为这段婚姻带来什么财产。这一状况将会损害荷尔德林与其继弟之间的关系，因为后者不被允许接受大学教育，而不得不满足于接受行政办事员的职业培训。卡尔抱怨自己的命运，不得不从荷尔德林意在提点他的众多信件中找寻慰藉。荷尔德林打算与小他六岁的卡尔分享他的精神世界，为此弟弟也心怀谢意，但同时也意识到更好的方式是选择自己的世界。他正经八百地完成了这场转变。他是个能干的人，工作也干得风生水起，一直做到了斯图加特附近地区酿酒厂的行业顾问，这可是个颇有名望的职位。当时他被视为符腾堡公国最内行的葡萄酒专家，也专门为本地的这一行业写了一本书。1831年，他得以擢升，步入贵族行列。在1820年代，是卡尔·戈克建议荷尔德林出版一本诗歌集，后来诗集的付梓由乌兰德负责。集子于1826年6月出版，卡尔·戈克寄了一本给他的哥哥荷尔德林，附言如下：你的卓越创作结出的成果如今在世上留存下来，你的思忆也将在这些诗歌里记录下来，被每一位深切感念的文化人士永远敬仰。（1826.7.25；MA II，960）荷尔德林对此事的直接回应没有流传下来。不过，后来有位拜访者谈到诗歌的编辑堪称上乘的时候，荷尔德林表达了自己的愤怒，说并不需要别人的代劳，自己就可以对作品进行最好的编辑。

母亲1828年驾鹤西去之后，家里爆发了一场遗产纷争，因为妹妹里克坚持要求削减荷尔德林的份额，原因是长年累月的生活供养几乎将他的那部分财产耗尽。但负责处理此案的法院并没有接受妹妹的提议，而是提醒她注意母亲的生前指令——"只要荷尔德林循规蹈矩"，就不要克扣他的生活用度。

母亲过世之时，其现有资产已经积累到1.9万古尔登[1]（相当于今天的几十万欧元），当时荷尔德林已是一个相当富有的人，但几乎没有注意到这一点。事实上，此前他就已经物质优渥，因为生父1774年过世时4岁的荷尔德林就分到了几千古尔登，这些钱被母亲转化成了典契和贷款，随着时间流逝已经大幅增值。母亲当然非常善于经商，但不是止步于自己发家致富。她还想为儿子，以及后来出嫁时才能分得所属遗产份额的女儿打算，保证他们有个好的将来。至于荷尔德林，她却期望他有一个如她所愿的未来，即成为一名牧师。因此她一直托管着儿子的那部分资

1　神圣罗马帝国时期的一种货币。

产，这样就可以对他施加压力，让他在一定程度上依附于她。荷尔德林却没有勇气要求自由掌握名下的那部分财富。假如他做出这番举动的话，他的生活可能会是另外的模样。他也许会提早结束自己的牧师职业培训，可能也不必遭受经常让他感到屈辱的家庭教师职位的折磨。他本来可以更为自由地摆摆架子。直到他住进图宾根的塔楼，事实上坐拥钱财也无法施展拳脚的那一刻，至关重要的经济独立才姗姗来迟地降临到他的身上，这可谓是他人生命运中的一个悲剧性的讽刺。

木匠师傅齐默尔住在图宾根，是忠心地照顾荷尔德林的房东，他有一个谣言传世：荷尔德林的母亲在第一次妊娠不顺期间曾经立下誓言，如果生的是男孩，他要"注定效忠上帝"（KA 3，677），即从一开始就已经献身宗教职业；然而荷尔德林总是与之对抗，因为神学无法吸引他。正如齐默尔所言，荷尔德林修了"太多的自然哲学课程"。

实际上，当荷尔德林被送到尼尔廷根的拉丁文学校之时，母亲就已经放弃让他学习神学。拉丁文学校旨在帮助学生通过当地的三次统一考试，首先是为了进入邓肯多夫和毛尔布隆的修道院附属学校，最后则是进入图宾根神学院。在公国的支持下，地方引入众多严苛的选拔考试，旨在从准入年龄为 14 岁的少年中间挑选天资聪颖的精英，为新教神职机构储备力量。

荷尔德林的母亲不满足于拉丁文学校的教学，另外还为儿子请了一位家庭教师——执事纳塔内尔·克斯特林 [1]，不过这对成长中的荷尔德林倒是一桩幸事。因为年少的他对那位既博学又

1　纳塔内尔·克斯特林（Nathanael Köstlin，1744—1826），德国新教神学家，其外甥谢林和私淑弟子荷尔德林都是他的拥趸。

热心、施威而不压制的家庭教师很是依恋。按照同时代人的描述，克斯特林传递给众人的是一种"自身存在完美无缺的独特印象"，以及"温情脉脉的善情美意"，因此众人对他报以"敬畏"和"爱戴"。（转引自 Wittkop, 20）这位家庭教师对荷尔德林来说还有另外一个重要意义，因为荷尔德林在老师那里认识了他的外甥，也就是当时年仅 10 岁、但已经可以轻松阅读拉丁文和希腊文的"神童"谢林。谢林后来还会回想往昔岁月，忆及他如何被年长的同学霸凌，而比他大 5 岁的荷尔德林承担起保护他的任务。跟荷尔德林不同的是，谢林不需要在邓肯多夫和毛尔布隆的学校就读，因为他在那里已经无法再学到新知识。谢林的父亲是一位学富五车的牧师，于是暂时充当了儿子的老师，直到儿子获得特许，以 15 岁的年纪进入神学院。在那里谢林再次遇到了荷尔德林，在相当长的一段时间内，两人都跟黑格尔同住一间宿舍。

对荷尔德林而言，谢林的舅舅纳塔内尔·克斯特林是其少年时代的一位重要导师。荷尔德林在以后的岁月里一再向克斯特林请教，而这位老师也极为关注自己昔日学生的成长。

第二章

邓肯多夫。修道院日常生活。致克斯特林的书信。虔敬主义的灵魂考验。一个抗拒"尘世"的灵魂的自我宣言。对自我迷失的畏惧。自由主义的毛尔布隆。初恋史。品达的飞翔和克洛普施托克的伟大。以诗人身份降生。

1784年10月1日，荷尔德林顺利通过第一次地方考试，进入邓肯多夫的修道院附属学校，尽管学校离市中心仅7公里远，但仍然遗世独立，自成一个世界。那些在花园里度过的、充满幸福憧憬的诸神时光已经消逝，他觉得自己被深锁进了古老修道院的灰暗围墙之内，被各种严苛规则束缚了手脚。校方只允许学生在假期回家，也不欢迎家人前来修道院探望。参加礼拜仪式，而且一天多次，这是必修的日课。否则就会受到惩罚，吃饭时喝不到红酒。教学在监管下进行，即便使用培养学生虔诚感的教材，也会警告学生不要走向奢靡主义，不要陷入神秘主义或主观臆断的泥潭。独立自主地进行思想上的研究，这是校方不愿意见到的。学生最好是勤读《圣经》，但也要避开"某些"地方。"轻浮不端"的小说，比方说歌德的《维特》[1]，是禁止阅读的。此外，还要求学生行为举止守贞而庄重。饮茶或者喝咖啡也会受到警告，因为这些饮料会让人高度兴奋。按照校方规定，学生还应该远离修道院附属学校里的家务工具和农业器械，因为他们不宜跟服务业人员打交道：毕竟还得注意自己未来的阶层声誉。去酒馆也是一大禁忌，就像打牌、打保龄球、高声喧哗和在公众场合跳舞一样。出身优渥的学生则被警告不要"情感充溢"，不允许献"不合时宜的殷勤"，甚至不能发出"任何空洞无物的欢呼"。在修道院的围墙之内，一切都该简约而内敛地进行，就是不能"世俗化"。在那里可以感受到一种虔敬主义的精神风貌，它首先对所有"世俗的"事物持怀疑态度。

这一切都是为了凸显生命中的重要转折，以及与不得不抛在脑后的过去之间的界限。尽可能地避免回忆在家的时光，不要形成情感上的依赖！此外，虔敬主义者还把希望寄托在教派皈依上面，其目的是，用保卢斯[2]的话来说，把一个内心深处焕然一新的人"引渡"过来。而这一点要在修道院附属学校里发端。不光生活方式要跟僧侣的一样，外面穿的衣服也是如此——按照学校章程的规定，学生"在修道院内外"都不能穿"世俗之服"。（KA 3，595）虽然规则的执行有时候会松动一点，但也只是在校督的背后进行。学生们依附于一个性格"悭吝、阴险而又厚颜无耻"之人的恩慈，其中一位后来这样回忆。不过，即便没有这个暴君般的人物，日程安排也充斥着专制和蛮横：每周59课时，每

---

1 《少年维特之烦恼》（*Die Leiden des jungen Werther*），近年也有新译名"青年维特的痛苦"出现，参见［德］约翰·沃尔夫冈·冯·歌德：《青年维特的痛苦、亲和力、小散文、叙事诗》，卫茂平、胡一帆等译，上海外语教育出版社2019年版。
2 Paulus von Tarsus，在《圣经》国度之外传播耶稣福音的重要使徒。

天的作息时间表从早上 5 点排到晚上 8 点，其规定苛刻得令人难堪，除了中间两次 1 小时的休息时间里可以自由活动，其余时间都要集体安排，而且接受监管。这样缺乏独自做梦机会的生活使年少的荷尔德林尤其深受其害，另外让他饱受折磨的是，这里没有让他可以敞开心扉的老师。

因此，以后的一段时间内，他还能向备受爱戴的尼尔廷根副主祭克斯特林求助，这对他来说不失为一大幸事。在保存下来的荷尔德林书信集中，第一封就是写给克斯特林的。

少年荷尔德林将克斯特林认定为灵魂引渡者和告解神父。从信中可以发现，荷尔德林已经参与了一些虔敬主义自我观察和灵魂探索方面的练习，而这条独特的纽带将亲密和猜疑两个对立面联系起来。他写道，作为真正的基督徒，他也收获了诸多积极的感动，但很可能这些并非真实，而只是源于他多愁善感的天性，因此还可能会被视为情绪多变的证明。另外，他也无法相信自己内心深处对自然的感受。他热爱自然，而这种享受自然的孤寂之感难道不是与人类相抵触的吗？他突然发觉，在这样纵情享受自然的时候，他更倾向于蔑视人类。这样与人类为敌的性格不是一种傲慢吗？如果他出于愧疚而尽力友好地对待普通人，这可能也不合适，因为这其中隐藏着取悦世人、而非上帝的努力。他就这样不断变换自己的感情，其手段在一定程度上甚至还颇为高妙，以至于旁人其实并不相信他出现了精神危机。他肯定切实感受到了在自然中独自享乐的需求和面对人群产生的恐惧不安，但他是否确实将此视为一桩罪行，尚还存疑。因为这封信给人的感觉太超脱了，几乎就像是虔敬主义灵魂探索的样本。他写道，打算给他爱戴的克斯特林敬献对以下棘手问题的看法，即如何把自己处事行为中的睿智与仁慈，以及宗教结合起来。（1785 年 11 月；

MA II，393）

　　如果说这封信透露出一直潜藏在虔敬主义者心中的罪恶感，那么两年以后，也就是荷尔德林给友人伊曼努尔·纳斯特[1]写信时，那种感觉已成过去：那么请告诉我，朋友，为何我要……让人将自己最无辜的行为描述成罪过。（1787 年 1—2 月；MA II，398）

　　在致克斯特林的书信中有一个附注，它暗示了在以后的岁月中也将困扰荷尔德林的一个问题：最小的麻烦都将我的心从自己体内驱逐了出来，（MA II，393）他这样写道，由此承认了他易受影响的性格：他不得不一再与外部状况和影响作斗争，以维护自我所有权。恐惧折磨着他，他可能会迷失自我。他感觉自己不得不发起自卫，抗击那些将自己从体内驱逐而出的力量。这一感觉状况逐渐演化成对古希腊伟大英雄的热爱：他们是荷尔德林的榜样，因为他们在自己的内心深处休憩。尽管他们也承受糟糕之事的折磨，但不会迷失自我。自我迷失是最糟糕的，这一点对于 15 岁的荷尔德林来说已被证实。

　　但如何维系自己的心灵呢？通常意义上，虔敬主义的回答是这样的：与上帝开展对话，进行祷告，追随基督——这与"尘世"和所谓的"世人"形成对立。虔敬主义对彼岸与此岸进行了严格区分——前者关乎宗教，后者则是世俗，这一点继续影响着荷尔德林，但现在已经开始有了一个独特转变：对抗"世俗"的灵魂自我宣言逐渐付与了诗歌。在 1784 年从邓肯多夫发来的书信中，他说正专注于创作《诗歌的一千种草稿》。他在这些诗歌中生活、编织，在里面找到了自己的精神依托和暂时的宗教寄托，

1　Imanuel Nast（1769—1829），来自莱翁贝格，当地市政厅的文书人员，荷尔德林曾经与他交好并通过他结识了自己的初恋，即伊曼努尔·纳斯特的堂姐露易丝·纳斯特（Luise Nast，1768—1839），详见后文。

让他在这个备感荒凉的地方免受日常生活遭遇的折磨。这一时期的诗只有寥寥几首保存下来。其主题几乎都与灵魂避难相关，或者关乎内心和谐的瞬间——大多都是在远离人世、与优美或崇高的自然界打交道的时候：从癫狂愚人讥诮的世界，/尽力谋求虚空的影影绰绰，/那些决不热爱浮华世界的眼花缭乱景象的人/逃向您，他们只对美德情有独钟。（MA I, 10）

在邓肯多夫住了两年并通过第二次地方考试之后，荷尔德林进入毛尔布隆的修道院附属学校。在同一级、即所谓的"进阶班"的29名学生中，他排名第六。他的成绩还没有在尼尔廷根上学时那么优异，可能是当时饱受邓肯多夫生活状况的折磨所致。

在毛尔布隆，教室和宿舍也都位于昔日的一家修道院里。这里的建筑让人心生敬畏，但氛围要比邓肯多夫那里的友好、自由。这里一周只排19个课时，剩下的时间按照革新后的教育原则用于自学。监管也不是非常严苛。学生可以随心所欲地阅读，只要他们能足够聪明地弄到读物。当时最新的"狂飙突进"文学在学生中间传开；荷尔德林首次读到了席勒的《强盗》。他也设法弄到了卡尔·莫尔[1]献给众人拥戴为弑暴君者——布鲁图斯[2]的颂词的编曲，而且想在钢琴上练熟，以便向席勒致敬，这对我胡乱弹奏的三脚猫功夫来说实在困难。（荷尔德林1787年1月致纳斯特的书信；MA II, 396）考虑到当时声名如日中天的席勒还是一位遭受公爵排斥和迫害的作家，那么荷尔德林对席勒及其《强

1　卡尔·莫尔（Karl Moor）是席勒的处女作、戏剧《强盗》（*Die Räuber*）中的男主人公。
2　马可斯·尤尼乌斯·布鲁图斯·凯皮欧（Marcus Junius Brutus Caepio，公元前85—前42），又译布鲁图、布鲁特斯，晚期罗马共和国的一名元老院议员。作为一名坚定的共和派，他联合部分元老参与了刺杀恺撒大帝的行动。

盗》的赞赏就完全可以看作反叛不恭了。不过，荷尔德林并不了解的是，在 1785 年首刊的《莱茵塔利亚》中，席勒发出了何等强劲的声音，跟自己的戏剧《强盗》一道走上了法庭。席勒秉承自我批判的精神，控诉剧中卡尔斯学校里的生活因为受专制所限而缺乏现实主义因素，唯独对热情高涨的"对诗歌艺术的热爱"自视甚高。按照席勒的看法，只有将诗歌激情与懵懂无知结合在一起，才能将那些远离生活的"强盗"搬上舞台。席勒还认为，《强盗》代表的是"顺从与天才违背自然地交媾而产下的新生儿"。（Schiller V, 855）因为毛尔布隆修道院里的状况跟卡尔斯学校里的情形可能大同小异，都与现实生活相距甚远，所以修道院附属学校里的学生大概也会惺惺相惜，容易受到席勒凭幻想创造出来的"强盗"反叛形象的感染。

于是，"狂飙突进"的时代精神就这样跨越了毛尔布隆的修道院的高墙。荷尔德林尤其受到这一精神的影响。因为他对那些英雄事迹充满了诗兴上的热情，有时甚至受到同窗的嘲笑，对此他又向新朋友伊曼努尔·纳斯特——莱翁贝格[1]的文书助理大吐苦水。但他也会自怨自艾。他写道，如果他不仅在诗歌创作方面，在现实生活中也有更多的欢乐、怨怼和好斗性，也许就能更强劲地发出自己的声音。现实生活中的弱点让他怀疑自己对诗歌的热爱：是啊，最好的人，正是那些本该予我慰藉之事，最沉重地悬于我的头顶。（1787 年 1 月、2 月；MA II, 399）让英雄事迹诗意化，这成为一种替代行为。在克洛普施托克[2]《弥赛亚》的启

1　Leoberg，地名，今属巴登-符腾堡州，因为一年一度的马市远近闻名。
2　克洛普施托克（Friedrich Gottlieb Klopstock，1724—1803），德国感伤主义诗人，主要以宗教为创作题材，《弥赛亚》（Messias）是其主要代表作，其诗作充满感情，突破了早期启蒙主义文学的理性束缚，成为"狂飙突进"运动的先声。

发下，他设想自己是住在冥府里、比撒旦本身还臭名昭著的反叛魔神安杜马利[1]：……冥府的国王，你也绝望吧，/ 只有安杜马利仍然高高在上。（MA I, 13—14）题为《夜晚的漂泊者》的一首短诗跟《强盗》中的一个场景有明显的相似之处[2]，其中也不乏强劲之音：

> 喔！那只枭鸟！它何等啼叫，
>
> 它的恐惧哀号何其聒噪
>
> 吞咽——啊！你垂涎被吞咽的尸身
>
> 你这靠近的枭鸟，来吧，来吧。
>
> 看！它在静听，喘息的死亡——
>
> 那强盗在四周鼾声作响
>
> 强盗的鼾声，它倾听，倾听，在梦中倾听
>
> 我[3]误以为是枭鸟，睡吧，睡吧。（MA I, 13）

一边是夜晚中的怪物和冥府里的英雄，另一边是英雄主义的光辉形象，就像亚历山大大帝对士兵们演讲时所说的那样：

1　安杜马利（Adramelech），又译"阿德拉梅莱克"，魔鬼元老院议长兼撒旦服饰总管，貌似半人半驴，古代亚述等地用童男童女祭祀此魔。参见蒋梓骅等（编）：《鬼神学词典》，陕西人民出版社1992年版，第137页。在宗教长诗《弥赛亚》中，克洛普施托克将阿德拉梅莱克描述为"比撒旦更歹毒"的恶魔。

2　这里指的是席勒剧本《强盗》中第四幕第五场中的一个场景，即赫尔曼前去拜访塔楼中的老莫尔，而附近有强盗们扎营酣睡。赫尔曼说过如下台词："听！听！枭鸟叫得多么凄厉……""……再听一次——我总觉得像有人在打呼。……呼！呼！呼！——"。参见［德］席勒：《强盗》，张玉书译，载《席勒文集 II·戏剧》，人民文学出版社2005年版，第163—164页。

3　指的即是诗题中的"夜晚的漂泊者"，此处突然改用第一人称。

你们，色雷斯[1]之子，你们的手

只触摸过胜利的强劲武器，

看吧，看敌人如何为金子所困

而你们，弟兄们，能更好地被金子装点，

你们这些不愿示弱为奴的人，

它提醒你们鼓足勇气，争取胜利。（MA I, 16；诗行 57—62）

这里用鄙夷的笔调写到了盲目服从的怯懦，而柔弱却是在同一时期写给纳斯特的书信中描述自己的性格时谈到的。那是一封写于深夜的信，荷尔德林特别标注，目的是凸显其重要意义。跟平时一样，他在信中抱怨粗粝的周围世界，但接着就来了一段清醒的自我分析：对此你也不必讶异，不管何时，我这里的一切看起来都是如此支离破碎、互相抵牾。我想告诉你的是，在我的孩提时代，心间就生发了这样的性格的萌芽，迄今仍然是我最可亲的部分，一个蜡质的柔弱之所。正因如此，我才会在某些情绪中为任何事情哭泣。但是在我的整个修道院求学期间，也正是我心灵的这一部分遭到了穷凶极恶的践踏……因此，除了柔弱的那部分，我心中也平添了可悲的粗野的苗头，以至于我经常暴跳如雷……即便那时我几乎未曾遭受屈辱。哦，你的内心并非如我的一样。我的心是这般恶毒——昔日我也拥有一颗善良之心，但他们从我

1　色雷斯是个历史悠久的地区，其范围古今变化很大。古代指巴尔干半岛东南部、爱琴海到多瑙河之间的地区，从 14 世纪到 19 世纪属土耳其帝国，第一次世界大战后（1918 年）全部划归希腊，1922—1923 年的洛桑会议又把其大部分地区划归土耳其，小部分仍归希腊。古色雷斯人常被描述成好战的斗士。

这里夺走了它。我不得不经常惊奇的是,你怎么有此念头,会把我称作你的朋友。这里无人与我相亲相爱。现在我开始与孩子们交朋结友……(1787年1月;MA II, 397)

他珍视心中柔弱的一面,但也受到它的折磨,因为这部分让他变得极易受伤;他会很快觉得自己受到了侮辱,陡然间怒发冲冠,甚至可能心怀恶意,但很快又会后悔不迭。这一来来回回、起起落落让他孤立无朋。不过,他有点夸大其词了。他并没有如此形单影只。他在毛尔布隆也有朋友,就像后来那样,有男男女女想要靠近这位外貌出众,而且才华横溢的人。在图宾根修道院里就有人说,当荷尔德林在饭厅取食物的时候,就像是"阿波罗"从室内走过。

有一种孤独是天生注定的,还有一种是主动找寻的。前一种让人痛苦,而后一种可以享受。因为这一享受,荷尔德林喜欢偏安一隅。又一个小时在幻想中溜走了,(荷尔德林1787年2月致纳斯特的书信;MA II, 398)他写道。他还写道,在属于自己的别处感觉更为舒适,有了诗歌梦想宽大羽翼的安全庇护,他对其他人就只会心生遗憾,不过这一感觉也持续不了多久——直到他发现自己因为本性的一部分仍是这个寻常世界的一分子。

他一再回溯自己那部分蜡一样柔弱的本性。他描写道,自己是如何用温暖情感和献身精神打开内心世界的,接下来却遭遇冰冷的淡漠,而那种态度经常就是平日里的漫不经心。谁全身心付出的话,就会感觉自己被每一个不那么热心的反应排斥,即便几乎未曾遭受屈辱。在此,荷尔德林首次描写了冷漠带给他的震动,这一点在以后的书信和诗歌中还会经常提及。我冻僵了,盯着环抱我的天穹发呆,精神崩溃之前不久,他在从尼尔廷根发出的最后一批信件中的一封里这样写道。(MA II, 596)

这一清醒的自我分析，出现在荷尔德林致可能是他毛尔布隆学习期间最好挚友的书信中，即写给毛尔布隆修道院管理者的侄子——伊曼努尔·纳斯特；两人当时的友谊跟他后来与卡尔之间的一样深厚——卡尔即是他同母异父的弟弟，本来想上大学，却做了书记员。伊曼努尔与年少的荷尔德林结交，目的是保持跟自己深以为憾地被迫退出的教育界之间的联系。

荷尔德林写给纳斯特的书信一方面颇为私密，但在某些方面又并非那么真诚。原因是，荷尔德林进入修道院附属学校不久后爱上了露易丝·纳斯特，她是修道院管理员之女，也就是伊曼努尔的堂姐；这段地下恋情持续了一年之久——他们的幽会在修道院花园的一个隐秘角落进行，之后荷尔德林才向其好友坦白。起先荷尔德林甚至给其友人编造了一个不折不扣的谎言，一如他在恋爱关系建立两个月后的 1787 年 1 月致友人的书信中所写：我是这里唯一的一个……没有到过……女生宿舍的男生。（MA II, 397）近一年后，也就是 1787 年 11 月，荷尔德林才下定决心向朋友说出实情：友人将会很快知晓有一张可爱的小嘴，那里是我一切喜悦、一切忧愁和一切悲叹的源泉。（MA II, 410）

伊曼努尔是否因为荷尔德林这么晚才向他吐露自己的恋情而受伤，这就不得而知了，毕竟写给他的信件都没有留存下来。不过，引人注目的是荷尔德林对纳斯特的一段恋爱经历的关心，其高度的热情昭然可见，就好像要做出一点补偿似的。

至于荷尔德林与长他两岁的露易丝之间的通信，只有寥寥几封得以留存。有一次，两人在环抱毛尔布隆的某座山上散完步后，荷尔德林写道：当我……在唇上还能感受到你的香吻时……我心中就感到一种不可言说的慰帖。（1788 年 4 月 18 日；MA II,

421）他们约好在同一时间共读席勒的《唐·卡洛斯》[1]，认为这样就会两相靠近。荷尔德林写道，现在自己心中有诗溢出。每当散步的时候，他都会随带一面写字板，记录下自己的诗句，然后又擦掉。他献给露易丝的诗有几首还是保存了下来，《致施特拉》就是一例。诗中展示了一个饱受怀疑折磨的恋人形象：你这好人儿施特拉！你误以为我会幸福，/ 当我处于山谷之中，孤寂一人，/ 在被你遗忘的情况下跋涉，/ 而你的生活跃入转瞬即逝的欢欣？（MA I, 41）于是，恋人可能会心生欢喜而不把这一幸福归功于他的念头折磨着荷尔德林，这后来也成为许珀里翁与狄奥提玛之间不幸爱情的中心母题。此处它已经初见端倪，不过还没有那么戏剧化。但是，在另外一首致施特拉的诗中，情况的进展则像是一出闹剧。诗人沉湎其中，用文字编织出了死亡幻象：施特拉！啊！我们承受了太多痛苦！死亡何时 / 到来！冰冷的死亡呵，请你降临！将我俩带走！（MA I, 19）露易丝已经接受了死亡的浪漫主义观念，但后来还是显露出了较强的生活和处世能力。在荷尔德林离开毛尔布隆时，她写下了这样的诗句："上帝！时光何其流转 / 现在充满欢欣，而后痛苦弥漫 /……/ 忧伤别离已经暗中守候，/ 有如盗贼觊觎吾等幸福。"（MA II, 416）

刚开始露易丝希望恋人给出明确的解释，想要得到类似订婚的承诺，让自己在荷尔德林搬去图宾根神学院后的空窗期也好有个寄托。在一封信里，可以窥见离别对两人关系的影响。在快速的祈祷之后——"噢，上帝，亲爱的天父，从你的手边，劳燕分飞的时日也会流逝而过"（1789 年新年；MA II, 435），接着就出

1　席勒于 1783—1787 年完成的一部悲剧，写的是 16 世纪西班牙宫闱的故事，这是席勒青年时代的最后一部剧本，标志着他的创作从狂飙突进时期进入古典时期。

现了明显的暗示："过不了多久，我的朋友中又会有一对永结良缘。"1788 年秋，毛尔布隆求学时期行将结束之时，荷尔德林的母亲终于知道了儿子的这段恋情，对这个出身高门大户的女孩并无异议。毕竟，纳斯特家族也属于"体面者"。

荷尔德林和女友分别之后，毛尔布隆和图宾根之间的两地书还持续了一段时间。1789 年 1 月底，荷尔德林还写道：哦，亲爱的上帝！那是什么样的至乐时日啊，我们永结同心，相依相守地度过一生。（MA II，439）有一段时间，两人还梦想着拥有共同的将来。对露易丝来说，这些梦想有一定的真实成分，因为她可以确信荷尔德林之母对她的首肯："这让我多么高兴啊，你亲爱的慈母，哦，请允许我把她称作自己的母亲，她对我们的关系如此美言，你会想念这个可亲的人。"（1789 年 3—4 月；MA II，445）不过，有时她也会心生疑窦，于是她就走去墓园，洒落"数行珠泪"。

露易丝忧悒的预感被证明是有道理的。1789 年 4 月，她收到了荷尔德林提出分手的信件。他寄还了跟她交换的戒指以及她发送的几封书信，另外又写道：在我跻身与你相配的地位之前，我都不会向你求婚，这是而且一直都是我不可动摇的打算。（MA II，446）此处指的不是市民阶层的位置，比方说母亲希望的牧师职位。他皈依的永无餍足的雄心壮志仅仅体现在诗的创作上面。他全部的自我意识也植根于此。只有借助诗，才能获得与她匹配的地位。假如这一雄心壮志无法满足，他也就不能跟她非常开朗、欢欣和健康地相处下去。他，连同他对世界的哀告，只会成为她的负担。他言辞激烈地警告她当心他的坏脾气，建议她寻找一个与她更般配的如意郎君。荷尔德林在信中说，她不必因为那些表示忠诚的誓言就觉得自己已经心有所属。如果她不利用好自己的机会，无论如何他都不愿对此承担罪责。接下来，他又给她描绘了看见她站在未来夫君身边、并成为你俩朋友的情景。（MA II, 446f.）

失望而又愤怒的露易丝向荷尔德林的母亲求助，表达了对她儿子的责备，正如惯常的做法一样，用自己的悲伤向他施压。他辩驳说所有的事都已经跟露易丝达成一致。他哭泣着，同时又冰冷地推卸自己的一切责任：我不得不听取一个我极为珍视的人的责备，她谴责我做出了她自己也认为大有必要、让我做了数千次挣扎的改变；我不得不认为，是我让那个姑娘每天那么悲伤——哦，亲爱的妈妈，这份沉甸甸的责任我却无法承受！（1789年春；MA II, 451）

荷尔德林向母亲隐瞒了他壮志未酬的文学雄心，这其实就是他跟露易丝分手的真实原因，但她肯定已经对他的母亲说明了这一点，因此他就可以对此做出暗示，其方式是特别强调沉浸书海的作用，把它称作这个让人不快的情境下唯一的慰藉。

荷尔德林对待这一雄心壮志极为严肃，以至于他在这一时期的诗中经常提及这一主题：再见了，你们已逝岁月的黄金时辰，/你们那些渴望荣耀和名声的孩提梦想，/再见了，再会，你们这些玩伴，/你们为那个男孩哭泣，他横遭轻慢！（MA I, 79；诗行33—36）

跟很多孩子一样，荷尔德林也曾梦想闯出一番冒险的英雄事业。现在，他梦想的是扮演享有盛名、头顶桂冠的诗人的角色。诗人的雄心壮志不仅是白日梦幻，而且被视为人生规划，这在《我的决心》一诗中吐露出来：

哦，朋友们！朋友们！你们是如此忠诚地爱着我啊！
是什么让我孤独的目光变得如此暗淡？

......

是追求男性完满的热切渴望？

是略微吝于百牲大祭[1]的酬答？

是稍稍偏向品达[2]的飞翔[3]？

还是拼命追求克洛普施托克的伟大？（MA I, 43f.；诗行
1—2，9—12）

只要尚未企及品达的飞翔和克洛普施托克的伟大，生命对荷尔德
林来说就是一种痛苦，他就只能沮丧地愧对友人。只有写出成功
的诗作，他才算是真正地降生于世。

此处可以窥见一个母题，它在荷尔德林的后期诗歌《致命运
女神们》中被发挥到极致：

只愿赐我一个夏天，汝等强者！

还要一个秋天，让颂歌圆熟，

以使我那餍足于甜蜜演奏的心

---

1 指的是古希腊时代一次用 100 头牛（或其他牲畜）向众神献祭，或花费昂贵的
祭祀，也指大规模杀生献祭。参见晏立农、马淑琴（编）：《古希腊罗马神话鉴赏
辞典》，吉林人民出版社 2006 年版，第 96 页。"吝于百牲大祭的酬答"，意思是指
过于促狭小气，不愿承认和首肯他人应得的声誉和功绩。

2 Pindaros（德语 Pindar，约公元前 518—前 422 或 438），一译品达罗斯，古希腊
最伟大的抒情诗人，尤以写在奥林匹亚等地举行的体育竞技会的胜利者的颂歌见
长。诗歌风格庄重，词藻华丽，形式谨严，对以后欧洲诗歌的发展有很大影响，
被尊为欧洲古典主义诗歌"崇高的颂歌"的典范。

3 自品达自喻为鹰以来，其他诗人也纷纷运用这一比喻，并把鹰的飞翔作为评
价诗艺高低的标准。"大胆的飞翔"和"疲惫的飞翔"分别指高超的和低劣的
诗艺。

更甘愿地亡故。

在生命中未获其神圣权利

的灵魂，她在下界也不安息；

可一旦萦系我心的

神圣事业，诗，被我完成，

那么欢迎你，哦，冥界的沉寂。

我会满意，即便是我的弦歌

不会引领我向下；一朝

我生如诸神，就无须更多。

（MA I, 188）

尽管年轻的荷尔德林深受"狂飙突进"文学的鼓舞，但并没有被其狂野风格感染，他更多的是以克洛普施托克为榜样，尤其是效仿以创作崇高风格的颂歌和赞歌而知名的古希腊诗人品达。吸引荷尔德林的不是表现力和主观性，而是崇高与客观之美。荷尔德林所言的品达之飞翔借用了一句流传已久的隐喻化表达，以此来描述它具有的崇高水准。对荷尔德林而言，克洛普施托克代表的是兼有诗人和牧师身份的一类群体，他们能创作出新的诗篇，使之能与旧诗并驾齐驱。对青年时代的荷尔德林来说，他写诗时关注的不是在自己内心深处探寻精神地狱，而是不由自主地进入一个充盈着超出个人崇高灵魂的世界。对他来说，仅有私人层面的东西太过狭隘。这位年轻的诗人暗地里仍然笔耕不辍，完成了无数的诗歌初稿，构想出了一个公共空间；其诗围绕人性和神性的宏大主题展开，在语言修辞上殚精竭虑，同时又披上了严格的诗歌形式的外衣，而相关形式恰好继承了品达的文风，以及由克洛普施托克推动复兴的哦得体诗[1]和颂歌传统。

在这期间，荷尔德林学会了引人注目的诗歌创作技巧，掌握了复杂的诗句次序、诗歌韵律、诗节形式。这里也包括一丝不苟的诗风，以及转而对客观性和超个人性的关注。诗歌语言也不该就那样简单而又毫无阻隔地从主观感觉中涌流而出，而应该突破既定形式的阻碍。仅有表达是不够的，重要的是进行升华。这一点是年轻的荷尔德林从克洛普施托克那里吸收而来的。"创造咏歌[2]时，我们无法自拔，"荷尔德林在克洛普施托克那里读到如下句子："创作曲令[3]时，我们在快乐的哀愁中消融。"尽管消融的意愿有时符合荷尔德林的心境，但是跟他对诗人这个身份的印象并不一致。按照荷尔德林的理解，诗人应当提防柔弱的性格特征，应该是一个顶天立地的男子汉。因此，年轻的荷尔德林秉承克洛普施托克的精神，赋予"咏歌"比"曲令"更高的地位。克洛普施托克认为，诗人在咏歌中的"主要职责"之一在于，"从一个伟大的思想匆匆转到另一个"。诗人从一座山峰飞向另一座，而对深谷置之不理，无论那里如何风景宜人、花团锦簇。（转引

1　对哦得体诗（Ode）来说，固定的哦得体诗格律是不可或缺的，荷尔德林的哦得体诗被视为此类诗体在德语中最完美的体现。参见杨业治：《"啊，给我们翅翼"——荷尔德林的古典格律诗》，载王秋荣、翁长浩编：《西方诗苑揽胜》，语文出版社 1986 年版，第 58 页。

2　"咏歌"（Gesang），此处参考刘皓明的译法，强调这一诗歌体裁所含的、尤其是品达所指的强烈音乐意义，参见刘皓明：《荷尔德林后期诗歌（评注卷下）》，华东师范大学出版社 2009 年版，第 420—424 页。

3　"曲令"（Lied），在克洛普施托克看来是相对于崇高的颂歌而言较为轻柔者，此处参考刘皓明的译法，参见刘皓明：《荷尔德林后期诗歌（评注卷下）》，华东师范大学出版社 2009 年版，第 420、423 页。

自 Gaier，25）

荷尔德林对这些"深谷"并未完全置之不理，他降落到山谷里，至少是短暂地品鉴了那里的美景，但随后又被更高处吸引：呵，你们真美啊，你们这些美好的万物！/ 花田被珍珠装点，熠熠闪光；/ 但更美的是人的心灵，/ 当它从你们那里攀升，飞向神的时候。（MA I, 27；诗行 17—20）

青年荷尔德林肯定感受到了成为诗人这一使命的召唤，但他自问是否要以此为职业；不久以后，在拜访大名鼎鼎的舒巴特[1]时，他也向对方提出了这一问题——对方来自符滕堡，是行动主义诗歌理念的自由诗人和殉道者，曾被公爵囚禁了十年之久。被问及这个问题时，舒巴特打听了荷尔德林的财产状况和收入情况。靠写诗无法生活，而为了写诗又必须活着，舒巴特向这位有点羞怯地站在他面前的年轻诗人这么解释道。他建议诗人不要对牧师一职心生畏惧，因为它可能给予他一份有保障的收入，进而允许他在工作之余写诗。舒巴特认为这不是问题，但荷尔德林的意见相左。假如他要服侍的新教上帝不是他信奉的那位神，那么他真的还能成为牧师吗？他陷入了巨大的怀疑之中。

1787 年复活节假期，他应该是首次对母亲承认了他对牧师职业的反感，因为他 4 月份再次回到毛尔布隆时给她写了一封信，让她无须再为他担心，理由是他进行了新的思考，而她现在可以放心的是，我再也不会产生脱离自己阶层的念头——我现在认识

---

1 这里指的是大舒巴特（Christian Friedrich Daniel Schubart，1739—1791），德国诗人、音乐家、风琴家、作曲家和记者。他因为写作而不断受到惩罚，并在恶劣的监禁条件下度过了十年光阴。他的诗作有 800 多篇，具有鲜明的政治内容和浓厚的民间风格，代表作有《鳟鱼》《海岬之歌》《菩提树》等。他大胆批评宫廷和教会，其坚强的精神鼓舞了年轻一代，尤其是对席勒年轻时期的创作产生了直接影响。

到这一点！作为乡村牧师可以对这个世界如此有用，可以比什么都不知道更加幸福。（MA II, 404f.）

荷尔德林遵从自己的想法，一年后转学去了图宾根神学院。进阶的庆祝仪式在 1788 年 10 月 21 日举行。但是在这之前的最后的暑假期间，他收集了自己在修道院附属学校求学期间所作的诗歌，并完成了他做出决定之前就已经创作出来的诗歌的誊清稿。从那时开始，这一手稿将会伴他左右，提醒他乡村牧师可能真的不是自身愿望和志向的目标。

第三章

图宾根神学院。学习的兴趣。荷尔德林研习康德和斯宾诺莎。理智，以及心的根基。爱的宗教。友盟和"神的王国"。黑格尔。谢林。神学院里的革命热情。"勇气守护神"。

1788 年 10 月 1 日，荷尔德林搬进了图宾根神学院。他在那里度过了五年光景。在这段时期，针对母亲要求他必须成为牧师的愿景，他从未停止抱怨。在此期间他也打开了哲学的大门，从哲学出发来检验和修正自己的宗教信念；同时，法国大革命的理念也影响了他。在与黑格尔和谢林这两位同窗结成的友盟中，荷尔德林对哲学、宗教和政治的热情受到进一步的鼓舞。当时他也有一段新的恋情浮出水面，不过并无明显余波。对他来说，第一要义还是——诗歌。

在神学院求学期间，荷尔德林推出了几首精神辽阔的颂歌，以及长篇小说《许珀里翁》的首部草稿。1791 年，他的几首诗歌发表在施托伊特林[1]的《缪斯年鉴》上。是否能专职从事诗歌创作，这一点是荷尔德林所怀疑的，但他对其诗人使命深信不疑。

图宾根神学院里聚集着地方神职人员家庭出身的精英学生，他们享受奖学金的资助，但如果自行决定以后不从事神学相关职业，就必须退还。学生承受着留在业内的巨大压力，这一点荷尔德林也有感触。

神学院处于图宾根大学和教会监理会的管束之下。此外，公爵本人还照管着修道院里的情况，尤其是在法国大革命爆发之后，因为他日渐担心的是，神学院里的年轻学子可能会受到革命热潮的感染。

就跟在邓肯多夫和毛尔布隆一样，在图宾根神学院也有古老而严格的校规，它们约束着学生的朝夕共处。对茶、咖啡和烟草的享用是禁止的，或者实行限制；不允许骑马出行、溜冰和携带武器。服饰穿着也有相关规定。也不容许在酒馆逗留，或者翩翩起舞。当然，并非所有规则都严格遵守。神学院的主管、施努雷尔[2]教授是位自由主义人士，给予"神学院学生"一定的自由空间，这引发了公爵的愤怒。在 1790 年的一份公爵诏书中，学生遭到如下谴责："对神学玩世不恭，反感神父职业，向往轻佻和安乐的生活方式，放肆不羁，有着错误的自由思想，缺乏生活之道"。（转引自 Böhm, 21）公爵对这一挞伐还不满足，他踏入神学院视察，有时候还不提前告知。但这不能阻止学生的自由空间日益扩大，于是有些当地居民觉得这太过分了。"在图宾根的各

1　Gotthold Friedrich Stäudlin（1758—1796），法学家、诗人、时事评论家、出版商。

2　Christian Friedrich Schnurrer（1742—1822），自 1808 年起改姓为封·施努雷尔（von Schnurrer），德国神学家、东方学家、语文学家，曾任图宾根大学总务长。

家酒馆，"当时有报道声称，"会遇见成群结队的神学院学生，他们五六十人一伙，身着修会制服，一只手端着啤酒杯，另一只手拿着烟斗。有些打保龄球，有些玩塔罗牌，有些骂骂咧咧，有些扭打一团。"（转引自 Böhm，22）见此情形，可能也无法想象这就是将来牧师的样子。相比之下，荷尔德林属于那个乖巧听话的群体，几乎从来不犯什么过错。

荷尔德林主要对神学院里的外部条件不满意。在给母亲的信中，他抱怨阴冷、狭窄和昏暗的房间，还有糟糕的伙食和发酸的葡萄酒。在给妹妹的信里，他对她讲述漫长的等待期之后终于迎来的搬家：他搬进了宽敞明亮、有供暖设备的房间，这对他来说不啻为天大的幸福。这里美好如斯，他写道，而且还能跟黑格尔和谢林同住一室。（MA II，462）

在神学院内，不光是对外在纪律采取一定程度上的自由主义，此外还存在精神上的自由空间，尽管对学业有着管控和规定。对此负责的主要是帮助学生准备毕业考试的教师，亦即自己也刚刚完成学业、朝着教授职位奋进的年轻讲师。这个群体为神学院注入了时代精神。那些年轻教师，尤其是康茨[1]和迪茨[2]，引领荷尔德林进入哲学的殿堂，尤其帮助他了解康德、斯宾诺莎和莱布尼茨，还有古代及其诸神的世界。这些精神领域的发现给他带来幸福感。他给妹妹写信说道：听我说啊，里克！这是件奇妙的事！学习知识的心愿可以吞噬任何其他愿望！（MA II，462）

学习的愿望首先体现在哲学上面。按照官方的教学计划，大学的头两年就是专注于哲学知识的学习。现在已经不像原来那

1　Karl Philipp Conz（1762—1827），德国诗人、学者。

2　Immanuel Carl Diez（1766—1796），德国神学家、哲学家、医生，有康德研究著述传世。

样，要求按照过时的形而上学的教科书讲授，因为康德哲学引发的"思考方式的革命"在图宾根也呈现出来。不仅年轻讲师们被它震撼，就连当地哲学家中的学科权威——弗拉特[1]教授也把康德置于自己教学任务的中心，即便一开始不无批判性保留意见。

荷尔德林如此勤奋地研读康德作品，以至于同学和朋友们告诫他不要把抽象的理念"披上诗歌艺术的外衣"（*Hölderlin-Handbuch*，90）。荷尔德林在图宾根的毕业证书显示，他对于近代哲学，"尤其是康德哲学……一直都在刻苦攻读"（MA III，579）。荷尔德林满怀期待，半是好奇半是害怕地接近康德，他习以为常的信念大厦，尤其是宗教信仰方面的，可能会轰然坍塌。

事实的确如此：康德横空出世以后，不仅是对荷尔德林而言，整个德意志地区的精神生活都跟以前大不相同。康德划时代的抨击针对的是对上帝和世界毫无经验的推测。康德主要着眼于质疑思想的所谓"先验性"，即那些一贯为上帝、人类、世界秩序和灵魂不灭性等形而上学奠定基础的原则。尽管康德也找到了基本的确立点——空间、时间和因果性，但是据他所言，以上元素只是操控我们经验性的体验，而再也无法创立形而上学。正是这样的一记重击，让形而上学的大厦轰然坍塌。

这是一场巨大的祛魅。尽管如此，形而上学那里外在的秘密变得更加隐秘，因为我们此时再也无法知晓空间和时间"木身"到底是否存在。这一问题同样适用于因果性：它是我们知性的图式，借此我们组织所体验的材料。至于因果性"本身"是否存在，我们也不知道，而且也完全无从知晓。当然，康德否认的不是外部世界的独立存在，但其"本身"是什么，我们无法认识。

---

1 Johann Friedrich Flatt（1759—1821），德国哲学家、新教神学家和道德神学家。

他称之为"物自体"。

康德证明，不只是空间和时间，而且因果性也只是我们知性的一个原则，对现实"本身"无法做出答复；由此，几百年以来理性地证明上帝存在的论证链也就断裂了——而它们曾经如此严丝合缝，无一例外地从因果性的指导思想出发，把上帝假定为第一原因。康德摧毁了这样的形而上学，但借此还尚未对上帝本身的存在下什么定论，而只能确定其存在无法用理性的手段加以证明和理解。

研读了《纯粹理性批判》中理性地证明上帝存在宣告失败的相关章节之后，荷尔德林在1791年2月提笔给母亲写信，汇报自己的思想发展历程：我很快意识到，有关上帝存在以及长生不灭的理性证明是如此的不完备，以至于它们有可能被敏锐的反对者[1]完全……推翻。（MA II，468）他对康德的论述到此为止，接下来又开始谈论斯宾诺莎；因为弗里德里希·海因里希·雅可比[2]的著作《论致摩西·门德尔松先生信札中的斯宾诺莎学说》，该哲学家被人从遗忘中再次发现，突然间又被众口相传。荷尔德林也研读过这本书，并且做了摘录。在上文引用过的致母亲的信中，他继续写道：在这段时间，我偶然得到了他人论述斯宾诺莎或是他自著的书籍——他是来自上个世纪的一位伟大而高尚的人，按照严格的概念来说又确乎是一位上帝否定论者。在我看来，如果用理性、用那种被心灵摈弃的冰冷理性仔细考察，如果

---

1 这里指的"反对者"首先是康德。

2 Friedrich Heinrich Jacobi（1743—1819），18世纪末德国哲学家、作家，青年时代同莱辛和歌德结交，曾在日内瓦和巴黎学习，一度师从法国哲学家狄德罗。他是启蒙的理性观念和现代性原则最早的也是最重要的批评者之一，他的著作《论致摩西·门德尔松先生信札中的斯宾诺莎学说》（1785）引发了德国思想史上著名的"泛神论之争"，康德、歌德、席勒和赫尔德等人都曾先后卷入其中。

想解释一切，就必定会得出他的那些观点。（MA II, 468）

荷尔德林把斯宾诺莎称为"上帝否定论者"，那也只是发生在从母亲的视角出发的情况下。他本人清楚地知道，斯宾诺莎这位出身于阿姆斯特丹一个犹太商人家庭的后代并没有否定上帝，而是将其与自然等同起来。上帝是"一和万有"，并非游离于世界之外，而是身处其中。按照斯宾诺莎的称呼，上帝就是世界的"实体"。人类本身也属于这一实体，但不愿意承认这一点，而是认为自己属于整体中的单独部分。这一错觉必须借助严格的思考加以消除。在斯宾诺莎看来，仅是这一思考就会让我们沉入整体的崇高现实里，进入上帝与世界的一体当中。当然，这一切都跟基督教正统观念相去甚远，其实是跟所有的启示宗教远隔山海。这是一种严格而又理性的泛神论。荷尔德林被斯宾诺莎的个人性格及其严格意义上的理性思考的虔诚深深吸引，而这一虔诚在斯宾诺莎这位大师的笔下如是呈现："在经验告诫我构成生活寻常内容的一切都空洞无意义之后……，我终于下定决心对此展开研究——是否存在什么真实的事物，……借此我……可以恒久地享受稳定而又完满的喜悦。"财富、荣耀和感官享受都不能催生"真实的事物"，能够发挥这一作用的只有"将精神与自然万物连接起来的……一体性的认识"（Vorländer, *Quellentexte* IV, 154）。

荷尔德林惊叹于斯宾诺莎的魄力，钦佩他可以坚持己见而与公众信念中的，以及宗教共同体中的立足点分道扬镳。阿姆斯特丹的犹太教区视他为异教徒，对他实施迫害。他不得不为自己的性命担忧，于是隐居起来，靠磨眼镜片维持生计。

有关"将精神与自然万物连接起来"的一体性的认识真能支撑生活，并给予生活宁静乃至幸福？斯宾诺莎就敢于做出这样的论断，因此荷尔德林也把他称作伟大而高尚的人。在斯宾诺莎看来，思考和认识确实是一种消解恐惧的力量。它们给了他潜在性的影响，年轻的荷尔德林也无法逃脱这一影响。不过，在基督教形而上学领域，一般而言，大行其道的是以下原则，即只有爱可以抗衡对世界的恐惧。对世界的信心建立在造物主之爱的基础上。正如上帝之爱从无之中创造了世界一样，被爱以及由此受到肯定的经验可以避免让人陷入空无。比之这样的信念，思考最后就居于次要位置。然而，斯宾诺莎完全依赖思考。

这一点正是荷尔德林与斯宾诺莎不同的地方。原因是荷尔德林不想放弃爱的支撑感，即便斯宾诺莎把自然视为精神和物质的合一、上帝和尘世的一体的思考方式给他留下了深刻印象。

在这样的愿景下，自然还保留了宗教的余温，而它又让整个18世纪和19世纪早期泛神论的风行成为可能，这一点在赫尔德、歌德和谢林身上也有明显体现。他们都曾受过斯宾诺莎的启发，但是都把充满创造力的生活归还给自然，而斯宾诺莎则从自然那里夺走了这一部分。在他看来，万物都已经成形，是业已圆满的存在，其排列颇有理性。但是，赫尔德、歌德和谢林的泛神论思想强调的是生成。在他们看来，存在就是不断地生成，而斯宾诺莎则把生成看作静止的存在，是一向聚集在实体之内的事物在时间上的发展变化。

荷尔德林接触了康德思想意义上的"思考方式的革命"，以及斯宾诺莎的泛神的理性主义，这对他来说又会出现什么结果呢？

荷尔德林在给母亲的信中写道，在进行了这样的思考后，他的相关认识得以保留，认为在尝试着解释万事万物之时，心灵一如既往地冰冷而空虚；他继续写道：然而我信仰的是心灵，对永恒和上帝的期盼与这一信念毫不抵牾。我们怀疑得最多的，不正是自己期望的吗？……谁能帮助我们走出迷宫呢？——是基督。他用奇迹来展现他就是自述的那个人，展示自己就是上帝。他如此清楚地向我们传授神的存在、爱、智慧以及神的万能。他必定知道存在一位神，以及何为上帝，因为他与神性非常紧密地连在一起。他就是上帝自身。（MA II, 468f.）

与理智相比，心灵有着不同的根基。因为心灵的作用，荷尔德林尚还信奉耶稣基督，他承认，他信奉这个历史上曾出现的、起过作用的人的神性。这是一个独一无二的本有，它不属于以形而上学方式构建起来的，或者可以理性预计的存在的逻辑，因此对荷尔德林来说，它超出了康德认识论或者斯宾诺莎理性泛神论的范围。

在荷尔德林心中，耶稣基督的神性是通过什么来证明的呢？是通过基督已经创造出来的奇迹。

这一答案可能来自内心，但同时也体现了当时权威性的图宾根神学观，尤其是戈特洛布·克里斯蒂安·施托尔[1]的观点——其人是《新约》全书研究权威，就连康德谈论他时也会致以崇高的敬意。正如荷尔德林在给母亲的信中写道的，施托尔将耶稣传递下来的奇迹阐释为其神性的明证。不过，对这些本来就不是什么公认事实的奇迹，也只能相信。人要通过这些奇迹信奉耶稣基督，以便接下来认识以下事实：人必须事先信奉基督，然后才能相信其奇迹。如此一来，信奉基督岂不是更简单吗？原因不在于他创造了令人将信将疑的奇迹，而是因为他自身就是奇迹，亦即

1　施托尔（Gottlob Christian Storr，1746—1805），路德派神学家，是其同时代领先的神学家，因其创建和主导的、活跃于 1786—1826 年间的旧日图宾根学派（亦称"施托尔学派"）扬名。另外，他还是卓越的文本评论家、东方学家和语文学家。

一个充满神性的人，他可能会用爱来感染和改变其他人。这一感染难道不是基督本人就是奇迹这一事实的证据吗？

荷尔德林把基督解释为爱的代表，借此谨小慎微地向母亲表露了自己的上述思路。在荷尔德林、谢林和黑格尔这个友人圈内，他们以一种更为开化的、与正统观念形成强烈对比的方式讨论问题，认为重要的不是据说基督已经创造出来的各种奇迹，而在于他自身就是奇迹——作为神性之爱的代表，由此也是和解的力量。

这些友人有一个暗号，叫作"神的王国"。从神学院毕业之后，他们仍在通信中用此暗号称呼彼此，目的是提醒对方忠于青年时代的梦想。这里指的不光是宗教上的梦想，也有政治上的，因为"神的王国"对朋友们来说不仅是未来的愿景。它在此刻就该具备当下性，成为那些被爱团结起来的世人的共同体，而这种爱可以通过基督跨越时间，在今天感化和改造世人，并在此过程中找到一种政治形式。

在黑格尔的早期札记中，可以找到这三位友人视为爱之宗教的印记。这种从基督所在的远处像磁体一样发挥引力作用的"爱"是什么意思呢，黑格尔这样设问并做出如下回答：它唤醒了我们的、再也不能被世俗权力束缚的自由，为我们开启了通向生命的当下丰裕的大门："爱对生命之丰裕的获取，发生在所有思想以及灵魂各个方面的交换之中，其方式是寻找永无止境的区别、探寻无穷无尽的结合，求助于自然的整体多样性，以便从每一个生命体中啜饮爱的琼浆。"（Hegel I, 248）

早在神学院求学时期，黑格尔就梦想写一本有关耶稣和爱之宗教的大部头著作。他跟荷尔德林和谢林一样，把信仰的概念贬斥为低级的知识，抑或对权威的屈服。对黑格尔来说，信仰是自由的精神，它与被信奉者活生生地相连。就像只有精神才能认识精神一样，只有信仰神性的人自身才会拥有神性："在被他信奉者中间，他重又找到了自己的天性，即便他意识不到被找回的可能就是自己的天性。在每个人心中，那就是光，就是生活。他不会被光照亮，就像黑暗的物体只会承载外来的光亮一样；他自己的燃料燃烧起来，自成一团火焰。"（转引自 Rosenkranz, 58）基督信仰发挥的作用，就是让人心中的神性自我燃烧。

比起友人黑格尔，荷尔德林还没有如此清晰地谈及人心中的神性"燃料"，无论如何，他给母亲写信时都不会谈到这一点，避免与官方的宗教教义明显决裂。但是在哲学家的友盟内部，这一"火焰"已经燃烧起来。

1788 年 10 月，黑格尔从斯图加特出发，跟荷尔德林一起进入神学院。在申请年级即"定位"的时候，黑格尔排在荷尔德林前面，这让荷尔德林颇为懊恼。不过他俩很快就结下友谊，一起远足，有一次还去了维尔姆林格礼拜堂，从那里可以将施瓦本地区的迷人风景尽收眼底。后来，黑格尔还津津乐道地回忆这一经历：低矮的山丘，伟大的共同梦想。

黑格尔出生于一个高级公务员家庭，就读于斯图加特文理中学期间，就经常是年级冠军。他尤其对历史和古代文学感兴趣，对这两个领域的知识也了然于胸。他几乎不关注当下的文学形势，对当时的政治事件倒是颇多注意，比方说地方特权等级代表与公爵之间的纷争。他会阅读一切可以读到的报纸。因为巨大的阅读欲望，他还落下了恶名。他所有的零花钱几乎都用来买书，一周多次去公共的公爵图书馆，在那里自行涉猎众多学科的知识，把详细的摘录写在不同的草稿本上，分门别类地保存起来。直到生命终结，他一直保留着这些逐渐扩充为一部巨幅百科全书的文件夹。早在文理中学以及后来的神学院求学期间，因为仔细、系统化而又不遗余力地积累知识，黑格尔就为自己赢得了至高声誉。

黑格尔给同窗们的印象，就是一个友好的、不那么自负、深思熟虑的人，沉稳内敛、从容不迫。荷尔德林对黑格尔的印象也是如此，对这位与狂躁不安的自己构成平衡的友人心怀敬意。很多时候你曾是我的导师，神学院求学时代结束几年以后，荷尔德林写道，每当我的情绪让我变成一个痴傻的男孩之时。（MA II, 635）

黑格尔给人的感觉比他的实际年龄更为成熟。有个同学曾在学生留念册上给黑格尔画了一幅漫画像，画中是一个弯腰曲背、拄着拐杖的人，旁边写了一行字："上帝襄助这位老人。"黑格尔不善言辞，会在相关场合主动让位给他人，而不会感觉自己受到冷落。他看重社交，就连低质量的也不例外。据说，有一次他醉醺醺地从酒馆回来，朋友们不得不将他藏起来以便逃过处罚，而这时候年龄最大的舍友朝他喊道："哦，黑格尔，你肯定把自己全部的心智也喝了个精光。"（转引自 Gulyga, 17）这桩轶事不仅暗示黑格尔酗酒，而且表明大家一开始并不怎么看重黑格尔这个安静的家伙，更倾向于低估其智识水平。他在平常的交往中并没有多大动静，故而大多数人都对他这个昔日同窗后来能建功立业大感震惊。大家就是不相信他能取得如此建树，即便他在"定位"时确实一向跻身前列。对其行为的评价却从起初的"良好"等级降至"合格"，直到式微成"差"。这要归因于黑格尔经常光顾酒馆，因为除此以外他非常善于交际、乐于助人。早在那时，他对客观性的孜孜以求就颇为引人注目。他试着不受制于自己的情绪，让他人发挥各自的个性。

黑格尔安静得几近迟缓的性格让他跟友盟中的第三个人——谢林尤其形成鲜明对照。谢林 1790 年秋进入神学院，在这之前，正如上文所述，这个神童跳过了在邓肯多夫和毛尔布隆求学的经历，在特许下 15 岁就进入了大学。他很快就加入了荷尔德林和黑格尔的圈子，共同研读柏拉图和康德。起初哲学还没有在年轻的谢林心中激发兴趣的火花，更吸引他的是语文学、考古学和神话史。但他也翻开了雅可比讨论斯宾诺莎的那本书，这就是他后来成为哲学家的机缘。还在神学院求学之时，他就在 1794 年写过一篇甫一发表就引发轰动的论文，题为"论作为哲学原理的自我"，讲述了自己热切转向哲学的经历以及难以遏制的雄心壮志："雅可比，我希望掌握柏拉图的语言，或者是其志趣相合者的，以期把绝对的、永恒的存在与每一有条件的、可改变的实存区别开。但是我发现，如果这些人想谈论不可改变、超感觉的东西，他们自身也要同自己的语言作斗争。于是我认为，我们心中的那些绝对者不会被人类语言的只言片语束缚，只有我们心中自行获得的智性直观才对我们的语言断片有所助益。"（Schelling I, 106）

至于我们要达到的目标，没有什么是比"绝对者"更微不足道的了，年轻的谢林就是这么毫不谦虚。跟黑格尔与荷尔德林一样，谢林也相信爱的和解力量，相信"神的王国"，友盟内部的惯用语就是这么说的；跟黑格尔一样，谢林也打算写一本有关耶稣生活的著作。谢林也是一个很早就对哲学倾注极大信任的人，他相信哲学可以驾驭一切，当然前提是人真的自主展开思考。这被他称为"我们心中自行获得的智性直观"。这里指的不是建构、推导和演绎，更多是指本能、沉入冥想和默观。这些是谢林偏爱的精神活动，借此他想靠近"存在"的秘密；而这些行为跟友人们想要建立的"神的王国"也相当合拍。

还要对这个充满恶兆的惯用表达多说几句。这三位友人使用这一表达，当然不是从希望获得未来救赎和补偿的正统信仰的角度出发，而是关注当下的更新这一层面。"神的王国"应该在人发现以及发展其最优潜能的那一刻开启，不管那是爱的潜能，还是正如年轻的谢林所认为的，是"智性直观"的潜能。这是可能具有多种意义的绝对者的一场共同经历。无论如何，自由属于其列，政治意义上的自由当然也不例外。当时也没有其他办法，因为法国大革命的影响在神学院里亦可窥见——革命引发了强权代表者的忧虑和恐惧，却给诸多其他人士带来了兴奋和希望。在这个政治激荡的时刻，对几位友人而言，"神的王国"也就有了政治意义。他们也称之为"看不见的教会"。"理智和自由一直是我们的口号，"黑格尔写信对谢林说，"而我们的纽带一直是看不见的教会"。（1795 年 1 月；Hegel, *Briefe I*, 18）

在神学院里，以荷尔德林、黑格尔和谢林为中心形成了一个"俱乐部"，成员们在那里翻阅法国报纸、阅读政治著作，并展开讨论。圈子里年龄最小的谢林成了首领，他曾将《马赛曲》译成德语的经历也遭到了质疑。被敲响了警钟的公爵曾视察神学院，要求与谢林面谈，据说当时谢林颇为圆滑地答道："殿下，我们在许多事情上都有过失。"（Tilliette, Schelling, 19）黑格尔、荷尔德林和谢林在内卡河河谷栽种了一棵五月树[1]，尽管相关报道层出不穷，但也许这只是一个精巧地臆造出来的故事。业已证实的是，神学院学生与在毗邻的罗腾堡宿营的贵族移民打架，并把革命军队里的一名战败的士兵藏匿起来。

图宾根神学院的学生阅读每一份可以弄到的报纸，以便了解

---

1 即仿效法国当时流行做法的自由之树。

在法国发生的各种大事，毕竟他们意识到彼处正有大事发生，其世界历史意义毋庸置疑。那是早在发生的一瞬间就散发出神圣光辉的事件，被解读为一个新时代诞生的原初景象。事件还未发生，四处就传得沸沸扬扬——在风景如画的图宾根也是如此，它们被视为世界大戏，值得预订观看：第三等级[1]的代表组建了国民议会，在6月20日举行网球厅宣誓[2]；7月14日首次攻占巴士底；私刑肆虐；首批贵族被吊死在路灯上[3]；国民军组建起来；7月17日，法国国王首次投降，在国民军面前鞠躬并摘下徽章；随后革命风暴席卷了全国，致使国家权力处处分崩离析；"大恐惧"随之而来，举国紧张不安；作为古老法兰西帝国"门面人物"的贵族纷纷出逃；最后国王也流亡在外，随后又被囚禁起来，直到被送上断头台。公众和市民的普遍权利以庄严肃穆的方式出台，昭告天下。

随着这场大革命的发生，差不多就在一夜之间，在法国以外的其他国家也产生了新的政治理念。此前政治一向被视为宫廷特权，现在却已成为众人可以念兹在兹的一项活动：这是一个巨大的转折。此前由宗教、必要时还由哲学负责解释的人生意义问题，现在交由政治解决；对世俗化进程的推动把所谓的"最后问题"转变成了社会政治问题：自由、平等、博爱成为政治口号，其宗教来源几乎无法否认，因此罗伯斯庇尔也差人上演了一场政治理性的礼拜仪式。三位友人对其同盟的称谓——"看不见的教

1　指教士和贵族之外的平民阶层。
2　1789年6月20日法国大革命前夕，法国国王路易十六因反对将三级会议改为国民会议，封闭了会场。第三等级代表即在会场附近的网球场举行宣誓：在宪法未制定以前，决不离散，史称"网球厅宣誓"。
3　在1789年的法国大革命中，暴民曾经将"挂路灯"作为口号，在巴黎街头私刑处决贵族敌人，并将其悬挂于路灯上。

会"用在这里也颇为合适。

1789 年发生的一系列大事改变了众人对历史进程的认知。从事件中突然生发出了历史，它以一种咄咄逼人或是撒播希望的方式临近，对荷尔德林来说当是后者。不过，在写给母亲和妹妹的信中，他对那些事件更多地表达了一种受其威胁的感受，只是小心翼翼地暗示了自己对革命的赞同。

1792 年春，公爵下令在校规上进一步强化对神学院的严格管控，以遏制支持革命的浪潮的传播，这时候荷尔德林写信给妹妹说：如果相关校规就这样确立下来，导致没有哪个理性的人可以在不放弃自己尊严的情况下遵守它们，那我将会感到遗憾。（1792 年 2/3 月；MA II, 479）据他所言，他像其他学生一样下定决心，要在情况不利时离开神学院，在别处满头大汗地挣钱度日。他第一次在信里用充满激情的话语暗示了自己的反叛思想：我们必须给父国和世界树立一个榜样，证明我们来到世间不是为了被人随心所欲地对待。（MA II, 480）荷尔德林知道这封信也会被母亲看到，于是又补充了一句："美好的事物可能总会希望得到神性的庇佑。"（Ebd.）不过，神学院校规对纪律约束的强化差不多一年之后方才成形，其时荷尔德林在那里的求学本来也接近尾声了。

1792 年 4 月 20 日，在奥地利的领导下，抗击处于革命进程中的法国的首次反法同盟战争拉开帷幕。包括维滕堡在内的、与法国毗邻的各个诸侯国不得不做出卷入战事的打算。在这一形势下，荷尔德林又写信给妹妹：相信我……如果奥地利取胜的话，我们的日子就不会好过。诸侯会滥用暴力，那将会是可怕的行为。相信我说的这一点！为法国人——人类权利的捍卫者祈祷吧。（1792 年 6 月 19—20 日；MA II, 489）此处，荷尔德林支持法国的清晰立场可见一斑。几年后，当法国的对外政策开始呈现帝国主义和民族主义的苗头时，他仍然保持着对昔日革命先驱之国的信任。

甚至是面对母亲，荷尔德林都表露了自己对法国的信服态度，即便表达得更加小心谨慎。他在信中让母亲不要担心：变化在我们身上也会发生，这是真的，不是什么不可能的事。但是谢天谢地！我们不在那些人之列，那些被剥夺了越界权利的人，那些因为暴力和压迫行径可能遭受惩罚的人。（1792 年 11 月；MA II，493）也就是说：没有犯下过错的人，也就没什么好畏惧的。他写下这番话是为了宽慰母亲，但接下来又怒气冲天地笔锋一转，而且好像忘了作为收信人的母亲更偏向奥地利一方，他完全是在为法国人的英雄气概高唱颂歌：如果必须的话，向父国献祭自己的财产和生命也是一桩甜蜜而又伟大的事，如果我是其中一位英雄的父亲的话，……对于我想为他抛洒的每一滴眼泪，我都会义愤填膺。（MA II，493f.）

荷尔德林在书信中为革命英雄高唱颂歌之时，还有一首诗横空出世，题为《致勇气守护神》。这首颂歌分为三节，每节三组。第一节颂扬了大无畏的英雄行为：一如此时置身青春的战场 / 英雄伟力与自然较量！/ 啊！就像精神被美妙的胜利 / 迷醉，而忘却了可怜的终有一殁！（MA I，151；诗行 17—20）

不过，为了更好地展示英雄之举，第二组同样述及了英雄之言。这些话语可以证明其英勇无畏：

> 我常听到你的武器轰鸣作响，
> 你这勇气守护神！我还祈望
> 倾听你英雄人民的神奇事功，
> 这常会让我厌世的心变得坚强；

但你在沉静的守护神周围越发友好地勾留，

那里，一个艺术家的世界大胆苏醒，

那里，围绕那看不见的尊神

高贵的诗魂编织面纱。

（同上；诗行 25—32）

宏大事件发生，为此必须以辽阔的思想作诗，荷尔德林这样想。
对他来说，颂歌时代已经来临。

第四章

创造性想象力的哲学加冕。自我授权。诗人同盟。马格瑙。诺伊弗。施托伊特林。早期颂歌，过于庄严。文学与生活。荷尔德林不是浪漫派诗人。古希腊崇拜狂。席勒的《希腊诸神》与荷尔德林的古希腊。诸神的回归?《许珀里翁》创作的开始。

对康德作品的研究没有削弱荷尔德林的诗歌热情。相反，那个年代的哲学简直提升了文学创作和艺术的地位。事实上，康德不光分析知性的规则运行，可能也还对此进行监督，此外还做了更多的工作。这一超负荷工作在精神生活中引发了轩然大波。

康德秉承洛可可式的风格，把我们包含四种不同判断方式的知觉力和认识力构建成一只八音钟——它整体上给人的感觉就像是一种美学构架，接下来分别有三个范畴的关节附着在那些判断方式上面，比方说"判断的质"就包含"实在性、否定性、限制性"这三个范畴以及其他。（康德甚至还想在其思想器械上安装更加精密的齿轮组，无论如何，当他宣称可以随心所欲地完整描绘"纯粹知性的树形图"时，就已经借此发出了威胁。）康德的这一整套思想体系需要鲜活的能量，以便能对经验材料进行加工和重组。相关能量的确定是康德哲学的核心部分。他把该能量称为"能产的想象力"，而这一点必定会让今天所有只把康德视为知性的机械师的人大感震惊。康德写道："人说想象力是知觉的必要组成部分，可能还没有心理学家想过这一点。"（Kant 3，149）康德在这一关联中强调了想象力充满创造性的"自发特征"，它不像感官知觉那样是纯粹接受型的，而是可以创造出来什么，由此我们面前才可能呈现真实事物的图像。在艺术世界里，对康德这一思想的理解可以用如下形式表达：当我们认识的时候，是在创作。进一步思考的话——正如浪漫派所做的那样，想象力就会被理解成构造世界的力量，以及将自然和人类精神结合起来的基本原则。

所以说，想象力的加冕不仅是狂飙突进和其后的浪漫主义时期的成果。康德自身也曾为此事忧心；如果考虑其公众声望的话，他可能就是最有成效的加冕者。不管怎么说，对荷尔德林而言，由康德推动实现的想象力的地位提升，便是哲学所能赠予诗歌的最好礼物。

于是，类似感知和认识这样的接受过程所依存的创造性原则，就被康德称为"想象力"。他还为此创造了更加复杂的概念。他不怕造出那些难理解的怪词，称之为"统觉的先验统一"，或者更简单地称作"纯粹的自我意识"，说它是"可以把一切知性运用，甚至整个逻辑以及其后的先验哲学附着其上的至高点"。（Kant 3，136）这个顶点也可以直接称为自决或自由，由此瞬间就从抽象遍布的沙漠抵达鲜活生动的世界。作为创造性的自我授权，概念研究的这些微妙手段就这样在神学院的年轻学子身上发挥了作用，当然也影响了荷尔德林。

其实，荷尔德林并不需要哲学上的支撑，因为他的创作热情已经足够高涨，另外他还加入了一个由另外两名同学——克里斯蒂安·路德维希·诺伊弗[1]和鲁道夫·马格瑙[2]组建的诗人同盟。同盟成员按照克洛普施托克的新创词称呼自己为"领袖人物"。他们每月至少碰面一次，有时也更频繁，每次聚会都安排一个成员朗诵一首自己的诗歌，随后大家提出批评意见。诗学主题的文章也会拿出来讨论，并正式存档。此外，成员们还会朗诵自己最喜爱的、视为标杆的诗人的作品，比如克洛普施托克、施托尔贝格[3]，但主要还是席勒。有时候，这些"领袖人物"也会开怀畅饮。当然，荷尔德林会尽力把聚会的欢快气氛调动起来。马格瑙后来描述过其中的一次聚会："我们坐在一间精巧的花园小屋中，里面摆满了莱茵葡萄酒。大家依次唱着欢乐的歌曲，整个聚会期间都没停过。我们把席勒的《欢乐颂》留到最后，准备在喝潘趣酒[4]的时候唱。我起身前去拿酒。回来的时候，我发现诺伊弗睡着了，荷尔德林站在角落里抽烟。波列酒[5]摆在桌子上，冒着气。现在要开始唱歌了，但荷尔德林希望的是，首先要让卡斯塔利亚圣泉涤荡我们所有的罪恶。花园附近流淌着所谓的哲学家之泉，这就是荷尔德林的卡斯塔利亚圣泉；我们穿过花园，用泉水洗涤

1　Christian Ludwig Neuffer（1769—1839），德国诗人、神职人员，其创作受到席勒晚期作品的影响，后来担任乌尔姆（Ulm）大教堂的牧师。

2　Rudolf Magenau（1767—1846），自 1844 年起改姓封·马格瑙（von Magenau），德国新教牧师、诗人、地方史研究者。

3　Friedrich Leopold Graf zu Stolberg（1750—1819），德国政治家、外交家、作家、翻译家。

4　一种葡萄酒、果汁、香料、糖等混合制成的冷饮。

5　一种用葡萄酒、果汁、香料、糖等混合制成的热饮。

面庞和双手；诺伊弗一脸庄重地走了进来；'席勒的这首歌，'荷尔德林说，'不允许不洁之人来唱！现在我们来唱歌吧'；在唱到'对善良的神灵举起酒杯'一节时，荷尔德林的清泪夺眶而出，他满腔热情地举起酒杯，向窗外的天穹高呼'对户外善良的神灵举起酒杯，让整个内卡河谷回声萦绕。'"（MA III, 573）

荷尔德林有三首诗收录在所谓的"领袖人物"同盟书中：一首是《友谊之歌》；一首是《爱之歌》——这是唯——首当时就已公布于众的诗，略微加工后在荷尔德林生前即已印刷；还有一首《致宁静》。

《爱之歌》一诗的引人注目之处在于，它是以何等的禁欲主义方式来靠近主题。在诗中，天使般的喜乐升腾，微风与河谷里的花朵谈情说爱，而爱扇动它撒拉弗[1]的翼翅。（MA I, 89f.）这里所言的爱是广袤的、宇宙和天穹意义上的爱，绝不是狭义上的、炽热的爱，也不是肉体之爱。《致宁静》变换了宇宙之爱这个母题，但诗中还是有一个未婚妻的形象近乎羞赧地出场：永恒像梦境一样消散 / 少年安睡在未婚妻的臂弯里。（MA I, 92）《友谊之歌》与具体场景的联系更为紧密；诗中，大家把盏围坐、高声欢庆：热情高涨手挽起手 / 群情振奋畅饮美酒 / 我们欢唱友谊之歌。（MA I, 92）人们感觉置身于一个山盟海誓的共同体——反对世上空无价值者，立志开创更高的英雄伟业：重要的是尊崇上帝和父国，甚至可能为其献身，不过还不能预见为了何种具体目的，以及抗击哪些敌人。满怀感伤和忧悒之情，朋友们想到了一个将会分道扬镳的未来，而每个人都不得不形单影只，在生活的

1　撒拉弗（Seraph），犹太教、基督教和伊斯兰教经籍中所载的一种天使，有三对翅膀，另说有两对翅膀，在上帝的宝座旁侍立。据基督教传说，撒拉弗是级别最高的天使。参见文庸等（编）：《基督教词典》，商务印书馆 2005 年版，第 390 页。

暴风雪中开辟自己的道路。不过，但愿大家不会互相背弃。在诗歌的终章，歌咏者沉湎于友人们在他离世后齐聚在他坟茔之前的想象：那里盟友为他编织花环 / 可是在他弟兄的鬈发间 / 他的灵魂仍垂头窸窣作响 / 低声悄语：别忘记我。（MA I, 94）

马格瑙和诺伊弗比荷尔德林早两年离开神学院。没过多久，荷尔德林就跟预先就准备从事牧师一职的马格瑙失去了联系。马格瑙也会写诗助兴，但仍是一个冷静而坚强的人，动辄嘲讽极度热情地醉心于诗歌创作的荷尔德林，并与之保持距离。有一次，马格瑙还写了一首极不连贯的讽刺诗嘲弄荷尔德林：

> 只是有时候，
> 在荷尔德林的公牛棚 [1] 里，
> 会响起这个人马怪 [2] 般的蹩脚诗人的脚步声，
> 那时他可能无法为"山谷灾难" [3] 几个字
> 找到复杂的韵脚……
> ……他望向天空，仿佛
> 上帝的圣膏不会朝他流下。（Michel, 58）

马格瑙后来通过入赘的方式得到了一个颇有吸引力的牧师职位，这在荷尔德林看来就是犯下了渎圣之罪——他本人可是愤怒地拒绝了这一无理要求，于是对马格瑙再无任何兴趣。

1　指的是神学院的男学生宿舍。

2　Centaur，古希腊神话中的半人半马怪物，自古希腊以来一直被认为是不和睦与内心紧张不安的象征，又象征屈从原始本能的、未开化的兽性。参见 ［德］ 汉斯·比德曼：《世界文化象征辞典》，刘玉红等译，漓江出版社 2000 年版，第 12 页。

3　指的是尘世生活，与下面诗行中的"天空""上帝"相对。

与诺伊弗之间的友谊则保持得长久一些。荷尔德林向他敞开心扉，对他承认自己所受的心灵折磨，跟他讨论诗歌问题，交换诗歌作品。荷尔德林最重要的信件有些就是写给诺伊弗的，在一定时期内对他倾注了毫无保留的信任。诺伊弗最后也成了牧师，但一直对文学不离不弃，组织出版年鉴，偶尔还会发表自己的诗歌作品。两人之间的友谊持续到了1800年。从荷尔德林写给诺伊弗的最后一封信可以窥见端倪，了解两人最终形同陌路的原因。原来荷尔德林终于意识到，他对作诗归根结底的宗教般的严苛要求几乎不为诺伊弗所理解，而且无论如何得不到他的赞同。从写于1799年12月4日的最后一封信中，可以看到如下说明：我只是想对你坦白，我对你有点心生怨念，因为你今年夏天对我表达过一些与诗歌相关的颇为轻率的言论。（MA II, 849）据推测，诺伊弗在一封没有保存下来的信中提醒过荷尔德林，让他千万不要忽视读者的口味。（MA II, 791）类似的提醒荷尔德林当然经常听到，这可能深深地伤害了他。在这个时期的诗歌《众人的喝彩》里，我们可以读到：啊！众人会喜欢，集市上的热销货，/ 而奴才只会敬畏暴力之人，/ 信奉神性者 / 只会是那些本身怀有神性的人。（MA I, 191）在荷尔德林看来，诺伊弗心中可能没有什么神性。

　　通过诺伊弗的介绍，荷尔德林结识了斯图加特的活动家——戈特霍尔德·弗里德里希·施托伊特林。此人是文书处的律师，也是施瓦本地区文学生活的中心人物。他向外界敞开大门，家里经常高朋满座，这也是因为他有几个漂亮女儿的缘故。他还撰写书评，出版小册子，扶持年轻作家，为他们在他负责出版的文学年鉴上提供发表平台。施托伊特林的1792年《缪斯年鉴》首次刊登了荷尔德林的诗歌，即图宾根时代的颂歌。

　　1789年的复活节，荷尔德林在斯图加特拜访诺伊弗时认识了施托伊特林，很快感觉跟这个比自己大一轮的人颇为投缘，于是在 1793 年把《希腊》一诗献给了他。荷尔德林在诗中沉湎于空幻的想象，设想假如两人在古代的希腊天穹下相遇的话，那么他跟施托伊特林之间友谊的亲密度还将提升多少：假如我在那里邂逅你，爱友，/ 像这颗心多年前发现你那样！/ 啊，我会多么迥异地拥抱你！（MA I, 149）

荷尔德林偶尔会冒出中断牧师教育转而学习法律的念头，每每此时他都会把施托伊特林当作榜样。显而易见的是，此人凭借律师职业安身立命，成功地为自己的文学生活提供了经济支持：每当荷尔德林怀疑其诗歌热情能否养活自己的时候，追寻施托伊特林的人生道路就会成为一个吸引他的想法。

施托伊特林是法国大革命的热情拥趸，也乐于参政议政。他接过了出版舒巴特的《编年史》的任务，而且进一步提升了该期刊的民主化极端倾向，导致它在 1793 年被禁，施托伊特林则被驱逐出境。这个深深扎根故土的人未能在这场驱逐中幸存下来。他在国外试着从事新闻业维持生计，然而徒劳无果，之后在 1796 年自沉于斯特拉斯堡附近的莱茵河中。

在图宾根的岁月里，荷尔德林越发倾向于将诗歌从直接的生活现实中剥离出来，并效仿席勒，将诗歌创作提升到哲思活动的高度。这一时期荷尔德林创作了由多节组成、格律组织严格而且经常押韵的颂歌，它们用庄严的音调来召唤和展演理想主义的观念。正如在席勒那里发生的一样，唯有与诗中凸显的行动者的意志冲动和行为动力联系起来，这些理念才能焕发生机。但是，当一个理念构想被当作此类东西来赞美的话，那么它就始终是抽象的，这大概就好像荷尔德林的诗歌《缪斯颂》一样——为了表现其美学理念，荷尔德林在创作此诗时选取了席勒的《艺术家》作为参照。与荷尔德林不同的是，席勒在这首诗中表现了艺术创作及其兴盛和抗争，由此给该诗赋予了形象性和活力，而这些特征是作为美学理念化身的缪斯发出的、仅有庄严和雄辩之音的召唤肯定缺失的。

在1790年的硕士论文中，荷尔德林就已经思考过缺少生动性和具体性的问题。现在却没有什么客体作用于我们的感知和欲求能力，他在论文中写道，除非是在整体表象之下。在我们进行解析、获知清楚概念之时，我们是完全觉察不到的。（MA II, 35）这样一个在所有的概念解析工作之前影响感知的整体表象，对他而言就是形象化，这一点他在希腊神话中就已清楚窥见。现在，他又回溯到这样的形象化上面。但他没有像席勒那样描写艺术家的所作所为，而是让缪斯女神浮游到庄严的高空：哪里，学者的锐利目光震颤 / 哪里，希望的无畏羽翼下垂，/ 愉悦和生命就会从深处萌发，/ 当缪斯女神从宝座那里示意之时。（MA I, 105）

图宾根时期的颂歌是如此高高在上，以至于它们既没有达到思想上的清晰度，也没有形成意义上的生动性，而只是呈现了没有生活关联的诗性自我。举例来说，这一点从主题为莱布尼茨前定和谐观的《和谐女神颂》就可窥见。该诗召唤古希腊罗马神话中掌管宇宙秩序的女神乌拉尼亚，而召唤也被视作思想原则的形象化。她受到赞美，因为她去除了逼近的混沌，并把它转化成创造的能量。端坐在古老混沌的波涛之上，/ 你庄重地微笑示意，/ 而那些狂野的生灵 / 互亲互爱地飞向你的暗示。（MA I, 112）颂歌赞美女神恩赐福祉的作为，直到她本人被赋予言说功能，并与她创造出来的人类对话。此刻，被赞颂的女神自身在赞颂人类。赞颂不休不止，从下至上，再从上到下：更加美好，在你那里找到我的圣像 / 我为你注入力量和勇气 / 探索我的国度的法则 / 成为我所造之人的造物主。（MA I, 113）赞颂升入高空，而争吵留在下面：我们愿望的斗争已经爆发，/ 火热的争吵划破了天穹的寂静。（MA I, 114f.）

这可能很美好，但诗歌和生活之间横亘着一道鸿沟。当荷尔德林在致友人诺伊弗的信中尽情哀诉日常生活以及自身的怯懦时，这道鸿沟就再次呈现出来，令人痛苦。在这封充满哀叹的书信的末尾，他写道：你会笑话我的，如果你知道我……最近有个想法，要给勇气守护神写一首颂歌。实际上，这是一道心理上的谜语！（1792 年 9 月；MA II, 492）谜语如何解开呢？也许可以这样来解释：这些颂歌不仅以勇气为主题，而且意在帮助它们的创作者，让他在此时缺乏一切——既无朋友、温暖、理解、灵感、美食，而且也无勇气的情境中变得大胆起来。换句话说，尽管这些颂歌赞颂的是远离个人生活情境的神灵世界及其理念，但它们也是自我暗示的语言行为。这就是颂歌的实存关联。有关勇气的诗章赋予其作者胆量。

后来，荷尔德林带着些许不适回忆了图宾根时期创作的颂歌。他在 1798 年 2 月给弟弟写信：显然，我过早地……追求一些思想辽阔的东西了（MA II, 680）；在上文引用过的《众人的喝彩》一诗中，他回顾了自己措辞更为丰富、所言愈加空洞（MA I, 191）的生活时代。

令人惊讶的是，在表现力和主观性几乎不存在的时代，荷尔德林如何飞升到抽象而雄辩的层面，而且恰好是在那样一个时代——自从维特发出"我重新进入自己的内心，找到一个世界"以来，创作者就学会了满心欢喜地表达"自我"。

那个时候，文学与生活开始紧密靠近。作家的愿望是效仿卢梭来表达自己内心最深处的东西，读者则在所阅读的文字中寻找作家生活的蛛丝马迹，于是作家及其生平突然变得有趣起来。这一点也属于当时兴盛起来的天才崇拜的背景。文学正发生根本性的变化。如果说以前它富有教益、代表性和雄辩性，现在则变成个人的、私密的、具有表现力的东西。

一方面，读者在文学中寻找生活；反过来，文学也给读者规定好了生活样板。生活与文学之间的交汇蓬勃进行，而且是双向的。读者试着按照书中读到的那样去生活。他们穿上维特的燕尾服[1]，或者像席勒的卡尔·莫尔那样举手投足。他们寄希望于已经划分了角色、标明了氛围、确定了情节的文学剧本里的经历。在这个充满主体性的时期，从文学中涌现出一股导演生活场景的力量。对所谓的消遣文学来说，比如拉方丹[2]的家庭小说、歌德的内弟武尔皮乌斯[3]的强盗故事以及格罗斯[4]（和席勒）的帮会小说，适合严肃文学的内容就只是蹩脚的东西。生活的文学化在严肃文学和消遣文学这两个层面上都是可能的。对文学模式的辨别让以下举动成为可能：在由日常仪式构成的生活长河中，可以提取那些具有重要意义的时刻。作者也跟读者一样，想在文学的镜像中

1　燕尾服起初并没有受到上流社会的认可，它在德国流行起来还得归功于歌德笔下的维特。《少年维特之烦恼》一经出版就在德国甚至整个欧洲大陆掀起了巨大的波澜，许多年轻人争相模仿书中维特的打扮，一时间蓝色燕尾服配黄色马甲成了青年中极为流行的服饰，甚至还有人模仿维特自杀。

2　August Lafontaine（1758—1831），笔名有 Miltenberg，Gustav Freyer，Selchow 等，是他那个时代最为多产、最受欢迎的德国作家之一，创作 150 多部长篇和中短篇小说，几乎都可以归属于道德家庭故事这一题材，其作品以各种不同形式的版本或选集的形式发行，或者刊载于各类杂志和年鉴之上，很难追溯。

3　Christian August Vulpius（1762—1827），德国作家，曾担任魏玛图书馆秘书，最有名的作品是长篇小说《强盗头子里纳尔多·里纳尔迪》（*Rinaldo Rinaldini, der Räuberhauptmann*）。

4　Carl Friedrich August Grosse（1768—1847），德国作家、翻译家、地理学家，创作有长篇小说《守护神》（*Der Genius*）等作品。

提升生活的价值，赋予它一种厚度、一种戏剧性和一种氛围。人们想借助阅读或者书写的方式，目睹平时处于日常生活的缥缈之中而不可触及的实存经由语言表达出来。文学即是自我提升。

　　只有处于这样一个醉心文学、文学与生活交相渗透的环境里，早期浪漫派雄心勃勃的理论纲领才能在稍后得以形成。荷尔德林将会体验那些在耶拿的年轻天才的崭露头角，他们被精神赋予灵感，意欲借此让自己和他人陶醉其中：文学的意图是让生活舞动起来。身居耶拿的天才大肆开展诱惑性的试探，想要完全摧毁文学与生活之间的隔墙。弗里德里希·施莱格尔[1]和诺瓦利斯[2]为这一行动贴上了"浪漫化"的标签。每一种生活行为都要承载诗歌意义，呈现特立独行的美感，显露跟狭义上的艺术品同样有其"风格"的创造力。对浪漫派作家而言，与其说艺术是产品，不如说它根本就是事件，是人带着创造性能量和蓬勃生机开展活动的过程中随时随地可能发生的事件。诺瓦利斯坚信不疑的是，"商业活动"也能以诗意的方式进行。在施莱格尔看来，快乐的交往就是得以实现的"普遍诗"。人们要用诗歌来感染生活。如何实现呢？最好就是借助浪漫派的陌生化技巧，对此蒂克[3]如是描述："我们要尝试的只有一点，就是把习以为常的事变得陌生化，于是我们就会惊异地发现，在辽阔而困顿的远方寻找的某一

1　Friedrich Schlegel（1772—1829），德国作家、文学理论家、比较语言学家，曾与其兄奥古斯特·施莱格尔（August Schlegel，1767—1845）共同创办期刊《雅典娜神殿》（1798—1800），同为德国浪漫派，尤其是耶拿浪漫派的重要代表人物。
2　Novalis，原名哈登贝格（Georg Philipp Friedrich Freiherr von Hardenberg，1772—1801），德国浪漫主义诗人、作家，代表作有《夜颂》《圣歌》等，长篇小说《亨利希·封·奥弗特丁根》以蓝花象征浪漫主义的憧憬，成为浪漫派的标志。
3　Ludwig Tieck（1773—1853），德国作家，其作品构成狂飙突进文学与浪漫派文学之间的纽带，有小说、民间故事和戏剧等不同体裁的作品传世，作品以反讽为特色，经常描述超自然力量的存在，也是耶拿浪漫派的代表人物。

教益或愉悦离我们多么近。奇妙的乌托邦经常近在咫尺，但我们用望远镜观看时掠过了它。"（Tieck I, 75）

荷尔德林在图宾根时期的颂歌就是这样的"望远镜"，它们忽略了自身存在和日常奇迹。由此，在浪漫派第一轮的回旋中，荷尔德林肯定没有进入这个圈子。他的诗歌都是围绕宏大主题展开：自由、不朽、世界和谐以及人类。但是他诗歌的主题并不涉及或静或动的人类，跟荷尔德林本人更是毫无关联。这让他已经有点不适了。"爱人类是不够的，"有一次他给弟弟写信说道，"人类也需要可以给予他们爱的个体之人，尤其是也必须与自身亲密相依。"后来，他在 1795 年给席勒写过一句话，也许可以很好地解释图宾根颂歌远离生活的特征：对自己以及周遭环境的不满，驱使我进入了抽象世界。（MA II, 595）

如果说个性化表达的时代趋势尚未给荷尔德林打上烙印，那么这并不意味着他就没有受到丝毫影响；当他顺应相关趋势的时候，就有一些充盈着迫切情感的诗歌诞生，比如说《我从来无法忍受……》，开头几行如下：我从来无法忍受！/永远永远都是如此/少年的脚步，像一个被拘禁之人/那些细碎的、预先测定的脚步/每日走来走去，我从来无法忍受！（MA I, 75）

他还中断了《我讨厌自己……》一诗的写作，让它以一种未完的形式示人：

> 我讨厌自己！那是一个令人生厌的东西
> 人心，如此幼稚而软弱，如此倨傲，
> 如此友善……
> 但又是如此阴险！走开吧！我讨厌自己！
> 如此狂热，当诗人之火温暖它的时候，

但是，当一个没有朋友的少年

偎依在我们身旁，心是如此倨傲而又冰冷！

它又是如此虔诚，当生活的风暴

让我们屈服的时候。（MA I, 78）

假如荷尔德林继续传达内心的种种矛盾，让他日渐陷入苦恼的一对矛盾也会流于纸面：一边是他在其中长大的传统基督教信仰，另一边是他心中宗教意义越来越强烈的古希腊精神世界。荷尔德林重视古希腊的宗教意义，这一点日益把他与那些仅把古希腊视为教育体验的同时代人区别开来。对荷尔德林来说，古希腊已成宗教。

自温克尔曼[1]以降，对古希腊的关注确实风行起来；哲学界对它展开纯学术研究，赫尔德赋予它文化人类史的卓越地位；它开创了建筑以及表现艺术门类的风尚；威廉·封·洪堡把它视为教育理想，歌德从中为其魏玛剧院开创了古典戏剧；浪漫派利用古代哲学和神话开展睿智而巧妙的游戏——在他们看来，一切都是赋予活力的诗。诺瓦利斯盛赞那个时代的"活化"力量。威廉·海因泽[2]认为对古希腊的热情简直太过禁欲，于是突出强调那些有关情爱的、感官享乐的、狂野的、不受约束的，甚至放纵

1　Johann Joachim Winckelmann（1717—1768），德国考古学家、艺术史家。18世纪德国新古典主义的代表人物，他最重要的美学观点是评价古希腊雕塑《拉奥孔》时所言的"高贵的单纯和静穆的伟大"，对新古典主义运动产生了巨大影响。

2　Johann Jakob Wilhelm Heinse（1746—1803），年轻时姓氏曾作 Heinze，德国诗人、作家、翻译家、图书馆员，曾协助助雅可比出版女性杂志《鸢尾花》(Iris)，其代表作为两卷本艺术家小说《阿尔丁海洛和幸福诸岛》，该作品对荷尔德林的书信体小说《许珀里翁》极有影响，荷尔德林的著名哀歌《面饼与葡萄酒》即是献给他的。

恣肆的一面——明确反对温克尔曼提出的"高贵的单纯，静穆的伟大"。因为充斥着赤身露体的场景和淫荡不堪的谈话，海因泽的大尺度长篇小说《阿尔丁海洛和幸福诸岛》成为当时的一桩丑闻，不过也正因如此被人阅读无数。

古希腊深得受过教育的大众群体的喜爱，以至于就连席勒这位自身凭借《墨西拿的新娘》与古希腊戏剧建立了关联的人，都发出了提防古希腊崇拜走向狂热的警告。古代成为风尚，不过是作为艺术现象，而绝不是作为宗教现象。几乎没有人从宗教意义上重视古希腊的诸神世界。虽然那时候神话传说成为一个主题，但神话意识尚未被人再次发现。

在荷尔德林那里却不一样。他准备为自己发现古希腊，而且其着眼点不是教育这一主题，而是日益赋予他实存意义的神话宗教的精神方式。

1788 年，席勒的诗歌《希腊诸神》引发轰动。它是那个时代反响最强烈的诗歌之一，文人、哲学家、神学家和教士都在这首诗里读到了对基督教的诽谤。该诗也给荷尔德林留下了深刻印象，帮助他认识到自己的古希腊热情与其他人的"古希腊狂热"之间的区别。

席勒对希腊诸神世界的召唤自然有其博学的一面。但这首诗几类百科全书的广度无法掩盖席勒追随神话意识时对实存所持的心醉神迷，而他此举的目的在于体会业已消失的生命强力，并在可能情况下抓住它。因为席勒这首诗的真正主题不是复古的博学多识，而是后来被尼采称为"狄奥尼索斯式"的世界蓝图。这里指的是为存在重新注入的盛大而丰盈的生命强力，它在爱、友情、政治和自然中都有体现。神话的感觉让人类可以谙熟他们在尘世里的所有感觉。但是，这一点在基督教时代以及随后的世俗化现代都已成过去，而这一反差也正是席勒所重视的。席勒这样描写后来被荷尔德林称为诸神夜晚的景象："悠哉回到诗人之国的／是诸神，他们对尘世来说已属多余，／世人已经长大，摆脱了神的引带／借助自己的浮游立足。"

席勒的独到之处在于，他认为基督一神教与现代社会中抽象理性的统治之间可能存在关联。基督一神教把上帝置于不可见的彼岸，以及同样不可见的内心深处，由此就让世界得以消退。"所有的花朵悉数凋零／在北方朔风的吹刮之下。／为了让众神之一富盈，／这个诸神世界只得消逝。"

在这首诗中，对希腊诸神的回忆变成了对基督教上帝的大胆清算。席勒强调的基督教之神的特征，就是源自恐惧，以及对感官享受的敌视：那是一位颇有良知的神，鼓动凡人进行徒劳无益的自我指涉，把他们变得过于内化，进而孤独。这位神攫取凡人靠的是罪恶感，而不是存在的愉悦。他不像希腊诸神一样跟人类分享尘世的欢乐，他不是代表欣喜若狂的生活乐趣的神。

这首诗讲的是神话意识和现代意识之间的众神与巨人之战。有着神话意识的希腊诸神的世界已经衰落。剩余部分逃入诗歌里面："啊，只有在诗歌的仙子之国里／还存活着你传奇般的印迹。"（Schiller I, 164）

尽管这一点聊胜于无，但荷尔德林逐渐意识到，他还想要更多。席勒的这首长诗让他非常清晰地认识到了诸神世界的衰落，于是不愿满足于"传奇般的印迹"。神性可能会在诗歌中占据一席之地，但它的当务之急是要在生活中找到一个安身立命之所。他在大无畏的瞬间自问：借助自己的诗歌来让诸神回归，这难道不能成为自己的使命吗？接下来他还会向那些虚假神圣的诗人开炮：你们这些冷冰冰的伪君子，勿谈论诸神！／你们有智识！但

你们不信奉赫利俄斯[1]，/ 也不信雷神和海神；/ 大地已死，谁还会感谢她？（MA I，193）

席勒的《希腊诸神》一诗向荷尔德林展示了祛魅后的世界这一问题，并赋予了荷尔德林尝试着复兴神话意识并找回神性的灵感。荷尔德林将会通过模仿并超越席勒的方式，为神话体验寻找一种诗歌语言，同时又为我们已经失去这一体验的日常性深感悲伤。他意识到，真实性只有通过亲身见闻和经历才能真正产生的维度已经消失。因此人们再也无法看见大地，再也不能听见鸟鸣，人与人之间的语言已经枯萎。因为我们处在贫瘠的时代，置身诸神之夜，于是就涌现出了虚假神圣，借此神话的主题和名目只是滥用于艺术游戏。

1793 年 7 月，荷尔德林在致诺伊弗的信中首次描写了他的诸神时刻，彼时我从令人愉悦的自然的怀抱中，或者从伊利索斯河畔的梧桐小树林里回归，我聚集在柏拉图的弟子中间，用目光追随这位圣人翱翔，看他如何掠过幽暗辽远的史前世界，或者眩晕地跟随他进入不可见底的深处，进入全灵国度最偏远的际涯——在那个地方，尘世的灵魂将其生命发送到自然的千万条血脉里面，四处散发的力量在不可计量的循环之后返回那里；或者我因为苏格拉底的酒杯和宴席上苏格拉底的欢乐友谊而沉醉，倾听那些热情洋溢的少年如何诉说甜蜜而火热的语言向神圣之爱致敬，而戏谑者阿里斯托芬在其间逗趣，终于大师——神性的苏格拉底本人用他神的智慧开导他们所有的人，告诉他们什么是爱——此时，我心灵的朋友，我自然不会那么沮丧，有时还会认为，我还必须

1　古希腊神话中的太阳之神，泰坦巨神许珀里翁之子，阿波罗的前任。他每日乘四马金车在天空中奔驰，从东到西，晨出晚没，用光明普照世界。在许多神话中，他同阿波罗混为一体。

能向我确实为之生活和奔忙的小书，我的《许珀里翁》，传达在此类瞬间温暖和照亮我的甜蜜火焰的一丝火花……[1]（MA II, 499）

《许珀里翁》——这部作品诞生于荷尔德林对希腊文化的皈依时期，那是他生命中的一个感情之火熊熊燃烧的时段。几个月以后，他在行囊里装上了《许珀里翁》的初稿，离开了图宾根和修道院。初稿还将伴随他几载光阴，直到他在经历些许犹豫和绝望之后最终为作品画上句号。

1　译文参考［德］荷尔德林：《烟雨故园路：荷尔德林书信选》，张红艳译，经济日报出版社 2001 年版，第 56、58 页。

第五章

神学院时光落幕。政治动荡不安。伦茨。宁愿做家庭教师，而不是牧师。夏洛特·封·卡尔布。荷尔德林在路德维希斯堡拜访席勒。埃莉泽·莱布雷特。告别以及动身前往瓦尔特斯豪森。

我数着那些时刻，直到我知晓何时可以被允许走出这个世界（MA II，510），荷尔德林在1793年秋致诺伊弗的信中写道。他在那年6月成功通过了神学专业的毕业考试，即便成绩并不出彩。兼有庆祝性质的所谓"检阅考试"、在斯图加特教会管理部门进行的监事会考试以及布道考试都还尚未举行，但荷尔德林在图宾根的学习时代已经接近尾声。最后几周他是这样度过的：我清晨四点钟起床，给自己煮咖啡，然后开始工作。大多数时候，我就这样待在自己的小房间里，直到夜幕降临；陪伴我的经常是神圣的缪斯女神，是我的那些希腊先贤；现在我恰好又开始研读黑格尔的康德研究著述。（1793年5月致诺伊弗；MAII，496）

但生活的进程绝不是全然内化的,因为修道院学生踊跃参与的外部政治活动进展得过于激动人心。那时候法国大革命已经转入恐怖时期,激进的雅各宾派与温和的吉伦特派之间的两极分化在修道院里也可以窥见端倪。荷尔德林属于雅各宾派——无论如何他是赞同处决国王的,尽管他对母亲当然还是摆出一副温和派的面孔。然而,当夏洛蒂·科黛[1]在浴缸里刺死了煽动1792年臭名昭著的九月大屠杀[2]的激进雅各宾派马拉之时,荷尔德林又对此举叫好。尽管荷尔德林对雅各宾派好感有加,但在他看来,马拉的行动还是走得过远了。那个无耻的暴君遭到了人民的尼弥西斯[3]的袭击,他在给弟弟的信中这样写道。(MA II, 501)

不过,对于日渐不安地关注着修道院里的政治活动的公爵来说,激进派与温和派之间的差别几乎无足轻重。对他而言,两派的主张没有什么区别,都是令人心烦意乱、不可容忍的民主主义,于是他要求修道院管理部门采取更有力的应对措施。1793年9月,在庄严的检阅考试中发生了一起轰动事件。卡尔·克里斯托夫·伦茨[4]近年来一直排名第一,本来有望在这场有公爵莅

1　Charlotte Corday(1768—1793)出身于没落贵族家庭,在修道院里长大并接受教育,1793年7月13日刺杀法国大革命中的风云人物马拉,7月17日被判处死刑。

2　1792年9月2日,因在押的保皇党分子在狱中策划起事,巴黎的一群武装群众袭击了一批正在转狱的囚犯。此后四天中,对囚犯的袭击事件扩大到巴黎城内的其他监狱。与此同时,自发的群众还将凡尔赛、里昂、奥尔良、兰斯和其他一些地方监狱中涉嫌参与反革命活动的分子抓走,匆匆审讯后予以处决,五天之内约有1200名囚犯被杀。这一事件后来成为国民公会中执政的各派别之间相互争斗的一个重要政治问题。

3　Nemesis,希腊神话中的复仇或正义女神,专门惩罚不法之徒。

4　Karl Christoph Renz(1770—1829),荷尔德林的神学院同学,后来担任维滕堡的乡村牧师。

临的考试中再度夺魁。但伦茨拒绝参加，并在官方场合援引康德的义务伦理学来解释拒绝的理由，说是义务伦理禁止他采取某种举动，"就好像外在的微小好处注定可以让我更好地履行义务似的"。（MA III, 793）这一道德上的严肃主义给人留下了深刻印象，但每个人都心知肚明的是，此处也有对公爵的政治反抗。不过，伦茨的名声如日中天，所以也就没有对他采取不利行动。

在此，还是要提及一些对伦茨这个独特而又出众之人的评价，而除此之外，我们对此人所知甚少。如前所述，伦茨多年以来都是毫无异议的最优秀的学生，就连黑格尔、谢林与荷尔德林也无法企及。他们期待他干出一番大事业。在三位友人离开图宾根神学院之后的通信中，会定期出现这样一个问题：我们的伦茨在做什么？"他把自己的才能隐藏起来，"黑格尔在1794年圣诞节致谢林的信中写道："敦促或者鼓励他，让他将自己肯定是深入进行的、有关重要对象的研究汇集起来，那一定是值得我们付出这份辛劳的。"（Hegel, *Briefe I*, 12）"我们必须督促他，"不久以后黑格尔又给谢林写道，"他性格中似乎有不信任他人的一面，不喜欢分享，只喜欢单干，认为不值得费心为他人做点什么，或者觉得人性之恶太过无可救药。你跟他之间的友情可能超越他的个人，能要求他行动起来，跟现在焕发生机的神学论战吗？"（Ebd., 18）谢林回信说，伦茨已经陷入绝望，他深居简出，对很多事情听之任之，假如能让他敞开心扉的话，他就会获得重振精神的力量。

显然，伦茨被三位友人归入敢于革新精神生活的歃血友盟。伦茨也属于"看不见的教会"的一员，但他偏爱的是寻常意义上的不可见性。他先是在当地担任助理牧师，后来升至副主祭和牧师。图宾根大学曾经向他抛出教席的橄榄枝，但他拒绝了。不过，谢林没有忘记伦茨。1812年，那时候谢林早就忘掉了荷尔德林这位老友，却为伦茨受聘维尔茨堡某个教席的事宜奔前忙后。（Vgl. Tilliette，*Schelling*，258）但即便如此，也无法让伦茨走出隐居状态。

作为后来名满天下的"三驾马车"的神秘附带人物，伦茨并未给后世留下只言片语。引人入胜的是，大家会想象一番，这位天资聪颖的人原本暗地里构思完成了什么作品，让后人可能最终发现它们并为之惊叹。伦茨一向都是最优秀的，没准多年以后又会成为一等一的呢？伦茨会成为卡斯帕·豪泽尔[1]，或者甚至就是哲学的神秘国王吗？无论如何，这都是一个长篇小说的主题，其后还会延伸下去。但愿如此。

伦茨、诺伊弗和马格瑙消失在他们的牧师生涯中，而已经自行做出背弃牧师职业这一决定的荷尔德林，现在要用不伤害母亲的方式告诉她，此时她的希望可能会破灭。同样对牧师一职有所顾忌的黑格尔已经在瑞士找到了一份家庭教师的差事，原本荷尔德林也想一同前去。他在给母亲的信中写道，觉得比起布道更能胜任家庭教师的工作。（MA II, 647）他可能有一线希望去瑞士生活。另外，荷尔德林还提起到耶拿继续学习哲学的愿望。他让母亲做好准备，因为接下来必须从自己的财富份额里支取一部分作为旅费，要么是去瑞士，要么是去耶拿。不管是去耶拿还是瑞士，都无须畏惧战火之灾，假如战争真的邻近，当然我就不会离开家人，而是选择留下来。（MA II, 505）母亲立刻利用了儿子的这一提议，请求他暂时留在尼尔廷根，荷尔德林对此做出答复，说他

1　卡斯帕·豪泽尔（Kaspar Hauser, 1812—1833），德国著名人物、野孩子、世界历史上的神秘人物之一。

有多么不愿意留下来，原因是那些人可能会传出闲言碎语，说他在母亲那里啃老，活在世上对她无甚助益。（MA II, 506）而且还有可能出现以下情况：如果他赋闲在家、无所事事的话，教会监理会可能会抓住他，逼迫他到牧师室中传经布道。（Ebd.）

荷尔德林对母亲非常清楚地表达了他对牧师职业的抗拒，但是正如他惧怕自己的勇气一样，他再次畏首畏尾地做出了部分退让。在他提出计划担任家庭教师的同一封信中，他也提及了曾经成功做过的一次布道，那时他对自己说，哪怕你只是唤起了更多博爱的一丝火花与诚挚的主动参与，那么你就是一个幸福的人。（MA II, 505）他再一次给了母亲希望，让她相信他还是可以迁就做一名牧师。哦，假如我除此之外无法为这个世界广泛造福，那我就还有一条路可走，即本着弟兄之爱的善心来教化和劝诫教民。（Ebd.）

同样，他也在写给弟弟的信中表达了自己教化和劝诫民众的雄心壮志，但他扮演的角色不是牧师，而是作家和诗人：我不再温情满满地对单个的人倾注感情。我所爱的是整个人类……我想要发挥普遍意义上的作用……即让全人类变得更好。（MA II, 507f.）

去瑞士的希望终成泡影。1793 年夏末，施托伊特林给荷尔德林发来一个让他颇为动心的职位信息，因为不是别人，正是席勒在为夏洛特·封·卡尔布[1]的儿子在下弗兰肯地区的瓦尔特斯豪

1　Charlotte von Kalb（1761—1843），娘家姓 Marschalk von Ostheim，1784 年在曼海姆结识席勒并与之相恋，但两人最终分手。与歌德、荷尔德林也有往来，1796 年又与让·保尔结下友谊，后者在作品《泰坦》（Titan）中以她为人物原型塑造了琳达（Linda）的形象。夏洛蒂本人创作有《回忆录》（Memoiren，后于 1879 年出版）和小说《科尔内利娅》（Cornelia，后于 1851 年出版）。

森寻找一位家庭教师。这是多么千载难逢的机遇！荷尔德林可以到那里去，结识席勒公认的知己兼女友夏洛特·封·卡尔布，在她那里接近席勒这位大师。另外，耶拿也离得不远。可能情况下，还可以将两个计划结合起来：其一是担任家庭教师，赚取一份薪资；其二是在耶拿赓续大学生涯，以学生甚至也可能以讲师的身份。荷尔德林开始浮想联翩。

其时夏洛特·封·卡尔布已经声名鹊起，人称诸位伟大作家的缪斯女神，从席勒到让·保尔[1]都曾被她激发出创作灵感。荷尔德林也深受她的吸引，至于夏洛特，正如她的书信所展示的，很快也对这位只比她小几岁的诗人萌生强烈好感。

夏洛特受过良好教育，醉心梦幻而无法自拔，是马沙尔克·封·奥斯特海姆[2]家族的男爵小姐。她自幼父母双亡，被亲戚轮流抚养长大，住在各式宫殿和庄园里面，相当孤独而又内敛，生性忧郁。在她的回忆录中，这位年事已高、那时已经失明的老太太讲起她祖母的一桩轶事——祖母在她出生时高声叫道："你不该来到这个世界上的。"这句话决定了她的人生，她写道。她不得不忍受命运的一连串打击：她景仰和爱慕的兄长溘然长逝；一个姐姐原本爱上了一个出身市民家庭的男子，但不得不违心地嫁给一位贵族，婚后不久就郁郁而终；另一个姐姐也早早地撒手人寰，生前同样婚姻不幸。夏洛特本人也被安排与一名并非自选的男子联姻。她的夫君是海因里希·封·卡尔布，曾作为军

---

1 Jean Paul（1763—1825），德国小说家。原名约翰·保尔·弗里德里奇·里希特尔（Johann Paul Friedrich Richter），是德国最重要的古典和浪漫派作家之一，其作品主要包括长篇小说、中短篇小说和田园诗歌，对其作品的接受意见不一。很多同时代作家对保尔的作品赞誉有加，但歌德和席勒等人对他的作品不置一词。

2 Marschalk von Ostheim，弗兰肯地区的贵族家庭。

官参与法国军队在北美的协作战争，在拉法叶侯爵[1]的率领下抗击英军。卡尔布家族在18世纪80年代曾短期居住于兰道和曼海姆，其时席勒也住在那里。夏洛特爱上了当时已经声名显赫的席勒，对他崇拜有加。她的第一个儿子降生时出现并发症，当时是席勒到场帮忙医治。自那以后，夏洛特就视席勒为自己儿子的救星，而此时儿子就要受教于荷尔德林这位家庭教师。

在此期间，夏洛特与席勒之间的关系破裂，还酿成了一桩丑闻。席勒成亲之时，夏洛特陷入精神崩溃；在魏玛的一起社交活动中，她给席勒新婚宴尔的妻子制造了一场糟糕的局面，引起了轩然大波。其后她跟席勒断绝了往来，要求他归还她写的书信，并销毁了他寄来的信件。她央求席勒帮她儿子联系一位家庭教师，那已经是双方重归于好整整一年之后的事。数年以后，席勒忆及他与夏洛特在曼海姆共度的时光，尽力对两人之间的交往做出公正的判断，在给她的信中写道："那时候您把我灵魂的命运记挂心间，尊重我那点尚未开发出来、仍在与素材进行不确定斗争的创作天分。"（Schiller, *Briefe*, 525）夏洛特那时已经从席勒的创作起步窥见了他日后成为大作家的端倪，此刻同样期待荷尔德林这位家庭教师功成名就。

在1793年夏末的施瓦本之旅中，席勒再次与施托伊特林建立了联系；其实两人很早就已结识，但身为年鉴出版人的席勒更多的是把施托伊特林视为竞争对手。两人谈及的话题也包括家庭教师一事。令人震惊的是，席勒根本就不关心此事，因为他有着全然不同的挂怀。他想在垂垂老矣的双亲过世之前再见上他们

1　Marquis de Lafayette（1757—1834），18至19世纪法国的政治家、军事家，法国大革命时期君主立宪派代表人物，因为参与美国独立战争和法国大革命被称为"两个世界的英雄"，在法美两国得到广泛的纪念。

一面，并把自己的太太带给他们看看。但他究竟是否还能进入斯图加特的领地，这还要打上一个问号，其原因是：假如他要再次踏上曾经为了躲避公爵而逃离的公国，官方对他的通缉令就还有效。在流亡期间，是帝国自由城市海尔布隆[1]为他提供了庇护。

1793 年 8 月底，席勒正式请求卡尔·欧根公爵允许他踏上维滕堡公国的领地。公爵没有回应，但从他的宫殿里传出风声，说是席勒可能受到了冷遇。9 月 8 日，席勒冒险迁居路德维希斯堡。在那里，他接见了前来拜访的荷尔德林。

席勒对这位年轻而又英俊的先生并非完全陌生，当时荷尔德林就那样羞涩地立于室内，因为他不敢落座。此前，席勒已经在施托伊特林的《缪斯年鉴》上读过几首荷尔德林的诗。这个年轻的硕士"并非没有诗歌才华"，席勒在给夏洛特·封·卡尔布的信中写道："我认为，您肯定很中意他的外在。另外他也循规蹈矩，彬彬有礼。他的礼节给人留下了良好印象；但他看上去还不是完全沉着稳重，不管是对其知识水平，还是对其行为举止，我都不会期待尽善尽美。"（MA III, 578）

在首次会面时，荷尔德林表现得非常紧张。他对偶像怀有的敬意使自己拘束不安。同时，他也担心自己的颂歌带给席勒的感觉可能是模仿有余而创新不足。荷尔德林自身并没有详细描述过他跟席勒的首次会面，只是在谈话中提过一次，说是与这位伟大人物的近距离接触让自己感觉非常庄重。（转引自 Borcherdt, 113）

在席勒的首肯之下，夏洛特·封·卡尔布接受了年轻的荷尔德林，聘任他担任自己十岁儿子的家庭教师。对此荷尔德林颇为

1　1371 年，神圣罗马帝国皇帝查理四世（1316—1378）宣布海尔布隆为帝国自由城市，直接受皇帝管辖，不受周边地区贵族的约束。

高兴，主要是因为可以近距离接触席勒，并期望从他那里获得提拔。首次会面时，荷尔德林还没有勇气表达自己的相关愿望。半年之后，他才敢说出来。荷尔德林曾给席勒写过一封长信，主要讲述了自己在担任家庭教师方面做出的努力，还附上了自己在瓦尔特斯豪森旅行期间所作的一首题为《命运》的诗歌，请求席勒审阅后发表在《新塔利亚》上面。席勒同意刊发这首诗，后来它在 1794 年末正式发表，而当时荷尔德林本人对该诗已经全无好感，甚至几乎感到羞惭。荷尔德林在诗中述及迈向新岸的启程，即从图宾根搬到瓦尔特斯豪森的经历，并将它描述成赫拉克勒斯 [1] 命运的映射，而这一艺术拔高那时已经让他倍感难堪：

> 在最神圣的风暴中
> 我的囹圄之墙坍塌，
> 迈着更加优美和自由的朝圣步伐
> 我的灵魂走进那片陌生的领地！
> 此地鹰隼的翼翅常会流血；
> 等待着的还有战斗和痛苦！
> 你不懈地搏斗吧，
> 这颗被胜利滋养的心。（MA I, 148；诗行 81—88）

在荷尔德林来访时，席勒并未预料要跟一个饱受精神折磨的人打交道。两人会面后不久，席勒在给友人克尔纳 [2] 的信中写道："我

---

1 Herakles，古希腊神话中最伟大的英雄，神王宙斯与阿尔克墨涅之子，天生力大无穷，这一名字在今天的西方世界已经成为大力士的同义词。

2 克尔纳（Christian Gottfried Körner，1756—1831），德国作家、法学家，与席勒交好，是席勒首个作品全集的出版者。

身上的这样一种顽症，……肯定最终也会征服我心中更为强大的勇气。我使出全部的抽象禀赋，用我所有天马行空的想象力与之对抗，但还是无法固守阵地。……愿上天保佑，让我不要失去耐心，让时常被真切的死亡隔断的生命在我这里还能保留些许价值。"（Schiller/Körner, *Briefwechsel* II, 104—105）

荷尔德林没有让自己遭受的痛苦溢于言表，与席勒会面时也把痛苦藏了起来，给席勒的印象是一个决绝、注意力集中、身体也绝非孱弱的人。整整一年后，席勒在耶拿还经常见到荷尔德林并且熟识起来，对其感觉同样如此。不过，荷尔德林留给席勒的羞涩之感始终未变。在与席勒交往的过程中，荷尔德林从来就没法表现自如。

1793 年 11 月，来自瓦尔特斯豪森的一纸允诺抵达荷尔德林之处。他松了一口气，但只要他没有找到职位，就得担心教会监理会的介入。他开启了告别之旅，作别在图宾根和斯图加特的亲戚、妹妹和友人，与施托伊特林、诺伊弗、伦茨、谢林以及当时的著名诗人马蒂松 [1] 道别。正如马格瑙所写，荷尔德林"坐在床前、不穿马甲和靴子"，为马蒂松朗诵《致勇气守护神》这首颂歌，随后马蒂松心中燃起"激赏的火花"，倒在荷尔德林的怀中。（KA I, 577）

最后，荷尔德林还跟他在图宾根的恋人埃莉泽·莱布雷特道别。他们之间的恋爱不是什么重要故事。埃莉泽是图宾根大学总

1　马蒂松（Friedrich von Matthisson，1761—1831），德国诗人、作家，曾结识克洛普施托克、福斯（Johann Heinrich Voß，1751—1826）、克劳狄乌斯（Matthias Claudius，1740—1815）。同时代人对其诗歌存在两极评价，席勒和维兰德（Christoph Martin Wieland，1733—1813）盛赞他的诗歌，而施莱格尔等浪漫派作家则持批评态度，多首诗歌被贝多芬和舒伯特谱曲。

务长、神学教授莱布雷特的女儿，是众多大学生的梦中情人。荷尔德林在来到图宾根的第二年爱上了她。他思念了她半年之久，随后他们才走到一起。荷尔德林身边不乏竞争者，而埃莉泽让他感受到了这一点。当然他也为此深受折磨。在最后获取埃莉泽的芳心时，他就把喜悦之情写入了几首《致丽达》的系列诗歌，在诗中即刻把整个世界拥入怀中：丽达，看吧！令人陶醉地缠绕/爱的宇宙牵住造化之手，/天地变换，忠实相连，/声响和灵魂联结着爱的纽带。（MA I, 102）这一情愫在其后的九节诗歌里绵延不绝。不过，两人之间的感情很快冷却。但是战胜其他竞争者这一因素还在继续发挥作用，于是这段关系又延续了一段时间，即便处于一种不温不火的状态。得知消息的母亲乐于见到这样一段关系，因为埃莉泽出身名门，是个理想的结婚对象。母亲为这事对儿子纠缠不休，但是到了荷尔德林跟女友的关系已经进入冷却期的1791年6月中旬，他给母亲写信说道：趁此机会我不得不告诉您，很长时间以来我就打定了永不结婚的主意。（MA II, 473）在他跟露易丝·纳斯特分手的时候，给出的也是同样的理由：他情绪变化不定，立志在诗歌创作上扬名立万，要做一些没有进一步说明的规划，尤其是根本就抗拒婚姻和家庭生活。

1793年12月，荷尔德林跟女友分道扬镳。这段恋爱故事对他几无后续影响，对埃莉泽显然也没有，因为她很快就在下一任男友身上找到了慰藉，并最终在1798年跟他终成眷属。趁此机会，埃莉泽通过荷尔德林的弟弟卡尔发出要求，让荷尔德林归还她写给他的书信。在对卡尔问询的回复中，荷尔德林相当详尽地描述了与埃莉泽之间的故事在这期间带给他的感受，尤其是这段经历给他个人性格发展带来的影响：按照你接受的委托，我应当寄送给你那些信件，它们想必是保存在尼尔廷根。我在这里没有找到。我懂得自己的内心，知道事态肯定会按其轨迹发展。在我人生最美好的年华里，我心灰意懒地消磨掉了某些可亲的时日，因为我不得不忍受轻慢和蔑视，只要我不是唯一的一个求其芳心的人。后来我得到并给予殷勤美意，但不难觉察的是，我忍受的那份本不应当的痛苦中的首个深切的兴趣已经消失。在我来到图宾根的第三年里，关系就结束了。剩下的东西只是流于表面。**接下来，荷尔德林写了一句让人觉得匪夷所思的评论：我已经失去得够多了，在图宾根的最后两年里，我生活在这样一种毫无兴趣的兴趣之中。因为悄然潜入我性格中的轻佻，我已经失去甚多，唯有通过无法言表的痛苦体验，我才能再次从这份轻浮之中抽身而出。**（1798 年 2 月 12 日；MA II，682）

荷尔德林的轻浮？这肯定是一个让弟弟卡尔觉得全新而又惊奇的印象，因为兄长在他眼中从来都是一个非常乖顺，而且颇具教育意义的榜样，而他迄今尚未注意到兄长还有这样的一面。至于这一轻浮后面隐藏的意味深长，有人猜测荷尔德林是在影射他跟住在瓦尔特斯豪森的夏洛特女伴威廉明妮·基尔姆斯[1]之间的绯闻，据说她还为他生下了一个孩子。这一点后文还将展开详述。

母亲给荷尔德林置办了很多行头。他于 1793 年 12 月中旬启程，先是步行到斯图加特，再于当月 22 日从那里乘坐邮车前往纽伦堡。在致诺伊弗和施托伊特林的信中，他说自己一路上紧闭双目，让你们的身影以及其他我觉得可亲可爱的场景在眼前浮现。（1793 年 12 月 30 日；MA II，513）他在纽伦堡过了几天舒心

1　Wilhelmine Marianne Kirms（1772—1840，娘家姓 Kemten），1791 年 12 月与卡尔·基尔姆斯（Carl Friedrich Gottlieb Kirms，1746—1793）成婚，从 1792 年八九月到 1795 年间住在瓦尔特斯豪森，1799 年因为改嫁又随夫姓蔡司（Zeis）。

的日子，在那里碰到了路德维希·舒巴特[1]——他是著名的大舒巴特的儿子，时任公使馆秘书，还是一位与文学圈建立了友好关系的业余作家。因为荷尔德林与施托伊特林达成一致，要帮助继续推进暂时已被禁止、由大舒巴特负责的《编年史》的出版工作，于是就利用这个碰面机会，与小舒巴特商谈了这一计划，不过并没有产生具体结果。荷尔德林又一次从纽伦堡出发，经停埃尔朗根抵达班贝格。这段路险象丛生，因为有盗窃团伙出没，在附近胡作非为。一路上，一名骑兵为邮车保驾护航。政治动荡也引人注意，为了抗击革命运动风起云涌的法国的入侵，政府下令在法兰克—普鲁士公国征召6万名将士入伍。诏令引发了多场暴动。荷尔德林在科堡亲见了被激怒的市民如何殴打民兵，而储备物资的仓库又如何被抢掠一空，随后付之一炬。他在写给母亲的旅行报告中没有谈及这些场景，但写信给友人时还是带着些许同情详细描述了以上情况，还描绘了城市新贵如何被人暗示自缢离世。（MA II, 514）

　　12月28日晚，荷尔德林抵达瓦尔特斯豪森。卡尔布的庄园位于高坡之上，山脚下是一个小村庄。卡尔布一家还没做好迎接这位新任家庭教师的准备。夏洛特当时还在耶拿，错过了为荷尔德林接风洗尘。夏洛特的丈夫、那位少校友好地招呼荷尔德林，只是前任家庭教师尚还留驻府邸，这是唯一让荷尔德林不适的地方。少校尽其所能地安慰我，让我不要把当时的紧张局势放在心上（Ebd.），荷尔德林在给诺伊弗的信中这样写道。在写给母亲的信中，一切都被描绘得何其美好：风景宜人，房屋华美，自己的

1　路德维希·舒巴特（Ludwig Schubart, 1765—1811），大舒巴特（Christian Friedrich Daniel Schubart, 1739—1791）之子，德国作家、公使馆秘书。

房间被布置得舒适而又雅致，下弗兰肯的餐食意想不到地可口，好喝的啤酒让他忘了内卡河畔的葡萄酒；附近有一间整饬美观的小教堂，里面有位温良的牧师给他布道，以免他忘却了相关知识；雇主家里有一位待人友好的少校，还有一名让人情不自禁地心生喜欢的学生。（MA II, 515）荷尔德林在信中说，乡村的宁静让他觉得舒适。他每天的作息安排是：早上 7 到 8 点有人把咖啡送到我的房间，直到 9 点的这段时间由我自己安排。9 到 11 点是上课时间。12 点后用午餐……午饭后到下午上课之前的安排跟晚间一样，可以去少校那儿也可以不去，可以跟小朋友外出也可以不去，工不工作都由我自行决定。下午 3 到 5 点我又要授课。其余的时间都是我自己的。（1794 年 1 月 3 日；MA II, 515）

自从离开邓肯多夫以来，荷尔德林实际上还从未有过如此充足的时间可以自由支配。这成为他新的挑战，因为现在重要的是，如何利用这一自由开启新的征程。

第六章

瓦尔特斯豪森。从远方更新友谊。无足轻重的爱情故事。玛丽安娜·基尔姆斯。《许珀里翁》。第一部断片。希腊"狂热"出现，长篇小说兴起。荷尔德林在读者中间寻找成功。《许珀里翁》的前言。乖僻性情和原罪。寻找业已实现的存在。心醉神迷的多个瞬间，但都不长久。

直到 1794 年中期，荷尔德林从瓦尔特斯豪森发出的每一封信几乎都会谈到让他备感舒适的安静，这种状态可以让他陷入思索。回望过去，他感觉自己好像一直以来过于心不在焉，还没有真正把人生视为自己的分内之事。他对自己承诺，要在隐居瓦尔特斯豪森期间做出改变。他心中有个愿望越发强烈，想来个重大转折。他打算做个自我总结，同时梳理一下自己的友谊。他想站在谁的一边呢？比方说黑格尔吧，已经有段时间跟他再无联系了。我可以肯定的是，荷尔德林给黑格尔写信说，自从我们喊着口号"神的王国"告别以来，你有时候还是记起了我。荷尔德林把黑格尔称为自己的守护神，他说自己需要黑格尔，以便超越那些熟悉和日常的事物，放飞自我。荷尔德林还说自己钦佩黑格尔心如止水的自我指涉。比起我来，你能更好地与自己和平相处，他这样写道，并保证自己确信我们的友谊天长地久。（MA II, 540）

还有一个知心朋友，荷尔德林无论如何也想牢牢抓住，并且清楚地告诉他这一点，那就是诺伊弗。精神和心灵将会琴瑟和鸣，可能已经与命运建立了一个一向很难打碎的同盟（1794 年 4 月初；MA II, 522），荷尔德林在一封想为旧日友谊注入新鲜活力的信中这样写道。新鲜感的魔力在我们这里早已消失殆尽，有充足的理由来更新它。而写这封信就是为了助其实现。几个月以后的 1794 年夏，诺伊弗的新婚妻子被诊断罹患中晚期肺结核。医生说她的人生只剩下寥寥几周。诺伊弗陷入绝望，多次表达了轻生的打算。如今，两人重被拾起的友谊得以维系。荷尔德林宽慰友人，提醒友人尊重和爱惜自己，劝他不要向命运屈服，更不要被它打垮。通过经受痛苦，人可以长大成熟为男子汉，他在信中写道，那种帝王般的、战胜无名痛苦的意识将会与你相伴。（1794 年 8 月 25 日；MA II, 546）

在这封信中，荷尔德林对友人诺伊弗做了一番引人注意的告白：过去我从未因为爱感到幸福，也不知道自己将来是否会幸福，但因为有你，我常常深感幸福无比。（MA II, 547）

从未因为爱感到幸福，事实上，与露易丝·纳斯特在毛尔布隆以及与埃莉泽·莱布雷特[1]在图宾根的恋爱经历确实印证了这一印象。恋爱关系进展得并不那么深入，在还保持关系时就无甚幸福可言，关系破裂时也谈不上什么不幸，即便留有一些负罪

---

[1] Elise Lebret（1774—1839），其姓氏也作 LeBret 或 Le Bret，荷尔德林与她的恋爱关系至少持续了五年（1790—1795）。

感。当两位女友与他人结下秦晋之好的时候，无论如何，荷尔德林心里还是轻松的。

跟露易丝之间的恋爱故事彻底终结。而埃莉泽一开始还犹豫不决，在荷尔德林发自内心地已经跟她分道扬镳的时候，她还坚守着这段感情。她甚至还想为荷尔德林的职业发展做点什么，正如她希望的那样，这也是为了自己。1794 年，荷尔德林的母亲给他推荐了一个收入相当可观的神父职位，那时荷尔德林坚信是埃莉泽在后面出谋划策，认为她可能让其父——那位颇有影响力的神学教授和大学教务长卷入了此事。正因如此，荷尔德林也可以拒绝这个职位，毕竟它有着施瓦本地区所说的"裙带关系"之嫌。这样的操作也违反了荷尔德林借此途径踏上市民社会中某个岗位（MA II, 536）的原则。荷尔德林拒不接受，于是母亲可能尝试着给他制造自责之感，因为他在信中这样回复她：您告诉我，您为莱布雷特感到遗憾。但我想的是，如果她真心实意为我好的话，就不会期望违背我性格的事情出现。假如她对我半真半假的话，现在也能聊以安慰了。（Ebd.）

他在给母亲的信中所写的话，对埃莉泽本人却不会这么说。他建议母亲按他在信中所写的那样去做，或者她该告诉埃莉泽，荷尔德林出远门了、来不及写信。他采取了逃避的态度。他最希望的是跟整桩事件再无任何瓜葛。几周以后，母亲把几封埃莉泽写的、封合起来的信寄给了荷尔德林。他注意到这些信已经预先写好了日期，不管出于什么原因。我没法忍受这样的弄虚作假，而且信也写得有点空洞，他在给母亲的信中这样写道，并用以下宽慰之语收尾：不过，我有时会忆起还是有其积极一面的旧日蠢事，由此受到不要再次犯蠢的警告，即便这样的机会在当下的隐居生活中全然缺乏。（1794 年 7 月 30 日；MA II, 543）

这并不完全属实。因为在瓦尔特斯豪森还有夏洛特芳龄 22 岁的女伴威廉明妮·玛丽安娜·基尔姆斯。自打她 1792 年从一桩不幸的婚姻中解脱出来，就在那里陪伴夏洛特。荷尔德林曾给妹妹写信，说是基尔姆斯给他留下了深刻印象，在描述中还穿插了各种猎艳故事以及轻佻的评论，又说自己未曾与她有染：少校夫人的女伴……是一个有着非同一般的精神和心灵的女子，她讲法语和英语，还从我这里借走了康德的最新著作。此外，她有着吸引人的身材。（1794 年 1 月 3 日；MA II, 518）他以一种风趣的方式消除了妹妹可能的忧虑。他告诉她，她那位敏感的哥哥如今变得更聪颖了，而那位漂亮的女伴还要聪颖得多，因为她另外名花有主了。荷尔德林在此使用了非常高雅的词汇"聪颖"，其意义可能是法语中的"睿智"[1]，意指在施展性魅力方面保守内敛。（Ebd.）

两人之间故事的细节并不为人所知。除此以外，荷尔德林的书信中就只有另外一处提及这位有着吸引人的身材以及对康德感兴趣的女伴，即 1795 年 1 月 19 日从耶拿写给诺伊弗的信。荷尔德林在信中写道，耶拿的姑娘和妇人对他冷若冰霜（MA II, 566），这跟之前在瓦尔特斯豪森全然不同——在那里他曾有过一位女朋友，他不愿失去她。他承诺，下次多写一写相关话题，但这并没有实现。在另外一封信中，出现了一个上文提过的、令人困惑不解的地方，即对弟弟讲述了自己性格中轻浮的一面，这是习惯了以往流于表面的恋爱关系所致。（MA II, 682）写这封信时他身在法兰克福，可能正被迫面对在瓦尔特斯豪森流传的谣言——众人议论他跟基尔姆斯有染，甚至还有一个私生子降生。事实却是：荷尔德林在瓦尔特斯豪森居留时结识的一个熟人 1797

1　法语原文为 sage。

年在法兰克福与他相遇，此人后来说到，他当时跟荷尔德林交谈了很长时间，"但就是没有谈到基尔姆斯。我想，那桩风流韵事并不属实——如果他猜到我对基尔姆斯的事有所了解，可能更希望对我退避三尺。"（转引自 KA 3，859）也就是说，这一关联中存在一些荷尔德林宁愿隐藏起来的东西，毕竟它们给他带来了思想负担，让他避之不及。而更多的信息我们也不知道。

1794 年底，基尔姆斯差不多跟荷尔德林同时离开了卡尔布的家，迁居迈宁根。1795 年 7 月，她在那里产下一女，女儿一年之后就夭折了。在婴儿出生之前的一个月，荷尔德林行色匆匆地离开了耶拿。也许这里也存在关联，但荷尔德林对此未置一词。基尔姆斯后来再婚，先后在德累斯顿和瑙姆堡居住，最后又到了特里斯特，自此逐渐杳无音信。

荷尔德林与基尔姆斯的关系可能是亲密无间而又充满情欲的，不过，无论如何这个有着非同一般的精神和心灵的年轻姑娘是瓦尔特斯豪森某个特殊群体中的一员，该群体能提供精神和情感启发，给荷尔德林营造了创作氛围。在 1794 年 5 月 21 日致弟弟卡尔的信中，荷尔德林对该群体描述如下：你知道的，弟弟！人不被任何事情干扰，这中间该蕴含着多么大的价值……哪怕是每天仅有一个小时空出来，把它用于精神的自由活动，来满足自己最迫切、最高贵的需求。（MA II，532）

在瓦尔特斯豪森的最初几个月，荷尔德林最迫切的需求体现在哲学上。他尤其专注地研读柏拉图那部探讨情欲和美感之间关联的《斐德若》；还读了康德的美学著作《判断力批判》；至于席勒的文章《论秀美与尊严》，荷尔德林则用赞叹的笔触写道，他还从没读过类似的文字：在该文中，来自思想王国以及情感和想象领域中的精华可能已经融为一体。（MA II，527）

作为理想，诗性精神和哲学思想的成功融合在荷尔德林的第二个迫切需求产生之时也浮现在他眼前，即继续书写 1792 年夏开始的小说《许珀里翁》之时。但这不仅仅是一个迫切需求，那是后来的岁月中将会一直折磨他的人生主题。他误断了书写计划对他可能提出的要求，误以为可以在瓦尔特斯豪森的安静生活中完成著作。但他并没有做到这一点。那一年，他除了完成一部断片，别无其他。个中原因也在于，尽管诗歌和哲学在他身上彼此促进，但有时候也会互相阻碍。荷尔德林在小说《许珀里翁》中遵循特定的哲学理念，但他注意到，如果听任诗歌的自我世界及其活力自由发展，就不能容许哲思占据主导地位。对此，他在写给弟弟的信中说道：我尤其觉得不易的是，要从推理中进入诗的世界。（MA II, 728）当他终于再次埋头小说创作的时候，他给诺伊弗写信说，他现在已从抽象的世界（MA II, 527）返回，就好像之前哲学干扰了他一样，这让友人在回信中写下了令人吃惊的评论：对他而言，荷尔德林肯定是在从事近乎圣化的哲思活动时最具诗意。（MA II, 533）

如前所述，荷尔德林在 1792 年夏末开始创作小说《许珀里翁》。那时马格瑙写信给诺伊弗说，荷尔德林正在创作一部小说，其中心人物是"一位热爱自由的英雄、一位真正的希腊人，心中满是强劲有力的原则"。（MA III, 577）这一点并不完全符合该小说后来几个版本中的主人公的形象。后来版本展现的许珀里翁恰好不是那个有着强劲原则的矫健英雄，而是一个无限热爱自由、却内心柔软的灵魂，他在兴奋与绝望之间摇摆，总是陷入冥思苦想。这部小说的首个稿本全部遗失，也许该版中的许珀里翁果真是一个强健遒劲的人物，也许荷尔德林正是因此才放弃了开头写下的文字。无论如何，可以确定的是一封信里所写的内容：我那

些旧版本中的文字几乎没有一行留下来。（MA II，550）

小说的最初计划源于对希腊抗击奥斯曼帝国统治的解放战争的普遍同情。那场战争 1770 年爆发，让每一个从温克尔曼转向古希腊的人为之着迷。荷尔德林也不例外。引发轰动的是一支向奥斯曼军队发起攻击的俄罗斯舰队，它试着以伯罗奔尼撒半岛为起点，策动一场希腊人的暴乱。一些枪炮和士兵已经就位，当地的希腊反叛团体也得到了提供声援的承诺。尽管有几个城市奥斯曼统治者短时间被驱逐出城，但暴动本身演变成一场又一场的掠夺；当奥斯曼人调动一支阿尔巴尼亚民兵队伍来抗击暴动人群的时候，起义军四处逃窜，听任当地民众遭受奥斯曼—阿尔巴尼亚人的屠戮。

暴动事件在遥远的德意志地区也受到关注。亲希腊主义的民众开始比以往更加明确地区分古代希腊神话与当今希腊现实。一个伟大民族的后裔现在被人视为衰败一族，他们一盘散沙、没有爱国精神、胆小怯懦而又掠夺成性。如果说众人还对希腊脱离奥斯曼人的统治怀有同情之心，那也不是出于同当今希腊人之间形成的凝聚力，而是对古代希腊神话的敬畏。这一点也影响了荷尔德林对其小说主题的选择。

一方面该主题大受欢迎，另一方面长篇小说这一文学体裁也深得人心。这一点荷尔德林心知肚明，他之所以选择这一样式，正是因为他终于想要得到更多读者的关注，毕竟他的很多诗歌尚未付梓，而其他作品只是发表在影响力较小的期刊和《缪斯年鉴》上面。这一状况将会持续下去。荷尔德林是一个过世以后才赢得声誉的作家，这也是他悲剧的组成部分。

《许珀里翁》就是一次在出版发行方面也走向广阔天地的尝试。这一点荷尔德林毫不掩饰：不久后我就发现，我的颂歌在那个确乎有着更美心灵的民族中间确实只能赢得很少人的青睐，这一点更坚定了我草创一部希腊题材的小说的决心。（1793 年 7 月 21、23 日致诺伊弗的书信；MA II, 499）

也就是说，荷尔德林想要利用当时在日益扩大的读者群体中间初露端倪的长篇小说热潮。

18 世纪末期的市民和小市民群体确实读了很多小说，其结果是教育学家、文化批评家和教会人士开始对令人忧心忡忡的监管缺失颇有微词。在读者那里，还有什么是不会发生的！在阅读过程中，会出现各种各样的心潮起伏，以及隐遁无形的奇思妙想。坐在沙发上如饥似渴地耽读长篇小说的妇女们，不是兀自沉浸在遮掩之下的过度阅读中吗？还有那些手不释卷的文理中学的学生，难道没有参与其法定监护人做梦都不会想到的阅读冒险吗？在 1750 到 1800 年间，识字人口的数量翻了一倍。到了 18 世纪末，近四分之一的人口成为潜在的阅读群体。阅读行为也发生了变化：大家不再多次阅读同一本书，而是对多本书只读一次。至于那些伟大而重要的作品，比如被人一再阅读和研习的《圣经》、修身作品和历法等，其权威性已经消失，读者要求更多的阅读材料，各种可以耽读的书籍。从 1790 到 1800 年间，有 2500 部长篇小说问世，这一数量正好与 18 世纪前 90 年发行的书籍总数相同。读者也要想办法应对日益增加的发行量。于是大家学会了快速阅读的技巧，并把阅读时间延长到了夜里。蜡烛的销量也增加了。不光是启蒙运动[1]，阅读癖也要求有更多的光亮。

大量阅读的人也呼唤高产作家的出现，亦即善于为速读书写

---

1 "启蒙运动"的英语为 enlightenment，从字面上看跟"光亮""光照"存在一定关联。

的作家。甚至席勒都曾尝试创作一部趣味不高的长篇小说——《招魂唤鬼者》，以满足读者需求。对于那位创作了一百多部长篇小说的拉方丹，读者揶揄地说，他不可能读完了自己所写的全部小说。"人类写了多少作品，这一点无从知晓，"歌德在自己的《威廉·迈斯特的学徒生涯》[1]里如是叹息。让·保尔当时可算是一位长篇小说畅销作家，他在作品《教师乌茨》中以滑稽讽刺的笔调戏拟了这一创作发展态势。乌茨会定期宣布一份"参考目录"，因为他经济上捉襟见肘，就不得不亲自书写目录中提及的长篇小说。他在创作过程中逐渐产生了以下想法，即认为自己亲笔所写的书才是真正的原版。当他后来生活富足、见识到了真正的原版作品以后，却认为所有那些都是盗印的翻版。在文学评论家的笔下，这波小说热潮却令人绝望。弗里德里希·施莱格尔在1797年写道："那些不计其数的长篇小说在各大书展上出现，将我们的图书目录一再拉长，其中大部分小说的存在无足轻重，它们如此快速地完成了流通过程，其结果不过是被人遗忘，湮没在图书馆古旧书籍的尘埃之中；由此一来，如果评论者不想忍着不快，为一部事实上根本就不复存在的作品做个评价，就得毫不延宕地追踪它。"（F. Schlegel, *Kritische Schriften*, 23）

新出现的书籍生命短时性可能一开始并没有让荷尔德林心生畏惧，因为他看重的本来就是首先来个真正意义上的文坛登场。荣誉桂冠可是他长期以来就梦想的。无论好坏，这期间他不得不

1　原文用的是简称《威廉·迈斯特》，为了与《威廉·迈斯特的漫游年代》区别开，故而采用更精准的《威廉·迈斯特的学徒生涯》。该著作标题一般译为《威廉·迈斯特的学习时代》，但德语标题中的 Lehrjahre 指的是"学徒制"，英文译名中的 Apprenticeship 即保留了这一含义。参见宋嵩：《陈崇正小说：建构"南方异托邦"》，《韩山师范学院学报》2020 年第 4 期，第 9 页。

在文学市场上赢得声誉。荷尔德林做好了充分准备，愿意拿自己的作品跟那些通行的市场大路货较量。他给诺伊弗写信说：或许有一天，我的许珀里翁会在那些英雄中间占据一席之地——比之口若悬河、冒险经历无数的骑士，他们可以让读者得到稍多的消遣享受。（MA II, 499）要做到这一点是不容易的，因为那些花里胡哨而又充满异域情调的冒险小说是《许珀里翁》的强大竞争对手。

另一原因也在于德意志当时的特殊社会政治和地理条件。社交生活缺乏重要的城市中心，这就给分散和限制提供了便利。德意志不具备给幻想插上翼翅的政治权力，没有神秘莫测的大型首府，也没有殖民地，能让国民生发置身外面世界的远方和冒险之感。一切都是分崩离析的，逼仄而狭小。在耶拿，浪漫派和古典派的大本营分立两处，仅仅相距一箭之遥。至于英国航海者和发现者、美洲先行者以及法国大革命首领们完成的伟大创举，德意志民众一般都只能在文学这一替代形式中后知后觉。在致友人默克[1]的一封信中，歌德言简意赅地下了定论："品行端正的德意志民众只是从小说中认识到了所有那些惊天动地的创举。"（1780 年10 月 11 日。）

据称，《许珀里翁》中的伟大创举是一场离心的生命尝试。在前言里，荷尔德林解释了这一离心性，同时还有立志在哲学领域一显身手的整体长篇小说理念：我们的存在呈现两种理想状态：其一是最高单纯的状态——在此状态中，我们的需求跟自身、跟我们的力量、跟一切我们与之关联的事物互相调和，这只需要借

1　默克（Johann Heinrich Merck，1741—1791），德国作家、自然研究者、歌德作品的出版者，《浮士德》中的墨菲斯托即是依据默克的人物原型创作的。

助自然的组织而无须我们人类的参与；另一种是最高教化的状态——在此状态中，当需求和力量无限增长和加强时，同样的调和也会发生，借助的则是我们有能力给予自己的有机联系。不管是集体还是个体，人从一个点（带有或多或少的纯粹单纯）径直跑向另一个点（带有或多或少的完满教化）的那条离心轨道，就主要方向来看似乎永远都是相同的。这些方向中的一些将会在信件中（下文只是一部残稿）加以批判和阐述。[1]（MA I，489）

轨道是离心的，因为它偏离了中心，也就是偏离了与自身完满的协调。在离心的自我异化的状态中，起决定作用的是我们力量的不和谐、不一致，是撕裂，是内心的对立。这不仅是自我的、而且是原初自然的异化。非异化的状态被描述为单纯，以及没有融入干扰性意识的原初自然性。但随着意识的觉醒，离心运动就开始了，脱离了幼年的或者保持年幼的状态，而彼时自然的组织仍在为我们内心的协调提供能量。不过，已经觉醒成为意识的本性现在就必须自行地，也就是以自由来构建这一调和，当然也正是通过我们有能力给予自己的有机联系。这一新建的秩序不是恢复起来的原初的那个。通过意识进行的自由之获得不该放弃。即是说，不要主张倒退，不要秉承放弃自由的原初向往，而应该构建由自由组成的、协调一致的更高秩序。

这条道路从原初而自然的合一出发，经过自我异化，最终形成新的、自创的合一，它可以指涉单个人的个体发展，但也可以指向一种类型历史。在后一种情况下，它涉及的就是自然和文化之间的、人类学意义上的张力关系。在个体的和类型史的双重意

1　译文参考赵蕾莲：《弗里德里希·荷尔德林和谐观研究》，中国人民大学出版社 2017 年版，第 333 页。

义下，人就是一个"离心的"生命体，脱离了自己的中心，而尽力在一个更高的、文明的秩序中再次抵达这一中心。

正是在这一意义下，就像当年的荷尔德林一样，现代哲学人类学家赫尔穆特·普莱斯纳[1]也把人类称为"离心的生命体"，在无法进行充分的本能控制的情况下，该生物不得不一再重新抵达其中心，以及由此而来的自我中心化。人类天生就依赖于自行创造一种类似保护外壳的文化，以便生存下来。人类的天性把自己逼上了文明的离心之路。

《许珀里翁》前言的思想理念不光超前地提及了现代，而且也继承了哲学传统。自从卢梭以来，哲学家就提出了以下问题：因为自由和意识而产生的自然的异化，如何能够恰好借助以上两个因素的力量，在合一新的、更高的阶段上得以克服。这是席勒论文《论秀美与尊严》里的一个主题，而荷尔德林创作《许珀里翁》时正好读到那篇文章。对于席勒来说，秀美是美中无法跟有意识的意图协调一致的那一面。人意识到秀美之时，就是它终结的那一刻，之后它便丧失了其自然性。跟荷尔德林一样，席勒也把此类自然性与"单纯"相提并论；席勒跟荷尔德林相同的另外一处在于，他也梦想借助自由和意识来获取更高的"单纯"。

在从康德到黑格尔等人代表的德意志观念论哲学的周围，席勒有关"秀美与尊严"的思考以及荷尔德林的离心哲学焕发生机，而在观念论哲学中，被智天使逐出天堂这一原罪母题发生了独特的变异，转而被阐释为一种机遇；比如康德就把天堂的、自

1　普莱斯纳（Helmuth Plessner，1892—1985），德国哲学家、社会学家，与马克斯·舍勒（Max Scheler）一起创建了哲学人类学，他为人类提出了"离心的定位"这一范畴，对应于植物的"开放的定位"和动物的"闭合的定位"。在他看来，与非生命体相比，所有生命体的共同点在于，它们都是"实现边界之物"。

然的合一这个倒退的梦想轻蔑地搁置一旁，并解释说受到意识制约的"不和"才推动了人类的前进；又比如黑格尔认为精神的伟业始于原罪，并用这句囊括了其全部哲学纲领的精简之语概括如下："认识会治愈伤口，而伤口就是认识自身"；再比如说克莱斯特 [1] 在文章《论傀儡戏》里写道，秀美与优雅遭到破坏的观念会由思考的意识继续编织。在荷尔德林的《许珀里翁残篇》问世短短几年以后，克莱斯特也提及了自然中心的丧失，也就是离心。"灵魂一旦没有落在移动的重心之上，而是落到了其他什么一点上面，"克莱斯特写道，遭受毁坏的就不光是"自然的秀美"，甚至自我异化的整场戏剧就会拉开帷幕，而这一点是"无法避免的，自从我们从知识树上偷吃禁果而获得知识以后，情况就是如此。但天堂的大门已被封锁，智天使 [2] 跟随在我们身后：我们要绕着整个世界环游，看看天堂会不会在某个地方再次打开了后门……于是……当认识同时也进入无限的时候，秀美又会再次出现……因此……我们就必须再次摘取知识树上的果实来吃，以便重新回归天真无邪的状态？——理当如此。"（Kleist 3, 559, 563）

再次摘取知识树上的果实来吃，以便重新找回失去的合一——这一点被荷尔德林称为更高的启蒙，它可以调解主体与客体、我们自身与外部世界之间的矛盾冲突。（MA II, 614f.）

对矛盾冲突的描述、克服它们的尝试以及进入迷途时的指引，这些都是《许珀里翁》这部小说首个残篇的主题。

---

[1] Heinrich von Kleist（1777—1811），德国 18—19 世纪之交的杰出作家，被批评家认定是德语文学中第一批现代作家之一，在德语文学史上具有极其重要的地位，有多部戏剧、中篇小说（Novelle）和简短轶事等作品传世。

[2] Cherub，又称守护天使，是基督教传说中级别第二高的天使，亚当和夏娃就是被智天使赶出伊甸园的。

小说形式要求叙述上的具体化。在叙述中，矛盾冲突、消解以及迷途可以从哲学思考的抽象领域中被引导而出，然后在生活纠葛以及主人公的感受和行动上呈现出来。但这一点并未完全成功，至少没有达到吸引大多数读者的预期效果。小说叙述得太少，为此进行了更多的反思，还有更多诗歌上的唤起。在写作过程中，荷尔德林也曾试着采用其他叙述形式，但最后还是选择了书信体，并坚持以最后一个版本为准。

　　许珀里翁，当今的一位希腊人，在写给友人贝拉敏的书信中讲述并反思了自己的生活经历，但是并没有像歌德笔下的维特那样。维特的书信是对所处的当下、对写信者卷入其中的事件做出了直接反应。而《许珀里翁残篇》完全不同：此处所涉，皆为过往。写信者所处的情境是隐者之境。他茕茕孑立，形影相吊。事实上，如今再也没有发生什么。许珀里翁经历过一个故事，现在仅剩余波。一个悲哀的音调成为主旋律。许珀里翁的第一封信以哀叹开头，诉说自己失去了被人视为业已实现的、与生命的合一，最后一封信也以同样的哀叹收尾。小说的开头和结尾都是对一种半梦半醒状态的召唤。

　　写信者描绘了往昔岁月的变化，但是在写信的当下并不存在这样的变化。这一点在已经完成的《许珀里翁》版本中却呈现不一样的面貌。随后，写信者又讲述了两个故事，一个过去的，一个当今的。这一点后面还要谈及。

　　许珀里翁给友人讲述了三次相遇的故事，相遇时渴望的合一出现，复又消失。希腊解放战争在该残篇中还没有发挥作用，只是在一个地方提到了对希腊当今形势的厌倦。（MA I, 494）读者可以觉察到，这里所指的是 1770 年的历史事件及其结果，而它们在小说的最终版里才得以展开。

许珀里翁的书信以描述他早年的绝望开头，之所以绝望，是因为他没有成功地与众人结成兄弟。（MA I, 490）他称之为神圣交换（Ebd.）的亲密交往，并没有发生。一切都在冷若冰雪而又毫无所谓地互相欺骗。最后，他再也不敢在众人面前……睁开双眼（MA I, 491）。一种僵化的了无生机之感侵袭了他，只是偶尔被闪现而出、有望发展成如火热情的一线生机打破。但这样炽烈如火的状态并没有持续多久。许珀里翁猜测，可能只有骄傲在与绝望的万能（Ebd.）抗争。但接下来春天闯入了他的黑暗，对抗绝望的万能的，现在是自然的全能。只要有一丝微风轻拂他的面颊，其表情看上去就会更加热切，就会浮现出喜庆的气氛。这只是主显节的前奏：墨利忒[1]浮现，那位爱的女祭司！（MA I, 492）这是一个伟大的时刻：当然，这是无穷无尽的自然蕴含的最高和最受福的时刻，这样一个解放的时刻！这一时刻抵偿了我们的植物生命的万古！我的尘世生活已死，时间不再是了，我的灵魂挣脱束缚，而又起死回生地感受着它的亲缘及其源头。（MA I, 493）

这就是那些时刻之一——在那些瞬间，许珀里翁突然被从离心轨道带回了中心地带，恢宏的天堂的合一显现。但问题在于：这一含有永恒允诺的时刻无法长久。转眼间，它就倏忽而逝。只余下片片回忆，而人守着回忆孤独无依。啊！我们心中的上帝永是孤独而可怜。（Ebd.）

这一蒙福的瞬间受制于时间的影响，稍纵即逝。从这一瞬间会产生什么结果？恋爱关系也不会长久，会被多疑的、自我指涉

1　Melite，海蜜神女，淮阿喀亚人的神话岛屿（后来被等同为希腊岛屿克基拉岛）上的同名山峰上的水泽仙女，是淮阿喀亚人居住的斯刻里亚岛上的河神埃勾斯（Aegaeus）的女儿。某些人宣称她是许罗斯的母亲（许罗斯的父亲是大力英雄赫拉克勒斯），不过通常认为得伊阿尼拉才是许罗斯之母。

的反思消解。只有在受福的直接时刻才会产生完全的献身精神，而不带有干扰性的自我参照。恋人在爱中获得领悟。不过，在自我意识再度觉醒、多疑而又自我折磨地伺机伤害的时候，献身精神也就画上休止符了。墨利忒的完美无缺对许珀里翁来说无可忍受，她的自给自足伤害了他。*那种绝望肯定会攫取我，即我热爱的美好东西是如此之美，以至于它不需要我。*（MA I, 496）

墨利忒不需要许珀里翁，她代表一种自给自足、将他排除在外的存在——这是第一重伤害。第二重伤害出自以下事实：他是空无，而她就是万有。只有跟她两相接触，才能让他免于跌入自身就是空空如也的空无之中。献身精神消失不见，取而代之的是完全依赖之感。让他重返自我的意识凿开了一道充满猜忌乃至敌对的鸿沟。在这一点上，他无法宽宥她：他需要她，没有她的话，他什么都不是。而这一点让他无法忍受。一个平庸灵魂的发泄出口是怨恨，用许珀里翁的话来说：*就像那些平庸的灵魂一样，我在怨恨中寻找慰藉，为了我那将大化小的空无。*（MA II, 501）这一化小的渴望带来的后果由他自己承受，只余下自责、良心不安，最后则是隐退。

有人邀请许珀里翁参加一场荷马纪念活动，把他从上述自我隔绝中解救出来。在活动现场，终于又有一个较为宏大的整体出现，那是古希腊的精神，它感动了包括许珀里翁在内的聚会者。又出现了一个拯救的瞬间，它关乎对逾越自我之界限的广阔存在的参与。*我们一言不发，没有肢体接触，也没有四目相对，在这一瞬间，所有情感的和谐好像都无比自然，此刻寓居在所有情感中的事物好像都可以通过语言和论说来表达。*（MA I, 503）

许珀里翁第二次感觉自己发生了蜕变，就像主显节上的墨利忒一样。这一次，热情的火花从历史的远古喷薄而出，洒在了他的身上，他再一次感到自己归属于一个活生生的整体。在这一关联中，小说前言中纲领性的表述再次浮现：远古时期的单纯和无辜消亡了，在已经完成的教化中重返。（MA I, 506）作为人类业已获得的财富的古希腊，其再生的预感让他着迷。不过，在《许珀里翁残篇》中，古希腊及其诸神自我完满的回归仅是昙花一现。在后来的作品中，该母题才波澜壮阔地铺陈开来。

然而，即便是这一完满的瞬间也转瞬即逝。有个举动尝试着延长这一瞬间，那就是去往所谓的"伊利亚特"故事发生地的旅行。这虽然不只是一场偏离，但它最终无法提供一个圆满的结局，因为返回时少了墨利忒。所剩又只是贫瘠时代的坚守。

接下来是第三个瞬间。在梧桐树下，在大海附近，在一个不冷不热的夜晚，万籁俱寂：我变成了现在的模样。从小树林里发出声响，似乎是在提醒我，从大地和海洋深处朝我呼唤，你为何不爱我？（MA I, 508f.）

一直以来，许珀里翁完全理所当然地脱离自然而居，在某种程度上就是背对自然。眼下对他发出了转向的要求，要他意识到自然的存在，热爱自然。如果可以成功的话，那就是在序言中被称作"教化"的、提升了的自然性。这一自然性之所以被提升，正是因为它并非理所当然，因为它不但是无意识的，而且被意识传递，在爱中深受感动。按照许珀里翁的话说，自然对他来说变得越发神圣，但也更加神秘。（MA I, 509）

许珀里翁至此描述过三种心醉神迷的情形：与墨利忒相遇、与重新回归的古希腊相遇以及与自然的相遇。但每一次，这些瞬间都失去了让人愉悦的和谐。我不可能固守这些瞬间，平心静气地继续思忖。（Ebd.）他必须继续寻找真理，不光是认识的真理，而且是生活的真理。要寻找的是成功的生活。也正因为许珀里翁在寻找真理的过程中其实是在寻找生活，他才会最后给贝拉敏写信说：除了你，我什么也没找到……而除了我，你也什么都没找到。(Ebd.)

这固然美好，但还不够。因此他离开他的父国，到大海对岸去寻找真理。(Ebd.)在那儿他也没有找到真理。归来之后，在给贝拉敏一封又一封地写信的同时，他也开始汇集这整个系列的书信，它们用回顾的方式讲述他以前如何，而今又是什么状态。那么他现在是何状态，感觉又如何呢？

他感觉自己是一个黄昏的生命体，介于光亮和暗黑之间。在这个中间世界里，只要不是一片喧嚣，都是可以忍受的。在许珀里翁最后一封信的结尾，他描写了一个对他来说好像自己人生寓言一样的场景：

> 不久前我看到一个男孩躺在路旁。看管他的母亲关切地给他从头到脚盖上一条毯子，让他可以在荫翳处安心小憩，避免太阳刺他的眼。但那个男孩不想这样，把毯子移开了，我看见他试着望向那友好的光芒，还看见他一再这样尝试，直到他的眼睛被刺痛，哭着把脸转向地面。
>
> 可怜的男孩！我想，其他人的情况也不会好到哪里去，我差不多打算放弃自己冒冒失失的好奇心理。但我不能做到！我也不该这样做！
>
> 必须让它现形——那个巨大的秘密，给予我生命或死亡的秘密。(MA I, 509f.)

那个秘密可能会是什么呢？如果回忆一下小说《许珀里翁》

的前言，就很容易理解以下猜测：秘密必定存在于中心，而我们习以为常的生活进程的离心轨道偏离那个中心，其目的是，也许什么时候兜兜转转重返中心。在前言中，这一中心被定义为调和。

《许珀里翁残篇》讲述的是一个男主人公的故事：他遭受不和谐的折磨，致力于追求宏大的调和，不断寻找，就好像是在等待一场宽宥，有时候采取行动，有时候献身自我。

但是，到底是什么让期望中的调和变得如此困难，甚至阻碍了它？原因在许珀里翁身上，还是在他与之打交道的世界身上？他必须改变自身，还是说他所处的外部世界要做出改变？他可以帮助改变世界吗，他又该做些什么？或者说，存在就是这样创造出来的，以至于它只有在最难得的瞬间才会实现期望中的满足与合一？因此，存在就是一个形而上学的命运，而许珀里翁屈从于它？这些问题悬而未决，但是给该作品的后续加工确定了一个方向。

寻找已实现的存在及其困难，这一直都是《许珀里翁》所述故事的基本元素，直到小说的最后一版都是如此。不过，在完成小说的路上，个人经验和哲学思索的整体丰盈会与起初尚显虚幻的故事交织起来。

第七章

　　席勒出版《许珀里翁残篇》。与学生相处困难。自慰的
问题。与卡尔布一家告别。耶拿。席勒所言"最喜欢的施瓦
本人"。与歌德不成功的相遇。费希特的"自我"与荷尔德
林对存在的追寻。《判断与存在》。在哲学的影响下修订《许
珀里翁》。

　　夏洛特·封·卡尔布通过交谈了解到一些荷尔德林《许珀里
翁》的创作情况，也读过其中一些章节。小说给她留下了非常深
刻的印象，以至于她想为这部作品做点什么。她请求席勒对文稿
进行鉴定，在荷尔德林把文稿寄给席勒以后，卡尔布又暗示席
勒的夫人，请她想方设法让席勒"带着几分偏爱来读那部残篇"
（MAIII, 581）；卡尔布言称，尽管自己并不怀疑那部作品的质量，
但荷尔德林极不自信。卡尔布希望的是，席勒对荷尔德林写作尝
试的评判结果会是"公正而友善的"。

　　荷尔德林对这些举荐肯定持欢迎态度，因为面对席勒他并不
能表现得无拘无束。荷尔德林写给席勒的那封附上了《许珀里

翁》书稿的信没有留存下来，但可以推测的是，他字里行间的表达会很不自然，可能跟几个月前请求席勒在《塔利亚》上发表诗歌《命运》时的措辞一样拘谨。他在那封信中写道：我不揣冒昧地随信附上一页诗作，在我看来，它的价值并非如此微不足道，以至于我不会把以此来叨扰您的举动视为我公然倨傲的表现，而对它的器重也不足以把我从写诗时诚惶诚恐的心境中解救出来。（MA II, 526）

荷尔德林战战兢兢地等待席勒的反应，收到他的好评时如释重负。席勒对那部尚还以残篇形式呈现的《许珀里翁》一开始就表现出极大好感，以至于主动提出要将它刊登在1794年11月初发行的下一期《塔利亚》上面。这对于荷尔德林不啻一线光明，因为那时候他与学生弗里茨·封·卡尔布相处困难，这让他在瓦尔特斯豪森的境况蒙上了阴影。

从瓦尔特斯豪森发出的第一批信件里还满是对那个小男孩的称赞。他写道，值得嘉许的是一个善良、聪颖而又好看的男孩（1794年12月30日致母亲；MA II, 515），以及他可塑性极强的性格特征（1795年4月致席勒；MA II, 525），这个年轻而美丽的心灵赢得了我的无限喜爱（1795年4月20日；MA II, 531）。在那个时间点，其实问题已经出现，后面则进一步升级。荷尔德林先是对母亲做了隐瞒，以免她担心。1795年10月，他在写给诺伊弗的信中做出了首次暗示。我现在的职业经常让我觉得非常棘手，他写道，引发问题的根源是我的学生天分平平，还有他极端错误的言行举止，以及其他一些我不想以此叨扰你的事情。（1794年10月10日；MA II, 549）在放弃了家庭教师一职、由此结束了他饱受折磨的生活以后，他才可以稍微开诚布公地谈论信中所说的其他事情。在1795年1月16日致母亲的信中，一开始他就承认自己近来并没有将一切和盘托出，随后叙述了他与学生之间的所有不快以及自己的失败经历。他抱怨男孩极其愚钝而又懒惰，随后又谈到了他的执拗。（MA II, 560f.）荷尔德林一开始将此归因于前任家庭教师抽打身体的教学法，直到他被少校提醒注意男孩身上的恶习。荷尔德林小心翼翼地暗示那是频繁的自慰行为，而当时大家担心的是，此举可以引发最严重的后果，从发疯癫狂到脊髓的致命消亡都有可能。荷尔德林的恐慌比当时大家的忧虑更甚，甚至打那以后就从早到晚地密切观察着男孩，就像个病患看护一样。对此他在书信中写道：我的视线几乎从未离开过他，从早到晚胆战心惊地监视着他。但是这无济于事。男孩的一意孤行日益严重，发展到可怕的地步——几乎也让我失去了身体健康和一切愉悦，也让我的精神力量无法正常运转。（Ebd.）

相比之下，夏洛特对儿子的所谓恶习表现得更为平静，她对荷尔德林的担忧比对儿子的更加沉重。"我猜测，"她给席勒写信说道，"荷尔德林表现得有点过于紧张，也许他对孩子也有些苛责了。"（MA III, 582）在致席勒的下一封信中，她甚至猜测荷尔德林歇斯底里的行为可能正是源于暂时的"理智混乱"。（MA III, 583）可能无法排除的是，今天的心理医生会认为荷尔德林有一种"自慰恐惧症"，并做出如下猜测："通过对他人（即学生，原作者注）自慰的抗击，他也与自己的这一行为进行抗争。"（Peters, 149）为这一点提供依据的只有威廉·魏布林格[1]，他在1823年6月9日的日记里记录如下："自慰也帮助他进入沉思。"（St. A. 7.3, 11）

1　Friedrich Wilhelm Waiblinger（1804—1830），德国作家、诗人，尤以他与荷尔德林和默里克（Eduard Mörike，1804—1875）等文人之间的友谊而知名。

夏洛特·封·卡尔布起初还想留用荷尔德林。她决定带着他跟孩子一起迁居耶拿，认为换个环境没准会缓和一下师生之间的紧张关系。于是，荷尔德林在1794年11月初跟学生一起来到耶拿，借宿在一个书商的花园寓所里。在接下来的几周里，房东为他提供了诗歌和哲学领域的最新作品。尽管跟学生之间的问题继续困扰着他，他还是敞开心扉接纳了耶拿这个新到之地，而这些新印象是他在偏安一隅的瓦尔特斯豪森只有做梦时才能获得的。*我现在脑中和心间充盈的全是通过运思和作诗……延展出去的东西*，他在从耶拿发出的第一封信中告诉诺伊弗，*与真正伟大的灵魂靠近，以及与真正伟大的、自发的、勇敢的心灵靠近，这样的近距离接触将我打倒，又让我站起来。*（1794年11月；MA II，552）

1794年11月和12月，荷尔德林跟他的学生在耶拿度过了两个月的时光。师生关系不见好转，荷尔德林于是开始怀疑自己的这份教育工作，想就此作罢。夏洛特询问席勒的意见，得到的建议是大胆再试一段时间，到1795年春季再说。因为那时候夏洛特已迁居魏玛，教学尝试也就要在魏玛进行。在元月份的头两周，荷尔德林在魏玛跟他的学生住在一起，接下来夏洛特也决定辞退荷尔德林。她表示了极大的让步，支付了他下一季度的酬劳，并承诺利用她的人情关系来助推他文学事业的进展——就像她为《许珀里翁残篇》所做的那样，此外她还特别强调了保持友好关系的愿望。她对这位家庭教师特别中意，这一点从她写给席勒的书信也可窥见，在信中她表示一再把荷尔德林记挂心间。她请求席勒为荷尔德林提供"工作"，一方面要能帮他维持生计，同时又要为他的创作提供精神思想上的自由空间。"在我看来，荷尔德林对自我构想的工作有着无法抗拒的倾向和天分，"夏洛特有一次这样写道。（MA III, 581）她试着宽慰荷尔德林的母亲，解释说荷尔德林的解聘错不在他，而是因为自己的儿子弗里茨缺乏天资，对"一位学识和精神风貌如此出众的年轻人"（MA III, 585）来说，他不值得在自己儿子身上浪费生命中的最好光景。荷尔德林可能也曾对夏洛特倾诉自己的苦恼，一是有时候略嫌母亲的关怀累赘，二是抱怨自己本来有权继承父亲的那部分遗产，却在母亲的紧逼下沦为乞求者的角色。这些在夏洛特写给荷尔德林母亲的书信中都有所流露："但是请您不要对他投入过于琐碎的关切，那些无甚益处、细枝末节的忧虑只会让他的日子变得阴暗无光，并影响他的成长！您现在从他应得的资产中给予他的钱财，会产生千倍的增值。"（MA III, 586）

　　带着夏洛特支付的酬劳，荷尔德林在 1795 年 1 月中旬回到了耶拿，直到 5 月底方才离开。在给母亲的信中，他说自己的生活深居简出，但这一点并不属实，因为他对自己可能加入的各种社交圈毫不回避。在费希特、施莱格尔兄弟、诺瓦利斯、蒂克、威廉·封·洪堡结交的昔日神学院学生尼特哈默[1]的家里，可以看到荷尔德林的身影；他还出入围绕在费希特周围的"自由人士"圈子，特别是以席勒为中心、给荷尔德林倾注了友爱以及十足的父亲般慈爱的（MA II, 575）社交圈。席勒惯常地用以下言语把荷尔德林介绍给朋友和熟人："这是我最喜欢的施瓦本人。"（St. A.7.2, 30）荷尔德林也经常出入女枢密顾问、颇有影响力的

1　Friedrich Immanuel Niethammer（1766—1848），宗教哲学家、学校改革者，在邓肯多夫和毛尔布隆修道院学校求学之后，他于 1784—1789 年在图宾根学习哲学和神学，在短期的家庭教师生涯后于 1792 年在耶拿获得博士学位，在克拉根福特短暂停留后于 1794 年返回耶拿，次年创建德国早期观念论的最重要期刊——《德国学者协会哲学期刊》，从 1797 年开始与费希特一起担任出版人。

《文学汇报》[1]主编许茨[2]之妻的沙龙，以及人称"耶拿的优雅女性"的同龄女作家索菲·莫雷奥[3]的宅邸。甚至还有人私下谣传，说是荷尔德林与这位后来嫁给了克雷蒙斯·布伦塔诺[4]的绝色佳人之间还有一段风流韵事。

接下来又出现了伊萨克·封·辛克莱，他也会在荷尔德林的生命中扮演重要角色。两人早在图宾根时就已相遇，但友情在耶拿方才萌发。在 1795 年 3 月 26 日写给导师弗兰茨·威廉·容[5]的信中，辛克莱说自己失去了"大批的熟人"，但他如今"与众不同地得到了一位至交，也就是文科硕士荷尔德林……他的学识让我汗颜，给予了我参照模仿的强大动力；接下来，我会跟这位熠熠闪光、和蔼可亲的榜样一起，在我清寂的花园寓所里共度夏日。"（MA III, 588）后来的情况也确实如此。在辛克莱位于萨勒河沿岸的一片山坡上、放眼望去一派田园景致的花园寓所里，两人度过了几周的时日。

1　1785 年创刊于耶拿，1849 年在哈勒停刊，其办刊目的是对当时流传的全部文学作品进行批判性的评论，它成为当时发行量最大也最具影响力的同类德语报刊。

2　Christian Gottfried Schütz（1747—1832），德国语文学家、哲学家和编辑，其妻是 Anna Henriette Schütz（娘家姓 Danovius，约 1751—1823），许茨夫人有与让·保尔等作家的书信传世。

3　Sophie Mereau（1770—1806），娘家姓 Schubart，德国作家、翻译家，1793 年嫁给耶拿大学的法学教授兼大学图书馆馆长莫雷奥（Friedrich Ernst Karl Mereau，1765—1825），1801 年离婚后于 1803 年与布伦塔诺结婚。

4　Clemens Brentano（1778—1842），作家、诗人，海德堡浪漫派的主要代表人物之一，创作颇丰，涉及诗歌、童话、小说、宗教研究论文和戏剧作品等不同体裁和门类，其最负盛名的作品是他与阿尼姆（Ludwig Achim von Arnim，1781—1831）在 1806 到 1808 年共同搜集整理出版的《男孩的奇异号角》，以及 1801 年左右出版的长篇小说《戈德维》（Godwi）。

5　Franz Wilhelm Jung（1757—1833），德国诗人、翻译家、记者，雅各宾派。

辛克莱比荷尔德林小五岁，来自一个祖上是苏格兰贵族的家庭。辛克莱的父亲是黑森霍姆堡宫廷诸位王子的家庭教师。在完成法学学业之后，辛克莱回到了宫廷，不久就被擢升为最高等级的政府官员。辛克莱一开始有着极端的雅各宾主义倾向，对罗伯斯庇尔被处极刑表示惋惜，梦想德意志各个公国里也会发生政府倒台和暴君被弑的事件。几年后，这位贵族成员和宫廷官员被指控犯下了背叛维滕堡大公的欺君之罪，一时疏忽而非刻意而为地将荷尔德林卷入了这桩危险事件。早在耶拿上大学时期，青年辛克莱就被卷进了学生兄弟会的纷争和动荡，因此，在荷尔德林离开耶拿大学之后，辛克莱就被勒令退学。辛克莱喜欢在密谋的圈子里活动。政治和哲学是他的心头好，也写诗歌和剧本，不过在创作方面无甚雄心壮志。他的理想是培养全面教化的人格。他觉得自己在文学方面也颇有鉴赏力，这是当然，因为他是首批识得荷尔德林天才的伯乐中的一员。辛克莱倾慕男子，肯定也爱上了荷尔德林，因此会对荷尔德林搬到他的花园寓所里居住心心念念。后来荷尔德林迁至霍姆堡居住，辛克莱也提出希望荷尔德林搬过去同住，但荷尔德林拒绝了这一邀约，可能是因为在花园寓所中的亲密共处并没有给他留下美好回忆。

荷尔德林在耶拿的首个拜访对象是席勒。那是 1794 年 11 月，是在荷尔德林首次居留耶拿期间。后来很长一段时间，荷尔德林还带着五味杂陈的感情来回忆他跟席勒会面的场景。在给好友诺伊弗的信中，荷尔德林描述了这一情境。在席勒的会客厅里，后面还有一个他不认识的男子。荷尔德林几乎没有注意到那个男子，尽管席勒介绍过他。荷尔德林没有听清男子的姓名，反正是唯一那个里里外外都与席勒过从甚密的人。在席勒离开会客厅的那段时间，荷尔德林缄口不语，陌生男子翻看着搁在桌上的、刊有荷尔德林《许珀里翁残篇》的《新塔利亚》。荷尔德林一时陷入尴尬。陌生男子尝试着跟荷尔德林搭话，但得到的只是一两个字的短促回应。当席勒回到房间的时候，他们热烈地讨论起了戏剧，陌生男子抛下了几句话，其重要性足以对我起到惩罚作用。后来，荷尔德林在教授俱乐部里了解到，他那次遇到的不是别人，正是歌德：上天从旁襄助，帮我弥补自己的不幸以及做过的蠢事。（MA II, 553f.）

与歌德的首次会面让荷尔德林极度沮丧，不过，除了席勒与歌德之外，荷尔德林在耶拿会见的第三位思想巨擘——费希特却让他备受鼓舞。在那一时刻，费希特甚至成了荷尔德林最重要的人物。现在费希特是耶拿之魂。谢天谢地！幸亏他是，荷尔德林在致诺伊弗的信中写道，我再也不认识其他有着如此思想深度和能量的人了。（MA II, 553）

来到耶拿之时，费希特就已经声名鹊起。荷尔德林亲历费希特这颗新星在哲学的天宇缓缓升起的时候，费希特的事业正因为一桩众口相传的事件徐徐展开。

约翰·戈特利布·费希特 1762 年生于一个手工业者家庭，在大学完成神学和法学的学业后，首先是靠当家庭教师维持生计。有个学生希望从他那里获得康德哲学的入门知识。费希特打算拜读一直被其复杂性吓退的《纯粹理性批判》，接着就被该书深深吸引，以至于在 1791 年夏去了柯尼斯堡[1]拜访那位大哲学家，但康德一开始对费希特保持距离，因为那时太多的仰慕者让他烦不胜烦。费希特却一再坚持。他抽出 35 天的时间将自己隔绝起来，在狂热和急切的状态下写成了一本向康德这位大师举荐自己

1　当年的普鲁士首府，现名加里宁格勒，属于俄罗斯的海外飞地。

的书——《对一切启示进行批判的尝试》。这本书给康德留下了极深的印象，以至于他不仅邀请其作者费希特共进午餐，而且还为该作品找到了一家出版商。1792年春该书出版，但违背了费希特要求匿名的意愿，很快就被奉为众人长期以来翘首期盼的康德宗教哲学代表作。实际上，这本书是完全从康德宗教哲学的意义上论证的，据此，不是宗教为德行奠定基础，而是正好相反。如果宗教的启示偏离了这一点，就不能成为真实的启示。德行层面的自我的自主性是真理的试金石。

这时候康德解释说，他不是那个"崇高的作者"，这一殊荣应该归于那时尚未成名的费希特。就这样，费希特在德意志一夜之间成为知名哲学家。

如前所述，荷尔德林在1794年11月亲历了费希特在耶拿的闪亮登场，而当时费希特拜见康德的故事仅仅过去了两年。在耶拿，费希特在大礼堂里为500名学生授课，听课人数占学生总数的五分之四，授课内容是"学者的使命"，亦即"知识学"通俗化的实际运用。荷尔德林参加了该课程的学习，还研读了那篇艰涩的论文《全部知识学的基础》。从1794到1795年之交的冬天起，该论文开始以单本的形式付梓，随后就在耶拿的文化人士中间流传开来。歌德和席勒也曾购买那篇论文。席勒带着理解之心来研读它，而歌德没有。不过，歌德也被费希特坚毅、决绝、在哲学热情的驱动下前进的人格深深吸引。在拜见歌德时，费希特一进门就径自把外套扔在旁边，仅此一点就给歌德留下了深刻印象。

在首次了解费希特的著作并经历了他的登场以后，荷尔德林给诺伊弗写信说道：我再也不认识其他有着如此思想深度和能量的人了。在人类知识最偏安一隅的领域寻找和确定……这一知识的种种原则，用同样的精神力量从这些原则中推断出这些最偏远的艺术的结论，不顾黑暗的强力将它们写下来并朗诵，带着如火的热情和坚定；假如没有这个例子，热情和坚定的联合对我这个可怜人来说可能就是一个无法解开的问题。亲爱的诺伊弗！我这里写的肯定对这位先生所言已多，但肯定又不是太多。我这些日子每天都会听到他的声音，偶尔会同他讲话。（1794 年 11 月；MA II，553）

荷尔德林并不缺乏热情，这一点他心知肚明；但他缺乏坚定，缺少决绝，以及持之以恒地实施自己所想的意志——必要时甚至还需要一点无所顾忌。所有这些品质荷尔德林都在费希特身上发现了，因此对他钦佩有加。费希特提出的思想和行动的原则也确实引发了荷尔德林的思考。虽然他越来越感受到隐忧，但一开始是颇受这些原则吸引的。

费希特的原则：费希特将康德引发的"思维方式革命"推向了极端。在首次面向耶拿听众讲授的"知识学"讲座中，费希特从康德的"'我思考'肯定能够伴随我所有的想法"这一原理推导出了一个"万能的我"的概念，而这个"我"仅仅把世界作为惰性的反抗或者自我"本原行动"的可能材料来经验。迄今为止，还没有人把活生生的"我"置于思维的中心。浪漫主义自然哲学家亨里克·施加特芬斯[1]在他的生活回忆录里描述了费希特的出场，述及费希特清楚展现了其独一无二的演讲方法："'各位先生，请思考一下墙壁，'费希特说道，然后又说：'现在，先生们，他们思考的是那个思考墙壁的人。'"（Steffens，70）他们应该

1　Henrik Steffens（1773—1845），其名又作 Heinrich，挪威裔德籍自然研究者、自然哲学家、作家。

思考的是，假如没有进行感知和思维的主体，就不存在客体，而这一"主体"跟所有可能的客体有根本上的不同，即前者完全不是物性的。按照费希特的意思，学生们应当发现自我，把它视为一些有生命力的、与世上所有墙壁不同的东西。可能荷尔德林也参与了这一墙壁实验，不过它的进行并非总是那么令人愉悦。学生们成群结队地涌入费希特的课堂，却经常都是手足无措地盯着墙壁，在那里没有发现任何引人注目的东西，因为没有想到自我。借助这一墙壁实验，费希特想把寻常的意识从其自我石化和自我物化中解脱出来，却一再因为他遇到的惰性阻力惊讶不已。他经常挂在嘴边的一句话是，比起将自己视为一个有生命力的自我，人更容易认为自己是月球的一块岩石。

但是并非所有的人都是不知所措地坐在墙壁前面。费希特动人心弦的演讲才能也鼓舞了很多人，其中就有荷尔德林。听众还从来没有听过有人这么讲述自我的奇迹，以及自我的创造力和它简直称得上巨大的自由。"我，就是我会将自身塑造成为的那个样子"，费希特这样解释。他是他那个时代的萨特。正如在萨特身上一样，从费希特困难重重的考察中也产生了一种魔力，因为自由的冒险总是在发挥作用，尽管存在种种暗黑不明的概念性工作。荷尔德林在一封书信中谈及黑暗的暴力——它无法承受费希特的天才。

显然，费希特想超越单纯的认识论，也就是跨过康德的知性框架，进入存在的秘密这一领域当中。康德学说自我依存的"物自体"让费希特无法消停下来，他提出有关自我的哲学理论，借此想要抓住"物自体"。费希特想突破纯粹的"先验领域"的界限而进入"超验"领域，而后者对他而言就是所谓的"自我"。荷尔德林充分研读了费希特的康德研究著作，以便就康德眼中无法容许的跨界发表意见。起先我极度怀疑他陷入了教条主义，荷尔德林在 1795 年 1 月 26 日致黑格尔的信中写道，如果可以允许我推测一下的话，他看来已经站在了十字路口，或者尚还面临抉择——他想在理论中跨越意识这一事实……这一点当然也是肯定的，而且比迄今的形而上学者想要超越这个世界的存在显得还要超验——他的绝对自我（即斯宾诺莎的实体）包含全部实在性。（MA II，568）

对荷尔德林来说，谢林跨界到超验性自然有其引人入胜之处，因为神性的体验对他而言并不陌生。但他也注意到了自己与费希特的不同，他起初更多地是预感到了这一差别，而不能精准地从概念上来确定它。这里涉及的问题是，思想可以走多远。它真能引人进入绝对性的场域吗？答案应该是否定的吧，荷尔德林在致黑格尔的信中提醒对方思考这一问题。原因是，思想无法避免对象参照。我们总会对"某个事物"展开思考。由此就总会存在一个对象，一个边界。由此，所谓的绝对性就不再成其为绝对，因为界限和绝对两相抵牾。假如费希特的绝对自我确乎是绝对的，那么它里面就不可能存在意识。只有无意识的东西才是没有界限的。荷尔德林敏锐地做出如下推断：作为绝对自我，我没有意识，只要我没有意识，（对我来说）我就是空无，即是说绝对自我（对我来说）就是空无。（MA II，569）

如果实体，也就是主客体的统一体，以及由此产生的绝对者不能被进行思考的意识领会，下一步该怎么办呢？荷尔德林深信不疑的是，人类自有一条通道。但事实不像费希特给荷尔德林奇妙地展示过的那样，那条通道不是思维，即便它的形式呈现出一种有力而深入的强度。

还有另外一条通道在荷尔德林面前敞开：那就是对自然的本

能感受，接下来它不仅在诗歌语言中被记录下来，而且发展成为一整套丰富的体系，这一点在《许珀里翁残篇》对自然的描述中就有体现：我不知道这是如何在我身上发生的，每当我注视着它，注视着深不可测的自然界的时候；但我在蒙上面纱的恋人跟前洒下的就是神圣的、幸福的眼泪。当夜晚安静而神秘的微风吹拂我的时候，我的整个身心缄默不语、静静倾听。迷失在广袤的湛蓝之中，我经常仰望天穹，望向圣洁的大海，我感觉就好像那些不可见的门向我敞开一样，而我跟周围的一切一起消逝。（MA I, 509）

在此，对象性得以消解。自我并非像费希特所说的那样遭到了非我的对抗。自我断言的感觉消失在自然的隐蔽存在中，其方式是自我满心欢喜地慢慢进入自然状态。这是一个带有性爱色彩的结合。纵身潜入圣洁的大海，穿越不可见的门走过去。不过，即便是自我在这样的极乐中消失，它依然存在，至少是作为与自然进行盛大通婚的舞台。于是，费希特的超越也要在其界限之内进行。大家带着费希特的"自我"闯入世界的秘密之中：不光是荷尔德林，此刻渐次聚集到耶拿的其他浪漫派作家也是如此进行。

浪漫派作家完成了艺术作品，借用费希特的学说并超越他，把绝对自我用作一把万能钥匙。他们把自我内部深入体验的活力投射到整个世界，投射到自然里面。荷尔德林的朋友谢林更成体系地展开思考。至于荷尔德林在尼特哈默家里会过面的诺瓦利斯，则倾向于从本能的角度来看待这个问题。"神秘之路向内延伸，"诺瓦利斯写道，"生下来我们就寻找那个方案：而方案就是我们自身。"诺瓦利斯把投向自然里的、发现因果关系的"向外目光"与展示"相似性"的"向内目光"进行对比。这一"向内"的思维方式，亦即类比的逻辑，恰好就是荷尔德林称为诗意感受的东西。跟荷尔德林一样，诺瓦利斯也克服了对自然认识客观冰冷的解析，偏向从肉身的角度来看待与自然的交往。

费希特的自我哲学大有用处，在超越这一哲学的情况下正是如此，因此弗里德里希·施莱格尔才把费希特的哲学与法国大革命和歌德的《威廉·迈斯特的学徒生涯》并举，同列为那个时代的主流趋势。

带着几丝愉悦，歌德审视着新生代朝气蓬勃的行为活动。在他眼中，那些天才人物有点偏激，他们"深陷危险"，可能遭遇灾难性的后果，承受痛苦。歌德对当时新兴的自我崇拜带来的危险有着正确预知，有些浪漫派作家也持类似态度。克雷蒙斯·布伦塔诺在 1802 年写道："谁要是指引我直面自身，就是把我杀死……"

荷尔德林也有如此感觉。他虽然感受到了自我崇拜的兴起，但并不想仅仅被暗示直面自己。除了自我以外，他的期望还面向其他东西：自然界、古希腊及其诸神，以及恋人。比之在自己身上所找到的，他希冀的是那些更为恢宏和深邃的东西。意识的迷宫是不够的，存在才起决定作用。荷尔德林正在寻找存在的另外一种体验。

在一篇未出版过、被几位编者命名为《判断与存在》的短篇断片中，荷尔德林与费希特展开讨论，探讨了思考的意识未曾涉及的存在关系。为了描述对存在的其他非客观化的接近，荷尔德林选用了智性直观（MA II, 49）这一概念。尽管它在康德那里已经出现，但到了谢林那里才成为一个核心概念，而谢林可能也是受到了荷尔德林的启发。在谢林那里——在荷尔德林处同样如此，"智性直观"意味着对现实感情强烈的、本能的、有着重要诗学意义的领会，跟其他的对象认识不同的是，这一领会跟所认识的一致。对荷尔德林来说，只有"智性直观"才能提供与存在的紧密结合：在主客体全然……结合之处……，只有那里而非其他任何地方可以称得上完全有一个存在，就像智性直观的情况那样。（MA II，49）当然，主体总是跟存在之间有着关联，但那是以一种分离状态的方式进行的。此处指的是对已经失效的分离的体验，它被感知为一种解脱。为此，荷尔德林在实际生活中抗争：在爱、政治和友谊等各个方面；但在诗歌领域也是如此。诗歌是诉诸离殇的语言，也是倾吐对合一的渴望的语言，还可以表达对很少成功的和解的向往。

跟此类合一体验形成对比的是判断，这是《判断与存在》一文的论点。荷尔德林吸收了费希特1794到次年冬季学期讲授的（错误）词源，据此认为"判断"中隐匿着"原初—分离"这一组合语义。"判断"从它"判断"的对象那里离开，荷尔德林借用费希特"我是我"的表达来说明这一点。

"我是我"是个经典的判断句，尽管有着 A=A 的恒等句形式，但表达的不是同一性，因为自我意识里与自己对立的那个"我"从来不会与自身合一。对自己进行判断的人，在这一自我分解的状态下也就永远是另外一人，而非自身。他置身一种"无限缺少存在"的状态，正如谢林的相关表述所说的那样。荷尔德林的相关表达则言简意赅：同一性（即"我是我"，原作者注）≠绝对的存在。（MA II，50）

这对荷尔德林来说不仅是抽象的哲学思考，其中还隐藏着一个跟实存相关的问题。在那些感觉良好的时刻，他觉得自己孔武有力、生机勃发，从兴奋的意义上说，就是与存在紧密相连；接下来，他却觉得所有的生命力从自己身上烟消云散，他脱离了自身，觉得自己就是一片空无，这让他陷入惊恐，继而刺激他产生了拯救生命的抗力。荷尔德林曾在写给弟弟的书信中表达了上述情感上的沉浮：我们越是备受阻挠，被像是环绕周围、张开大口的深渊一样的空无驱散，或者是被无形而冷血无情地纠缠着我们的社会和人类行为的千万重事务驱散，我们这一方的抗拒必定就会越发热情、激烈和充满暴力。（1797年11月2日；MA II，668—669）引领荷尔德林走入诗歌世界的，更多的是那些丰盈充实的时刻；而那些危机重重的时刻，更多地把他带入哲学之地。对自己的不满……驱使我进入了抽象世界（MA II，595），在1795年9月致席勒的信中，荷尔德林回顾耶拿期间的哲学研究岁月时这样写道。

荷尔德林一再觉得自己受到空无或冰冷引起的僵化的威胁，故而也就特别容易受到费希特哲学的影响，原因在于该哲学除了逻辑上的微妙性以外，也有其引人入胜之处；费希特鼓励坚定的自我感动，而不要有什么"假如"和"但是"。在自我感动的过程中，费希特认为整个自然界都属于其列的"非我"会受到挑战，这又是另一码事，它引发了荷尔德林的批驳。

在研究费希特哲学的同时，荷尔德林继续加工《许珀里翁》，其中还融入了他跟费希特的讨论。1795年初，为计划中的韵文版做铺垫的散文版文稿成形，许珀里翁在该文稿中控诉对自然界的肆无忌惮：我没有关注自然界用来迎合教育这一大业的助力……，因为我想要掌控它。（MA I，511）但这位许珀里翁仍然受到了费希特恢宏的主观主义的感染，只要他把自然的精神内涵完全寄托在主体之上。自然对人类来说所呈现的面貌，并不是自然本身的样子，并非客观，而是要通过人类给自然赋予灵魂显示出来，亦即是主观的。我知道，只有主观需求才能催促我们行动，给予自然与我们心中的不朽相仿的特质，相信物质也有精神的一面，但我也知道，是主观需求赋予了我们这样的权利。我知道，在自然的美丽形式向我们宣告在场的神性之时，我们自身也用自己的灵魂为这个世界赋予了生命，但那些没有被我们赋予灵魂者又是什么？（MA I, 513）

这仍是纯粹的先验论：更高的意义尚还不是来自客体，而是来自主体，神性也是、而且恰好来自主体。不过，从主观狭隘性进入开阔处的欲求始终都感知得到。神性可能会在人身上呈现出来，但它不是那么简单地仅仅限于想象。它是存在着的、我们可以遇到的客观事物。荷尔德林的《许珀里翁》这部诗意盎然的作品直到收尾都围绕着这一点展开：我们缺少的、渴望的，我们在那些业已完满的时刻遇到的、人称"神性"者，是什么呢？它是存在着的，或者要我将它创造出来，还是其真实性位于这二者之间的某个地方？

在费希特这位近几个月来启发荷尔德林的伟大思想家那里，显然重点是在主体身上，一切都从主体出发，最后也回归主体。"所有现实的源头都是自我，"费希特解释道，因此"非我的所有现实只是从自我中传输过来的现实。"这些思考显得颇为怪异，如果作此假设的话，可能就会否认外部世界的存在，进而主张绝对唯我论。但这在费希特那里并非如此。对他来说，"外部世界"当然是存在的。尽管存在一个由真切无比的事物组成的世界，费希特还是不断地提醒大家注意，那是一个被自我建模的世界。由此，他想警告的是，不要陷入给外部物体和事件赋予太多权力的自我物化；假如自我意识到其权力的话，外部物体和事件可能就不具备这一权力。而一个失去勇气的自我就会赋予外部现实附加的权力。荷尔德林在致弟弟的信中写下如是文字时，费希特上述给人鼓舞的思想就在暗中发挥作用：如果穿越接踵摩肩的拥挤人群而来，谁又能保持优美的姿态呢？假如这个世界抡起拳头挥向我们，又有谁能让自己的心灵拘囿于美的限度之内呢？（1797年11月2日；MA II, 668）

费希特的影响是极端化的。一部分人被他吸引，一部分人对他愤懑不已，荷尔德林也在其列的第三类群体则对他持有摇摆不定的态度。"对有思想的青少年来说，那是一个危险的时代，"那个时代的见证人亨里克·斯特芬斯后来回忆道，"动荡不安而又引人入胜……生活在十足的极端状况之间摇摆不定……"（Steffens, 63）因此，每一种极端主义都被归因为费希特的自我哲学也就不足为怪了。针对别人对他的误解，即认为他的自我哲学证明了肆无忌惮和利己主义的正当性，费希特曾发出抗议，但收效甚微。于是，他也跟耶拿那些众声喧哗、有些还信奉其观点的大学生兄弟会成员大动干戈。他与那些成员交恶，他的寓所被人投掷石头。费希特于是逃到了奥斯曼施泰特。席勒在写给歌德的信中说，如今在耶拿几乎没什么动静可言了，"因为随着友人费希特的离去，一切荒诞最丰富的源头也就告之枯竭了"（1795年5月15日；Goethe 8.1, 77）。

在费希特的鼓动下，成为自我这一新的欲望获得了强大的驱动力。费希特促进了"新野人"的青年崇拜，这一点又给予歌德灵感，让他在《浮士德》第二部中写下了这些讽喻诗句："一个人若是年逾三十，/ 活着跟死了别无二致。/ 最好是你们及时自行了断。"[1]（Goethe 18.1, 175）

1　这几句出自《浮士德》第二部中第二幕"狭窄的高拱顶哥特式房间"这一场景中学士与梅菲斯特的对话。

狂飙突进运动已经为这些思潮做好了准备。在这一传统中，人们认识了一种执拗的、与社会契约抗争的自我关联。卢梭划时代的著名论断的黄钟大吕之声余音未了："我独自一人。我在内心深处阅读，了解人类。我跟那些被上帝创造出来的、我曾见过的其他人不一样。"（卢梭《忏悔录》）。歌德在《维特》中对该问题的回答也还未被遗忘："我重新回归自我，找到了一个世界！"（Goethe 1.2，203）人类也希望就是这样，如此丰盈地映射自我，而又如此强劲地照耀世界。

在费希特那里，"自我"一词获得了重要意义，一如后来尼采和弗洛伊德笔下的"本我"一样。被大众通俗化的费希特成为"自我"的主要见证人，而"自我"相信自己具有超凡能力，因此给人兴奋之感。

一年之后，当荷尔德林、黑格尔和谢林勾勒那个有待重建的神话的轮廓之时，上述兴奋感就在背后发挥作用。他们三人完全相信自己有能力完成此类任务。相关成果的初稿保存在黑格尔的手稿之中，而今日学界视之为三位友人共同研究的结晶，这就是后人所称的《德意志观念论最古老的体系纲领》。下一章将会谈到这部作品。

正如黑格尔在致谢林的信中所写，荷尔德林把费希特看作是一位"为人类斗争的泰坦"（MΛ III，584）。不过，正如我们已经看到的那样，荷尔德林对费希特当然也不是毫无批评。他在寻找跟费希特同行，乃至超越他的道路。至于从费希特那里受到的启迪，荷尔德林满心渴望地牢牢抓住。下面还将谈到费希特的另外两个理念，它们在《许珀里翁》的各个修改版中也能找到映射。

其中一个理念是，在人的体内存在一个进行无限扩张的欲望，这是一种在受阻折返时方才苏醒的力量。接下来，可能就要把意识理解为原始痛苦。意识苏醒与限制扩大带来的痛苦遭遇相连，而内心的无尽性消亡。在《许珀里翁》叶韵的散文版提纲中，荷尔德林就费希特的这一理念写道：现在我们深切地感受到自身本性的限制，受到阻遏的力量毫无耐心地与其枷锁抗争，但是在我们体内仍然存在一些愿意保留那些桎梏的东西——原因在于，假如我们体内的神性不受阻力的限制，我们就会对自身以外的事物一无所知，也对自身全无了解，而对自身全然无知，以及无法充实自我，还有遭受毁灭，对我们来说是一回事。（MA I，513）据称，我们需要界限，只有这样才能体验漫无边界者。如果我们在无边界的状态中完全生长，就根本不会注意到它。这是一种无意识的存在。也就是说，两极性是有必要的。

费希特还有另外一个理念对荷尔德林产生了影响，具体如下：费希特以为，在"纯粹自我"与经验的、打上了外部标记的自我之间存在一个内在的两极性。人毕生的工作在于协调这两个自我，而这一点只有在无限接近中才能实现。正因如此，我们最内在的本性也是建立在无限之上的。（Vgl. Fichte, *Von den Pflichten...*, 7）

荷尔德林从费希特的上述理念获取了一个重要思想，借此续改《许珀里翁》。在小说的最终版里，荷尔德林将会让许珀里翁的故事以无限接近的模式展开。许珀里翁不再绝望，取而代之的是继续不断寻找。"纯粹自我"为此指明了前进的方向。在写给弟弟的书信中，荷尔德林把这一方向称为我们道德观念的神圣法则（MA II，577）。

这一点跟康德朴素的范畴律令并无重合。因为像良心一样发挥作用的纯粹自我面向的是每一个体。它正是这一个体的纯粹形式，是其内在的终极目的。神圣法则是自我生成的个体法则：正如荷尔德林在给弟弟的信中所写的，对任何人的生命力或生命力成果的运用都无权要求用以下方式进行，即或多或少地阻碍他接近尽可能高尚的道德这一目标。（Ebd.）然而，这一尽可能高尚的道德呈现出一个自始至终的个人的面目。

　　然而，费希特不是把纯粹自我理解为个体的、而是一般的自我，这是另外一码事了。荷尔德林有着充足的自由，可以按照他需要的方式来构建自己的费希特。无论如何，对荷尔德林来说，向纯粹自我的接近意味着最高的个体化，其意义可以用下面这句话来解释："成为你自己。"

第八章

突然动身离开耶拿。寻找对席勒的亲近，复又逃离。卷入哲学。折磨人的矛盾。自由哲学与青年谢林。哲学或诗歌。《德意志观念论最古老的体系纲领》。一个新神话的创立及美好。

1795 年 5 月底到 6 月初的某个时日，荷尔德林突然离开耶拿。《海德堡》一诗中有一行后来被荷尔德林删掉，它暗示了这次仓促的启程，句中诗人把自己称作一个被驱逐的流浪者 / 从人群和书籍中逃离。（KA I, 669）

此前，这样的逃离并未显示苗头。5 月 22 日，荷尔德林还给母亲写信说对自己的隐居感到满意，甚至有时候还很愉快。（MA II, 588）对此有大量的猜测浮现出来，比如有人说荷尔德林已经得知威廉明妮·基尔姆斯即将临盆，因此惊恐地离开，避免自己卷入与之相连的纠葛之中。不过，当他后来碰到来自瓦尔特斯豪森时期的熟人时，得以证实的只有他的拘束，可能还有愧疚之情，就好像那时候存在一个微妙的秘密似的。

还有推测说，因为辛克莱寻求的是充满同性情欲的靠近，在花园寓所里的共同生活让荷尔德林无法忍受。可以证实的是，后来在霍姆堡居住期间，荷尔德林拒绝了辛克莱提出的共居一屋的邀约，也许就是因为同住体验留给他的是并不美好的回忆。然而除此之外，两人之间的友谊似乎并没有出现什么嫌隙，无论如何不存在让荷尔德林急促启程的理由。毕竟，仅仅四个月后，荷尔德林就对新交的朋友约翰·戈特弗里德·埃贝尔[1]极尽能事地夸赞辛克莱，说他令人赞叹的地方不光是心智的成熟，而且主要是心性中笃定的纯洁。（MA II, 599）但不能排除的是，在实际生活中，性格偏向内敛的荷尔德林对辛克莱四处奔走、桀骜不驯的个性心存芥蒂。辛克莱是一个曾参加过多场动乱的大学生兄弟会的成员。在荷尔德林离开耶拿的时候，辛克莱就已经引人怀疑，处于被监视的状态之下。可能是荷尔德林想避免卷入这一事件，因此赶在形势升级之前就动身了。事实情况也是如此：荷尔德林离开寥寥几周以后，辛克莱就被安上闹事者头目的罪名，与其他几个学生一起被驱逐出校。假如荷尔德林启程是为了不卷入以上事件，那么他的行动可能就构成了针对辛克莱的叛国罪诉讼的前奏，而荷尔德林随后真正卷入的正是这场诉讼。不过，正如前面所说，这些都只是猜测而已。在荷尔德林居留耶拿时所写的书信中，找不到相关依据。

　　此外还有一种推测，认为动因是"耶拿计划"的失败。在费希特的启发下，荷尔德林展开了精耕细作的哲学研究，其时他考虑过一段时间，想在耶拿申请一个哲学系私人讲师的职位。他已

1　Johann Gottfried Ebel（1764—1830），德裔瑞士籍医生、自然研究者、游记作家。他1793年出版的首部瑞士旅游手册对席勒的《威廉·退尔》产生了较大影响，因为拥护法国大革命曾于1796年迁居巴黎，在那里住了六年。

经跟母亲宣告了这一计划，让她不要继续用一连串的牧师职位信息对他轮番轰炸。但是他的计划并没有多么认真，因为在 1795 年 3 月 12 日他就向母亲暗示，他对自己在此扎根的念头并没有倾注多少热情（MA II，575）；他对弟弟则强调说，教授头衔对自己来说完全就是浮云，而且耶拿的教授薪资原本就非常微薄，有些教师甚至毫无收入。（1795 年 4 月 13 日；MA II，579）如果他尝试着在此地扎根，这对他的经济状况毫无助益。以上这些都是荷尔德林逐渐成熟的思考，故而与他仓促的动身很难匹配。肯定还有其他因素发挥作用。

那就是与席勒之间的故事。荷尔德林越发频繁地成为席勒家里的座上宾，感受到了他的友好相待，甚至是父亲般的关怀。席勒提携荷尔德林，出版了他的诗歌及其《许珀里翁残篇》，争取到了科塔出版社来出版这部小说，同时也是为了给他提供经济支援，把酬劳优厚的翻译工作委托于他。让他翻译的最后一部作品是选自奥维德 [1]《变形记》的《法厄同》这篇故事，译文发表在《缪斯年鉴》上面。对此可以推测的是，为什么席勒偏偏让荷尔德林翻译这篇文章，也许这里还有教育意图在起作用：席勒想要警示这位年轻诗人不要重蹈法厄同命运的覆辙，因为这位神一心想要高飞，后来跟太阳靠得太近，随之跌落殒命。无论如何，荷尔德林一开始还是带着乐趣来翻译的：除了手头的这个工作，我以前还从来没有带着如此愉悦的心情做完一份工作（1795 年 4 月 28 日；MA II，583），他在给诺伊弗的信中这样写道。但是这份愉悦没有持续下去。席勒建议荷尔德林采用八行诗节的样式，而荷

1　Publius Ovidius Naso（前 43—17 年），古罗马诗人，与贺拉斯、卡图卢斯和维吉尔齐名，代表作有《变形记》《爱的艺术》和《爱情三论》。

尔德林偏爱六音部诗行。也许更好的做法是听取席勒在诗歌形式上的建议，但荷尔德林觉得犯难。在后来写给弟弟的一封信中，荷尔德林甚至指责席勒用一个愚蠢的问题（MA II, 617）来折磨他。当荷尔德林还在为该问题纠结的时候，他是无法指责席勒的，这只有在回顾前情的时候才能进行。在那一瞬间，他把失败的所有责任都揽到自己身上。但是不久以后我们总能再次发现，在某些事情上自己是多么幼稚而学生气十足（1795 年 5 月 22 日；MA II, 588），他在离开耶拿之前不久给母亲的信中这样写道。

荷尔德林中断了那时毫无兴致地进行的翻译，对自己给导师带来的双重失望备感绝望，其一是翻译宣告失败，其二是席勒为之争取到在科塔出版社出版、自己承诺不久以后完工的小说《许珀里翁》迟迟未能结稿。荷尔德林觉得自己在导师面前没有表现好，并深受这一愧疚和羞耻的折磨。

在动身离开耶拿数周以后，荷尔德林才慢慢恢复常态，在 1795 年 7 月 23 日从尼尔廷根给席勒发出一封信，对其启程做了解释：人在一种精神的影响下可以感觉非常幸福，这一点可谓神奇……只需靠近那种精神即可，而且每朝它跨近一英里，就会感觉缺失的更多。假如这一接近不是正好在另外一端经常让我陷入不安，我也很难用我所有的动机战胜自己，说服自己迈开步子。我总是受到与您见面的诱惑，而见到您也只是为了感受一下自己对您来说不过是空无而已……因为我想在您的心目中占据较高地位，就不得不对自己说，我对您而言可能什么都不是。（1795 年 7 月 23 日；MA II, 589—590）

荷尔德林曾试着靠近席勒，而后又无法忍受这一近距离接触，因此他就逃离了耶拿，这就是荷尔德林在一封信中所说的要点——信中他就自己对席勒的依赖做了饱含痛苦的反思。据称，这一依赖不是像在官廷当差那样低三下四，但完全对等的交往也让荷尔德林觉得那是妄自尊大。与席勒之间的关系如何达到平衡，对这一点荷尔德林在信中做了反思，但没有取得什么结果，因为对席勒的建议仔细思忖这一承诺仍是有前提的，即荷尔德林没法给予导师任何东西。

席勒没有回信，也许是荷尔德林的拘谨让他也变得局促不安；也可能是席勒真的对那个"最喜欢的施瓦本人"不辞而别感到失望，甚至觉得自己受到了伤害，毕竟他还跟荷尔德林有约在先，比方说还计划将其吸收到《季节女神》的编委会里面。

席勒的缄默不语让荷尔德林难以忍受。因此，短短几周以后的 1795 年 9 月 4 日，荷尔德林再次写信给席勒，语调悲伤而忧悒：我经常只是有此感觉，认为自己原本也不是什么非凡之人。我在包围着自己的冬季里忍受严寒，出神凝望。我的天穹有多么坚硬如铁，我本人就有多么冷漠无情。（MA II, 596）

在这封信中，为荷尔德林与哲学研究之间的关系提供了诸多启发的自白浮出水面：对自己的不满……驱使我进入了抽象世界。（MA II, 595）在一封写给诺伊弗的信中，荷尔德林也表达了类似观点，说他再次在康德那里找到了庇护，如同向来无法忍受自己时所做的那样。（MA II, 602）他也对哲学家尼特哈默承认了自己的这一倾向：只要跟自己无法合一，就总是会陷入各种抽象世界之中。（MA II, 614）

于是，荷尔德林把在耶拿的最后几个月献给了哲学，这原本是一段自我疏远的时期，最终可能自己再也无法忍受。逃离耶拿也就是逃离哲学吗？不过，他逃离的是从双重意义上束缚自己的哲学：它吸引着他，同时又夺取了他的自由。他对尼特哈默清楚地表达了自己的相关态度：哲学是个女暴君，与其说我自愿地臣

服于她，不如说我是在忍受她的强迫。（MA II, 614）

如果说荷尔德林逃离了哲学，那就不是因为他觉得自己受到了哲学的排斥，而是因为哲学抓住他不放。他脑海里萦绕着一些自相矛盾的观念，无法轻易与之告别，因为它们对他来说太重要了。他无法摆脱这些观念，但也不能化解它们之间的敌对关系。在一封致尼特哈默的信中，他尝试着如下描述自己混乱的精神状态：不同的线条在我的头脑中互相交织，而我无法厘清头绪。（MA II, 614）

当时荷尔德林的大脑里什么出现了混乱，以至于身在耶拿、置身哲学家群体中的他显然再也无法忍受？那就是康德"思维方式的革命"提出的哲学问题，它们对荷尔德林来说不仅具有学术价值，还有实存意义。

折磨荷尔德林的是两个互相联系的问题，在上一章中我们已经有所了解：其一，"我"如何与自己隶属其中而又感觉以一种特殊方式两相隔离的广泛存在建立联系；其二，费希特大力倡导的深入自我，亦即深入主观一极，足以重构已变得困难的存在关系吗？

让我们再次回忆一下那时的哲学发展态势，也就是以上两个问题，还有化解敌对关系的建议的生成背景。

康德在《纯粹理性批判》里准确分析了自然认识的可能性，但同时也清楚地表示，我们无法认识自然"本身"是什么。我们永远只能了解的是，自然"于我们而言"是什么。这一无法认识、也正因如此充满神秘之物，被康德称为"物自体"。有了"物自体"，地平线上就出现了新型的超越；不是旧的彼岸的超越，而是作为完全不可认识者的内在超越。本着无比平静的态度，康德对认识论领域的"物自体"泰然处之。然而，置身当时发轫的哲学狂野年代，众人不愿迎合康德柯尼斯堡式的平静。他们想揭开"物自体"的面目，驱使它进入世界的中心。这可以从两个方面进行，要么是从主观的、即精神的一面出发，或者是从客观的、即物质的一面出发。第一条道路通向观念论，第二条引向唯物主义和自然主义。两种情况下，人们都在寻找将世界紧密结合起来的事物的通道，比如进入存在的秘密这一全新领域，又如提出更新存在关联的建议。一次是将自然精神化，另一次是将精神自然化；一次是点燃自由之火，另一次是让自由消失在决定论和因果关系中。之后人类就被视为是全面受限的，就像谢林所说的那样，被看作是"万物之物"。

作为入学最晚的那个，谢林还得在神学院中再忍耐一下，而正是他，在 1795 年所著的天才作品《论作为哲学本原的自我或者人类知识中的无条件者》中清楚地道出了观念主义和自然主义这一备选方案。在主观一极方面，谢林选定费希特作为种子选手，在客观一极上选定的是斯宾诺莎。在主观一极，主体是绝对者，在另外一极客体是绝对者。

对主体或客体的绝对设置填平了主观者和客观者之间的鸿沟，以至于两者中的另一方被消除，或者被挤到边缘。矛盾双方并未真正和解。但年轻的谢林念兹在兹的正是和解，荷尔德林亦然。

在谢林那部著作出版的 1795 年，荷尔德林高度首肯、偶有保留地阅读此书，而年轻的谢林在书中尝试着进行自我设想，希望由此也许还可以从那里找到一条进入自然的内部活力的通道。在此过程中，年轻的谢林追寻的是一道最后再次引领他回归康德的踪迹。这就是自由的踪迹。

确实，康德不但把"物自体"确定成了完全不可认识者，而且还带着一个前所未有的大胆转向，把这一"物自体"从外部世界转移到了自己的内在世界。对自身而言，我们也是一个无法认识的"物自体"。从前崇高的超越性于是转变成我们实存的盲点，成为活着的那一瞬间的暗区。而这一点有着戏剧性的后果。原因是，如果我们宣布自己为外部现实，就只会出现因果关系。不过，我们从内部体验着自由。之后以及从外部，我们将可能再次通过解释的方式消除自由，这就是解释性质的科学的任务。这就好像是在旋转舞台上一样：挂着同一块幕布，一面用来体验自由，另一面用来解释必要性。在行动的每一瞬间，必要之存在的宇宙都会碎裂。在自由的那一刻，人们无法询问其神经键和基因该做什么，以及该如何选择。康德借助一个日常的例子，解释了内在体验与外在感受之间的基本二元关系："如果我现在……完全自由地，在不受制于自然原因必要的决定性影响下，从一张椅子上起立，那么在这一事件中，包括它趋向无穷的自然后果，还会有一系列新的结果肇始。"（Kant 4, 432）在我已经站起来之时，一切得以解释，然后就只存在因果关系，而不再有自由事件。

人生活在两个世界之中。一方面，用康德的术语来说，人是一种"表象"，是感官世界的一个元素，按照其法则存在；另一方面，人是一个"本体"，一个"物自体"，一个有生命者。人永远都不能被足够地客观化，因为人同时也是每一种客观化的主体。在尝试着进行自我理解的时候，始终存在一个盲点。内部的"物自体"是自由的奥秘。每个人都靠它而活，却几乎没人领会它。它也无法被人领悟，只能被人暗示。

于是，年轻的谢林用天才的方式做了如下工作：他解开了由康德发现的只能体验而无法解释的自由之谜，使之从二元论的关联中分离出来。"我"如此心潮起伏地体验自由，把它视为一种自发性，一种创造力量，一种无尽的内在运动，看作无法固定的东西，"完全不能被物化的"东西。也就是说，谢林把自由阐释为世界原则，一开始摸索着尝试，后来则从自然哲学的角度明确进行。自由被投射到自然之中。接下来，整体不再作为机制出现，而是作为富有创造力的自发性的万象世界。"重要的是，"谢林写道，"要本着自由本身也是自然、而自然本身也是自由的更高原则，把自由法则与自然法则之间的矛盾冲突统一起来。"（Schelling I，131）

天分超群的年轻谢林能身手不凡地摆弄概念，但他的游戏是受实存要求的驱使，即找到存活者的统一点，并由此协调活着的生命与被认识的生命之间的二元关系。谢林不仅把作为统一时刻的自由确定为哲学研究的主题，而且让它变成了相关出发点，这是他的前辈们都没有做到的。也就是说，他不是让哲学从什么原则、协定或者书本知识发端，而是以一种自由的冲动肇始。开启哲学研究的哲学行动，是创造性的自发行动。"拙作的全部目的，"谢林写道，就是"证明真实的哲学唯有始于自由的行动。"（Schelling I，132）但一个自由的行动无须证明，人们要做的只是执行。

1795 年春，荷尔德林读到了谢林的这些论及哲学自由行动的文字，心中激发出再次与昔日好友会面的愿望。逃离耶拿之后，荷尔德林 1795 年夏末在图宾根拜访了谢林，那时他们肯定也谈到了上述问题，因为其时荷尔德林肯定不是像谢林一样把哲学作为自由行动来体验，而是感觉居于它的强迫之下，正如他对尼特哈默所写的，哲学于他是一位女暴君，当然同时也让他着迷、欲罢不能。

不过，那时候有一点对荷尔德林来说已经可以肯定，在哲学的自我反省中也是如此：真正的"自由行动"对他而言是在其他地方进行的，即在诗歌当中。诗歌没有与现实绑缚在一起，它创造出新的现实：诗歌不只是简单地描摹世界和解释世界，就其非凡的意义来说，它是创造世界。

在《许珀里翁》倒数第二版的前言，也就是荷尔德林离开耶拿之前所写的最后一篇文章里，他试着消解诗歌与哲学之间的分隔，构建存在关系，同时高度哲学化地提出了诗歌超越哲学的优越性。这段文字包含着对美的拯救力量毫不掩饰的自白：极乐的统一，亦即存在（就这个词的唯一意义而言），是我们已经失去了的；如果我们要追求它、获得它，就不得不事先失去它。我们从这个世界中宁静的神人合一中挣脱出来，目的是通过自身来建立这种神人合一。我们同自然一起分崩离析，而众人认为的那些从前合一的东西，现在也发生了冲突……终止我们自身与世界之间恒久的矛盾，因为一切理性——再造一切宁静中更高的宁静，将我们自身与自然融为一个无限整体，这是我们所有奋斗的目标，我们可能会理解这一点，或者无法明白。但无论是我们的知识还是我们的行动，都没有抵达存在的某个时期——其时一切矛盾止息、万有在一……我们可能对那无尽的宁静也一无所知，对存在也是如此（就该词的唯一意义而言），我们根本就不会为自然与我们融为一体而奋斗，……假如无限的融合和存在（就该词的唯一意义而言）不是尚还存在。它还存在——作为美而存在；它等候着，用许珀里翁的话来说，一个由美这位女王君临天下的新王国等候着我们。（MA II, 558f.）

荷尔德林对美的自白包含接受和创造两个方面。一方面涉及自然和艺术领域中给人带来美的感受的东西，另一方面也存在由人类自身创造出来的美。诗人荷尔德林对后者尤其关注。人类为诗歌创作这一创造性和艺术性过程所追求的融合，又是什么意思呢？它意味着直觉、感官，也就是那时候被称为人类"内在本性"的力量与知性、理智，也就是智性力量结合起来。就艺术创作而言，跟纯粹的思考和认识不同的是，整个人都是参与其中的。人的本原力量在整体上共同发挥作用而且自由进行，这为美的出现提供了可能性。

换句话说，对美的感受可以预知和解后的存在——不过仍要隔着距离。当然，人类创造美的时候，就完全直接地体验到这一和解后的存在。人成为其中的一个部分。此类存在关系无法通过冥思苦想得出，恰恰只能在创造性的行动中体会得到。哲学理念尽管可以指明这一体验，但仍处于它相同的一边。

当荷尔德林 1795 年夏末在图宾根与谢林碰面之时，他对自己诗歌创作行为的哲学思考差不多就是上述情况。

那时的谢林直到 1795 年夏一直都在图宾根忙于各种考试，同时已经在哲学界声名鹊起、大展宏图，也想跟荷尔德林重聚。一直以来谢林都未收到荷尔德林的只言片语，这让他感觉有点受伤。"荷尔德林？"谢林在 1795 年初给黑格尔写信时说，"他从来没有想起我们，在这一点上我原谅他的脾气。"（Hegel, *Briefe* I, 13）黑格尔很快回信，承诺会去提醒荷尔德林。黑格尔在回信中描述了荷尔德林对费希特的沉迷，并宽慰担心友情能否维持下去的谢林："他（荷尔德林）没给你写信，但你不能就此推测你们的友谊变淡了。"（Ebd.）

在图宾根拜访谢林的时候，荷尔德林显然已经克服了逃离耶拿之后不久出现的萎靡不振。此前，马格瑙在荷尔德林甫一抵达家乡就遇见了他，对其状态惊诧不已。马格瑙把荷尔德林描述成一个压根再也不愿开口讲话的人："他丧失了对其同类的所有感同身受，就是一个活死人！"（MA III, 589）几周以后，荷尔德林在与谢林之间深入的哲学会谈中重拾这份友情，上述了无生气的状态也随之不见。荷尔德林又恢复了力量和元气，觉得自己受到了些许恭维，因为他感觉谢林在哲学上对他大为赏识。这一点颇不寻常，毕竟谢林在天赋上尤为自信而骄傲，很少对人表达赞誉。谢林觉得大部分人的智识水平远远在他之下，所以一旦他觉得什么东西并无特别出彩之处，就会习惯性地报以友好的嘲讽。而他看重的东西，则不吝于清晰表达。骄横专断之举让他动怒，他也不惮于抗拒此类行为，即便面对的是身居高位的官员。他自己也有傲慢专横的一面。比方说，他在写博士论文时就拒绝采取捍卫各位教授的论断的通行做法，而是提出了自己的论点。他不会被任何事情吓倒，但也不是无法接近。有时候，他也会欣赏那些随性的社交活动。几年后，谢林迁居耶拿，就经常跟席勒一起打牌，而后来席勒对此感到气恼，恨自己当时没有更好地利用跟这位年轻天才交谈的机会。

在荷尔德林拜访谢林之时，谢林特别想从他那里得知费希特的消息，据称荷尔德林对谢林说过："请你安静点吧，你离得跟费希特一样遥远，我已经对他有所耳闻。"（转引自 Tilliette, 36）两人之间展开了深入交谈，时而在神学院，时而在内卡河畔散步的途中。谢林在荷尔德林的启发下萌生了美具有和解力量的观念，这一点尽管无法证实，但引人注意的是，谢林是在跟荷尔德林重逢之后才开始生发类似观念的。

两人第二次相遇是在 1795 年 12 月底的斯图加特。在此期间，荷尔德林通过埃贝尔得到了法兰克福银行家贡塔德府上的家庭教师一职，也正在为履职做出行准备。谢林跟荷尔德林一样规避了牧师生涯，此时的他在斯图加特找到了一份家庭教师的差事，其后又受命陪同两位时年 16 岁和 17 岁的里德泽尔男爵 [1] 前往法国，这对谢林来说不啻一个颇有吸引力的机会。但这一计划未能成行，因为两位少年贵族成员的监护人担心他们受到目的地革命思潮的感染。为此，谢林次年被允许与两位男爵一起迁往莱比锡，在那里负责监管他们的学习。这是一份舒适的差事，可以让他腾出时间来进行自己的自然科学研究。1796 年春，在去往莱比锡的途中，谢林与荷尔德林在法兰克福进行第三次会面，而此时的荷尔德林已经开始了他在贡塔德府上的家庭教师工作。

在 1795 年夏末与翌年春季之间，两人碰面了三次，每一次都就哲学问题进行了深入的思想碰撞。在这半年间的某个时候，也许就是三次会面中的某一次或者此后不久，收入黑格尔手稿中的那篇天才而大胆的文章问世。假设黑格尔并非捉刀之人，那么这篇文章就是 1797 年初完成、仅以断片形式保存下来的副本，而其原件是一篇约一年前写就而又可能已佚的文章。那篇出自黑格尔之手的断片文章在 1913 年的一场拍卖会上现身，随后在 1917 年被弗兰茨·罗森茨威格 [2] 出版，拟定的标题是《德意志观念论最古老的体系纲领》。自那以后，专业学界就为这篇文章的本来作者争论不休：黑格尔、谢林抑或荷尔德林。但大家达成一致的是，不管谁是最后的操刀者，三人中的每一位都贡献了思想，从这个意义上说，这部作品就是一种集体创作的成果。

依笔者拙见，这篇文章中热情洋溢而又志得意满的论调主要指向谢林，在公众场合大胆宣扬这一共同"事务"的号召也

1　分别是：Friedrich Ludwig Wilhelm Karl Riedesel Freiherr zu Eisenbach (1780–1806), Ludwig Friedrich Karl Hermann Riedesel Freiherr zu Eisenbach (1778–1828)。

2　Franz Rosenzweig（1886—1929），犹太人，历史学家、教育学家，德语区最重要的宗教哲学家之一。

让人首先想到谢林，毕竟他在此前致黑格尔的信中几次表达了这层意思。谢林就像个同谋者一样，在给黑格尔的信中这样写道："重要的是，年轻的先生们下决心敢于进行一切冒险，行动和团结起来，从不同层面来推进同一桩事业，不是在一条道路上，而是选择多条路径来接近目标……进而赢取胜利。这里——在我们这个教士和作家国度，我感觉一切都太局促了。"（1796年1月；Hegel, *Briefe* I, 36）以上文字出自某个对自己的事务信心满满的人之手，作为领路人，他想在哲学世界掀起一场类似自由精神叛乱的运动。但这份有着不祥之兆的文本断片读起来也给人上述感觉，像是一个热情四射、炽烈如火的号召，呼吁大家敢于创立一个精神上的全新开端。断片以这句大张旗鼓的话开始："第一个理念当然是有关自我作为一个绝对自由的造物的观念。与这个自由的、有自我意识的造物一道，一整个世界也从空无中浮现，它是唯一真实的、可以想象的、从空无中产生的杰作。"（Hegel I, 234）这是谢林的激情，正是类似的语句出现在他有关自我作为哲学原则的著述之中。谢林又对自然哲学研究怀有雄心壮志，肯定也会进行与其心志相符的思考。在黑格尔看来，这个"自由的造物"也必须在自然中发现："我想为我们的、在一堆实验中缓慢而又艰难地行进的物理学再次插上翼翅。"（Ebd.）

文中继续写道，自由的造物也必定攫取对国家的思考，最后还会攫取国家本身。向来人类都是像组建"机器"一样来构建国家，但这样的国家机器"必定将自由人当作机器的齿轮装置来对待；而国家本不该如此，因此国家应当停止这样的举动"。社会必须将机器国家收归到自己麾下，自发地重新打造一个充满活力的有机国家，这是当时远在伯尔尼的黑格尔正在构想的一个理念。因此，该文的国家政治思想可能要归于黑格尔。

然后就是反对以牧师为代表的教会。"推翻一切迷信，借助理性本身追查重又假装理性的教会。"黑格尔和谢林在他们此前的通信里已经表达了这一点，同样具有煽动性，几乎是用同样的话语。

现在的问题是如何看待上帝，他存在吗，如果是的话，在哪里找到他？这三位不愿成为牧师的神学院学生在《体系纲领》中给出了有关上帝这一问题的答案——人"不能在自身以外寻找上帝或者不朽"。这个回答指向了"上帝在我们心中"这一表达形式，它也是三位友人身居其中而感觉团结一心的"看不见的教会"的口令。

最后，有一段详细的文字谈到了艺术、诗歌与美。这方面提出的相关思想可以归到荷尔德林名下："最后是将万有融合为一的理念，美的理念……我现在深信的是，理性最高的行为……是美学行为，真和善只有在美当中才结为姐妹。"

也许，正如我们耳闻的那样，那个在哲学的枷锁下有时也会叹气的人正是荷尔德林，是他坚持写下了这些文字："哲人肯定会跟诗人一样拥有同等的审美力。没有审美意识的人是我们的经院哲学家。精神的哲学是审美的哲学。"

在《体系纲领》一文行将结束之时，还出现了一些大张旗鼓之语。它们可能不是来自性格偏向犹疑和谨慎的黑格尔，应该也不是出自优雅而内敛的荷尔德林。这些文字只可能归属大胆的谢林："首先我将在此谈及一个观念，据我所知，还没有人想到过它。这个观念是，我们必须建立一个新神话，但这个神话必须为各种观念服务，必须成为一个理性的神话。"

不过，自从赫尔德展开相关思考以来，这样一个新神话的观念在当时就已完全呼之欲出了。赫尔德足够大胆地将基督教本身视为神话，但其目的不是贬低它，而是为了让它发挥作为神秘能量的最高表达形式这一功用，而这些能量自然不该在一片空洞的天穹下燃烧殆尽。对赫尔德来说，虽然有他青睐的斯宾诺莎主义，但个人的上帝当然也还存在，而上帝不是被发明出来的，而是被找到的。在寻找过程中，神话会起到帮助作用。

《体系纲领》中有着不祥征兆的"理性神话"到底如何呢？哪一位上帝在理性中，或者与理性一起发挥作用？无论如何都不是教会中的上帝。谢林给黑格尔写信说道："对我们而言，上帝的正统概念不复存在。"（1795 年 2 月 4 日；Hegel, *Briefe* I, 22）在论及"新神话"的时候，也许想到了荷尔德林古老的希腊诸神？可能并非如此。完全无法清楚解释的是，当时联想的是什么。也许那一刻三位年轻人自己对此也不清楚。可以确定的只有以下事实：他们三人要求在民众中间再次联结一条所见略同的精神纽带，因为原来的纽带在充满竞争的市民社会已经松散，在官方的基督教会中已经僵化。在先验失去依托这一危急情况下，意义的凝聚必须加以强化。虽然这一新的意义赋予肯定会对理性产生积极影响，但也会对感性起作用。不光是"神职人员"，"人民大众"也要受到影响。与之相应的是，荷尔德林差不多同一时期致弟弟的书信也体现了对国民教育的思考；谢林与黑格尔也在通信中表达了这个意义的观点。

不管新神话的具体意思如何，它都该作为理念、作为描述、作为艺术发挥一种联结力量。"然后我们中间就会充满永恒的合一。民众永远不会在其智者和牧师面前面露鄙夷或盲目颤抖……之后就会出现精神上的普遍自由和平等！"（Hegel I, 236）

这一点要从下至上，从自然的和经验的知性中、从习以为常的想象中编造出来吗？可能并非如此。超验的再次降临不是没有可能。因此,《体系纲领》一文以一句感情炙热的话画上句号:"一个更高的、被上天派来的灵魂必须在我们中间创立这一新的宗教,它将会成为人类最后的一桩惊天动地之举。"

第九章

《致自然》。遭到席勒拒绝。与苏赛特的恋情开始。巴德–德瑞堡的田园风光。色情作家威廉·海因泽担任看护人。《阿尔丁赫罗和蒙福的诸岛》。法国的进军。政治失望以及对德意志文化民族的过度希望。自我断言的梦。被席勒接受的《橡树林》。

> 那时我绕在你的面纱周围嬉戏，
> 依偎着你像花儿一样，
> 感受着你的每一次心荡神摇，
> 那心跳声环绕我心轻柔颤动；
> 那时我还满怀信仰和渴望，
> 像你一样，站在你的倩影前面，
> 为我的泪觅得一个处所，
> 为我的爱找到一个世界。（MA I, 156；诗行 1—8）

不，这还不是荷尔德林献给苏赛特——那位"狄奥提玛"的诗歌中的一首。这首诗是他迁居法兰克福之前写就的，题为《致自然》。一节一节读下来，方才逐渐显现出这一事实：诗中占据恋人这一位置的正是自然。不过那是一个已成过往的恋人；诗人用哀伤的语调恳求她，而余下的是一段忧郁的回忆和目下的荒凉。

> 那时我的心还向着旭日，
> 就好像太阳听得见心的跃动，
> 我的心把星辰唤作兄弟，
> 把春天称为神的韵律；
> 沐浴着拂动小树林的微风，
> 你的灵魂，你欢乐的灵魂，
> 在宁静的心波里移行，
> 那时金色的日子将我环抱。（MA I, 157；诗行 9—16）

上述基调在诗歌的后面几节里继续延展，直到出现一个充满不祥之感的断裂：诗人被神从童年的天堂中驱逐而出。

> 上帝赐福于你们，金色的童年之梦，
> 你们为我遮蔽了生活的困窘，
> 你们栽培了心灵的良善幼芽，
> 我无法获取的一切，你们全部赐予！
> 哦自然，在你美丽的光华之下，
> 无须辛劳与强迫，结出
> 爱的尊贵果实，

有如阿卡狄亚[1]的收成。

它现已死去，那抚养和哺育我长大者，
它现已死去，那青春的世界，
而这个胸膛，曾让天国容身，
如今也死寂贫乏，像收割后的田地；
啊！尽管春天会吟唱我的忧愁，
歌声依旧充满友好和慰藉，
但我生命的晓日已经逝去，
我心灵的春天业已凋敝。

你在欢欣的日子里未曾感受，
于你乡关何其迢迢，
可怜的心，你永远不会探问故乡，
如果一个家园之梦不足以慰你所怀。（MA I, 158；诗行
41—56、61—64）

荷尔德林在 1795 年秋把这首诗从尼尔廷根寄给了席勒，谨防出
其不意地离开耶拿后断掉了跟这位大师的联系。席勒并未把这
首诗收入其《缪斯年鉴》。他拿不准，于是把这首诗转交给威
廉·封·洪堡审阅，洪堡给予它"诗歌伟绩"的评价，但又批
评它对席勒的《希腊诸神》效仿痕迹太甚（Schiller/Humboldt,
Briefwechsel I, 166）。实际上，这首诗中的席勒之音确实清晰可辨。

1　古希腊伯罗奔尼撒半岛中部一高原地区，居民主要从事畜牧业。后世西方某
些文艺作品中常以"阿卡狄亚"一词形容田园牧歌式的生活，或世外桃源般的
地区。

席勒那首诗行文如下："美丽的世界，你在何方？请你重返呵／自然的美好盛年！"（Schiller I, 164），在荷尔德林笔下则是：上帝赐福于你们，金色的童年之梦／……我无法获取的一切，你们全部赐予！

荷尔德林对席勒的拒稿有点失望，但值得注意的是，他在1796年3月何其自信满满地向诺伊弗讲述了此事。荷尔德林写道，尽管席勒的做法并非不公平，但问题的关键并不在于一首或多或少出自我们之手的诗歌是否收入席勒的年鉴。我们还是会成为我们该有的样子。（1796年3月致诺伊弗的信；MA II, 617）显然，席勒的拒绝并未像往常一样让荷尔德林大感沮丧。这也不足为怪，因为他眼下兴高采烈、振奋不已：他毕生的恋爱故事业已开始：受福的诸神正是如此生活的（MA II, 616）。

1795年底，在辛克莱及其友人约翰·戈特弗里德·埃贝尔的引荐下，荷尔德林接受了法兰克福银行家贡塔德府上的家庭教师一职。在从耶拿到尼尔廷根的路上，荷尔德林在途中的海德堡拜访了埃贝尔，很快就跟他结成朋友。埃贝尔是医生和时事评论员，也是一位公开宣称的共和党人。作为贡塔德府上的常客，他为那个家庭向荷尔德林抛出橄榄枝铺平了道路，并建议荷尔德林接受这一职位。荷尔德林也乐意接受，因为他不得不再次担心教会监理会可能吸收他加入牧师行列。

1796年1月，荷尔德林抵达贡塔德府上履职。到岗两周以后，他写信给诺伊弗说，他可能不得不自行为生活中的美劳心费力，而不能指望命运的安排（MA II, 611）。但接下来美就进入了他的生活，化身为苏赛特·贡塔德的形象，她是那家的女主人，是他受委托看管的孩子们的母亲。书信中起初只是出现了这场旷世之恋的暗示，就像他在写给弟弟的信中所说的：你曾在我生气的日子里看到了我，对我耐心相待，我现在也想你能跟我分享愉快的时日。（1796 年 2 月 11 日；MA II, 612）

在写给亲属，尤其是母亲的信中，以上暗示一直继续存在。只有在致诺伊弗的信中才表达得更为清晰。1796 年 6 月底，荷尔德林给诺伊弗写信，说最近有一场何等的幸福降临到了自己头上，当然，他没有提及给他带来幸福的这个人。我希望你一切安好，就像我一样。我置身一个新世界。我过去可能还会相信，我知道何为美与善，但自从我看到了它，就想对我所有的见识报以讥诮。亲爱的朋友！世上存在一种造物，我的灵魂可以而且将会千百年地在那里停留……可爱与崇高，休憩与生活，灵魂、性情和形象是这个造物中的一个受福的整一……你是知道的呀……我原来是怎么空无信仰地生活，连同自己的心灵曾经变得多么贫瘠，因此又是多么悲惨不堪；假如这个造物未曾出现在我面前，而且播撒春光，让我眼中再无价值的生活变得更加年轻、强健、明朗并称颂它，曾经我也可以像现在这样，如同鹰隼那般欢欣吗？……在她面前联想到终有一殁者，这也的确经常是不可能的，正因如此，关于她所述的可谓寥寥……（MA II, 624）

苏赛特出身名门，家境优渥，是汉堡商务顾问和喜剧作家博肯斯坦[1]的千金。1786 年，17 岁的她被许配给远房表兄、法兰克福银行家雅可布（小名"科布斯"）·弗里德里希·贡塔德。双方家庭就这样达成了婚姻协议。至于爱情，正如此类情况下常见的，可能并不起作用。苏赛特曾跟一位女友抱怨过自己陷入孤独。她生了三个女儿，还有一个名叫亨利的儿子。1787 年出生的亨利就是荷尔德林主要负责看管的那个孩子，很快得到了他的

1　Hinrich Borkenstein（1705—1777）。

喜爱。

苏赛特待字闺中时就已经生发出对文学的热爱，但她的丈夫对此不以为然。他在经营银行业务上有一手，短短几年就让资产增值不少（1795 年的财产数额为 50 万古尔登），还在他富丽堂皇的办公楼里举办盛大聚会，除此以外，他很少关心家事。交易所、百货公司和附近的俱乐部，这些是他出入的主要场所。他有一句话被人口耳相传："交易所行情我了如指掌，至于孩子们该如何引导，他们应该学习什么，这不是我的事务，是孩子他妈应该操心的。"（St. A. 7.2，65）只要不涉及生意场上的事，他都表现得颇为和善。不过一旦谈及生意，他可能就会变得非常敏感而冰冷。他很少与人结下真挚的友谊。他对新来的家庭教师荷尔德林很是友好，但同时也把他当作家仆对待，一开始是深藏在彬彬有礼的形式之下，后来当危机尖锐化的时候，也就毫不掩饰了。

苏赛特是法兰克福上流社交圈的一个美人，令人侧目。在荷尔德林把她化为自己的狄奥提玛之前，人们就夸赞她古典美的轮廓、雪白的肌肤、乌黑发亮的长发和深色的眸子。有几个人还为已经嫁作他人妇的苏赛特坠入爱河，比如有一位路德维希·策尔莱德[1]，他是伯尔尼的城市新贵，曾因为苏赛特在法兰克福逗留了一段时间，在不得不重回伯尔尼时"半是绝望"地与这位"完美的女人"告别。（Hölderlins Diotima，295）荷尔德林似乎对那位先生有过嫉妒之心，因为当策尔莱德再次造访法兰克福之时，苏赛特不得不这样宽慰荷尔德林："我再次向你保证：他对我来说从来就没有超出哥哥的界限，以及友人的！他跟我的关系不可能再深入了。"（Ebd.，296）

1　Ludwig Zeerleder（1772—1840），瑞士银行家、政治家。

1796 年，第一次反法同盟战争再度点燃战火，同年夏天一支法国军队挺进法兰克福，此时该城陷入危险境地，对荷尔德林及其恋人来说却出现了便利机会。贡塔德把家人送到了汉堡的亲戚那里，以确保他们的安全。苏赛特的女伴玛丽·雷策尔和家庭教师荷尔德林一路随行。贡塔德自己留在了法兰克福，该城在经历猛烈轰炸后于 1796 年 7 月 14 日投降，给法军打开了城门。那一刻，前去汉堡的贡塔德家人一行正好在卡塞尔略做停留，参观威廉高地公园里著名的绘画收藏。那些画廊以及博物馆里的一些雕像让我过了几天确实幸福的日子（MA II, 627），荷尔德林在给弟弟的信中这样写道。

一行人都享受着这场与其说是逃离不如说是旅游的远行。在卡塞尔，贡塔德一家的朋友、因为小说《阿尔丁赫罗和蒙福的诸岛》声名鹊起的威廉·海因泽加入进来。海因泽谙熟意大利的文艺复兴绘画和古希腊罗马雕塑，充当了旅行团的向导。生于 1746 年的他已是一位长辈，但还总是炫耀他情场老手的精明。在有些人眼中，他甚至就是个浪荡子，还是淫秽作品的匿名作者。旅行团本来给他安排的角色是看管者，但可能他并非合适人选。对于他眼见的苏赛特与荷尔德林之间生发的情愫，他更多的是起到了推波助澜的作用。无论如何，荷尔德林对他的在场很是看重。那确乎是一个彻头彻尾的超凡之人。再没有比此人拥有的、充满生气的年龄更美好的东西了。（1796 年 8 月 6 日致弟弟的信；MA II, 627）

作为温克尔曼的对立者，海因泽也树立起自己的声望。他像温克尔曼一样，热爱古希腊文化胜过一切，为其推广做了大量工作。但是跟称颂"高贵的单纯和静穆的伟大"的温克尔曼不同的是，海因泽强调的是古希腊文化一直被提升到狂野层面的感官情欲力量。对他而言，意大利文艺复兴就是古希腊的活力四射与自由放任的合法继承人。这也是颇受读者青睐的小说《阿尔丁赫罗和蒙福的诸岛》（1786年）的主题。小说的主人公就是一位文艺复兴时期的艺术家，通过对古希腊的认同把自己从基督教道德主义的桎梏中解放出来。阿尔丁赫罗天生就有活力，正如他在书中的形象一样。他无所不爱——他是作家、画家、哲学家、海盗，最后甚至还在"蒙福的诸岛"上建立了一个乌托邦的理想国家。他的朋友，即叙述者与他相遇时认定"听见了一位神在讲话"，接下来的内容大部分用书信形式讲述，涉及一个除去障碍的壮举的故事，它五彩斑斓、有时候下流不堪，还带点世界观上的狂怒。在这部小说里，荷尔德林发现并习得了一个被狄奥尼索斯式的生命情愫掌控的希腊国的形象，即便他被海因泽的审美道德虚无主义吓倒。不过，带有情欲基调的泛神主义和多神主义的自然神秘主义吸引着他。对海因泽来说，斯宾诺莎"一和万有"的公式也是有约束力的。从这个公式推出的结论，在小说结尾的一场哲学对话中展示出来：世界物质在无数的个体中铺陈开来，而个体随后在自身那里占据中心位置。这就形成了一个由分散的个体构成的宇宙，而个体就是不折不扣的中心发电站，互相靠近而又彼此分离。在此过程中，分离即是自由原本的行为。（Heinse，311）每一个体都谋求自我享受，而且绕道其他个体。自我享受是驱动能量，作为一种双重力量，它也推动着意识的行进。自我意识是自我享受的最高形式。这是享受本能的自然进化的古怪面目。

一切从中产生、复又回归其中的原初物质，被海因泽称为"天父以太，万物的生命赐予者"（Heinse，304）。对联结万物的神灵的这一称呼后来被荷尔德林借用，他在《面饼与葡萄酒》里这样写道：天父以太！它如此口舌相传地呼喊飞传／千百遍，无人可以独自忍受生命；／财富与众陌生人分享互易，令人欣然，／遂化作欢声一片。（MA I, 376）

在荷尔德林 1796 年夏重又开始加工的小说《许珀里翁》中，有一处他几乎一字不差地借用了海因泽的一个表达。海因泽对满怀狂喜地冲破界限如是写道："让自然中吸引我们的东西合而为一、成为万有"（Heinse, 309），《许珀里翁》中行文如下：与活着的万物成为一体，在受福的忘却自我的状态下返回自然的万有。

对海因泽还有荷尔德林来说，希腊的多神论意味着对个体的神化和崇拜，如果涉及凡人或情境的话。提升后的情感强度构成神性。尽管存在发展成多样性的一，但就是不存在从天国那里以凡人对手的形象控制世界的一位神。

《许珀里翁》第一卷 1797 年刊行，当时威廉·海因泽兴致勃勃地阅读了此书，但也提出了批评意见，认为尽管"不该苛责一位正在成长的作家"，但是在"构建可能性人物……"方面，该作者确实"还是一个新手"。（转引自 Chronik, 228）海因泽毕竟还是在贡塔德家人一行的旅行团中停留了几周时间，但在日记中对荷尔德林只字不提。对这位赫赫有名、尽享成功喜悦的作家来说，荷尔德林这个尚还寂寂无名的年轻诗人似乎不值一提。无论如何，日记还是提到了苏赛特，称她为"有着提香肖像画般的美丽肤色的贡塔德太太"（St. A. 7.2, 78）。荷尔德林把海因泽称为"大师"，并始终对他怀有敬意。其后荷尔德林创作出最伟大的哀歌之一《面饼与葡萄酒》，就是献给海因泽的。

贡塔德家人一行在卡塞尔待了一个月，直到 8 月 8 日，随后整支队伍继续前进，抵达附近的巴德–德瑞堡。大家打算在那里饮用具有疗效的矿泉水，游览著名的公园景点。至于此次逃难的目的地本身——汉堡，早被抛丢脑后。在此期间都是走到哪里算哪里，而海因泽继续跟着队伍前进。荷尔德林写信告诉弟弟：我们在巴德这个地方过着清静的生活，不再结识他人，也无须如此，因为我们住在风景秀美的山林之中，内部就形成了最好的圈子。（1796 年 10 月 13 日；MA II, 628）

旅行团成员不光结成圈子一起活动，苏赛特与荷尔德林也可以有自己的两人世界，而不至于引起他人的反感。成员们在高度自由的氛围中度过了几个星期的时光，在一起长途散步，在克诺亨贝格一带参观据说是赫尔曼·德尔·科鲁斯克[1]打败罗马军团的遗迹。大家从高处俯瞰全景，可以一直望到布罗肯山。晚上大家就围坐在一起做罚物游戏，也会奏乐唱歌。有时候，荷尔德林从自己的作品中选取一段朗读。苏赛特总是一再表达自己想听《许珀里翁》的愿望。这是巴德-德瑞堡颇具诗情画意的一面。

9 月中旬，苏赛特家人一行再次回到卡塞尔，在那里又停留了两周的时间。9 月底，大家折回法兰克福。

后来，荷尔德林与苏赛特这对恋人带着伤感回忆起这段事实上是以逃难开始的共同旅行，感觉就好像是去了一趟阿尔丁海洛的"蒙福诸岛"。

在他们回来以后，幸福还持续了一段时间。苏赛特做了安排，确保自己在荷尔德林给她儿子上课的时间也能到场。有时候，两人可以躲进一个小房间，一起散步也是可能的。如果府邸里不举行什么社交晚会，大家经常都是坐在一起，这时候贡塔德

1　即 Hermann der Cherusker，公元前 18 或 17—公元 19 年，英文名为"阿米尼乌斯"（Arminius），日耳曼部族切鲁西人（Cherusci）的首领，他在 9 年的条顿堡森林战役中大败罗马军团，被后世尊为日耳曼民族英雄。条顿堡林山东部的德特莫尔德（Detmold）郊外矗立着这位英雄的纪念碑。

一般就会退至一旁，荷尔德林则会朗读一段，有时候也会奏乐。回到法兰克福不久，荷尔德林就让母亲寄来了他的笛子。

1797年2月，荷尔德林写信给诺伊弗：我仍然有种恒久幸福的感觉，就像最初的那一刻。这是一段永远快乐而神圣的友情，对方是一个在此贫瘠而又毫无精神和秩序可言的世纪里迷失方向的造物！现在，我对美的感受却不受干扰。美感永远都朝向这颗玛利亚的头颅。我的才智向她求教，我那时不无分歧的情绪每天都在她乐天的宁静中变得平和、欢快起来。我跟你说啊，亲爱的诺伊弗！我正在变成一个乖小孩的道路上前进。至于我自身的其他方面，我想说的是，我对自己稍微满意了一点。我作诗极少，几乎不再陷入哲思。但我所作的诗有着更强劲的生命和更多样的形式；我的想象力越发愿意将世界的各个形象吸收进来，我的内心兴致勃勃；如果神圣的命运让我保有幸福的生活，我希望将来比迄今做得更多。（1797年2月16日；MA II，649）

荷尔德林本来还想多讲讲他的幸福生活，但还是放弃了，原因在于假如我们宁静的幸福必须表达出来的话，那么对它来说也总是一场生命终结。（Ebd.，650）荷尔德林在这封信里附上了一首献给您的诗歌，这就是当时颂歌《狄奥提玛》的第四个版本。

该颂歌的所有版本差不多都是同一架构：一开始是描述狄奥提玛现身引发的春醒；接下来回顾男主人公贫困与僵化的岁月；然后回忆青年时代的梦想以及预感未来的幸福；随后描述遇见狄奥提玛并重新认出她的情景；接着描绘共同沉迷地进入天界的画面；结尾则是男主人公回归寻常生活，但此时充满了新的力量。

《狄奥提玛》早期的几个版本篇幅稍长，后来荷尔德林遵从席勒的建议，尽力做了压缩。1796年7月，荷尔德林把篇幅是最后一版两倍的倒数第二个版本从卡塞尔寄给了席勒，几个月之后席勒终于有了回复，但那是在荷尔德林再次进行了几近恳切的请求之后。在致席勒的信中，荷尔德林写道：您对我的看法变了吗？您放弃我了吗？……我在感情上依附于您，经常徒劳地抗拒这一感情，如果说这是热情的话；我对您的忠诚从未游移，这让我不得不对您提出这样的问题。（1796 年 11 月 20 日；MA II，636）

在这之后，席勒终于很快回了信，提出了一些一般性的友好建议，针对《狄奥提玛》一诗则提出了批评意见："我也要提醒您注意德意志诗人的恶习，那就是篇幅冗长、没完没了的叙述和汪洋恣肆的诗节常会扼制哪怕是最欢快的思想。这一点让您致狄奥提玛的诗歌受到不小的损害。把无足轻重的特征融入简单的整体之中，可能会造就一首美妙的诗歌。"（1796 年 11 月 24 日；MA II，641）

席勒所言甚是：荷尔德林在最后一版里采用了精简手法，这对该诗的言简意赅有所裨益。比方说，在该诗的倒数第二个版本中，对狄奥提玛的呼语就太过繁复，一连用了八行诗句：

狄奥提玛，受福的造物！
这美妙的人呵，因她，我的灵魂
被治愈了生命的痛苦，
有望获得众神的青春！
我们的天国将会永驻；
我们结下深不可测之缘，
在彼此相见之前，
我们的内心已然相识。（MA I，173；诗行 17—24）

最后一版则改为：狄奥提玛！高贵的生命！／姐妹，你与我神圣

地相爱相亲！/ 在我与你握手结识之前，/ 我仿佛很早就与你相识。（MA I, 223；诗行 13—16）

不过，即便是颂歌《狄奥提玛》精简后的那个版本，席勒也不想收入自己的《缪斯年鉴》。显然，那一版他认为还是太长。这首诗直到后来才发表在《闺房教育袖珍书》[1] 上面，在苏赛特余生的漫漫岁月里，该诗一直让她内心深处感动不已。

> 你像从前一样临照，
>
> 金色的白昼！歌咏的花朵在我这里
>
> 复又绽放，向你
>
> 吐出生命的气息？
>
> 这一切变得何等不同！
>
> 一些我悲伤地逃避的东西
>
> 在悦耳的和音里调节
>
> 如今出现在我欢乐的歌曲里；
>
> 每一次时钟的敲响
>
> 都会让我神奇地遥想
>
> 童年那些宁静的时日，
>
> 自从我找到了您，这独一之人。（MA I, 223；诗行 1—12）

巴德–德瑞堡的田园生活以及回到法兰克福后几个月的日子，与后来的战时事件形成了对照，而对于那些事件，当时沉醉于恋爱故事中的荷尔德林也带着警醒的政治觉悟予以关注。一开始他满怀同情地追踪法国军队的行进，但这一点他在对革命与共和政体

1　本诗集由诺伊弗主编、施泰因科普夫在 1799 年出版。

不以为然的贡塔德一家面前并未流露出来。面对弟弟，他就可以开诚布公地表达自己的态度：我的卡尔，一场如此非同寻常的戏剧近在咫尺，就像法国共和党人的阔步向前展示的那样，能让最深切的灵魂变得强大起来。（1796 年 8 月 6 日；MA II, 626）后来的事实显示，法国军队并非以解放者的身份到来，这时他写信给弟弟说：等你再见到我时，就会发现我变得没那么革命了……我不会多谈对政治的悲叹。这段时间以来，我对我们这里发生的一切变得心如止水。（1796 年 10 月 13 日；MA II, 629）

1796 年夏，给荷尔德林介绍了贡塔德府上家庭教师一职、并跟他结为朋友的约翰·戈特弗里德·埃贝尔来到巴黎，目的是在当地了解政治局势。埃贝尔不光是革命的拥趸，对政治形势也了如指掌。他曾把法国大革命的基础文献，即埃贝·西哀士[1] 撰写的一本有关第三等级的小册子译成德语。埃贝尔在 1796 年 10 月还给荷尔德林写了一封信，但并未留存下来，而苏赛特跟丈夫谈起这封信时只是这样说道："埃贝尔博士从巴黎给荷尔德林写了一封大吐苦水的信……埃贝尔极其不满，觉得自己所有的期望都横遭欺骗，这确实值得同情。"（St. A.7.2, 79）

荷尔德林把自己对埃贝尔的回信当作契机，对自己的政治关切和理念进行反思。赤裸裸地看见肮脏现实而自身并不因此患病，这几乎是不可能的，（1797 年 1 月 10 日；MA II, 642）他这样写道。一方面，荷尔德林的评论指向埃贝尔对五人执政内阁时期越来越远地偏离革命初衷的政治形势的描述；另一方面，它又

1　Abbé Sieyès（1748—1836），法国大革命时期政治活动家。因 1789 年 1 月撰写鼓动第三等级反抗王权统治的政治小册子《第三等级是什么？》而名声大噪，同年当选为三级会议代表，被视为第三等级的代言人。

涉及法兰克福和德意志西南部市民与法军之间的交恶体验。因为法兰西共和国不愿意或者说在经济上无能为力，无法借助自己的力量，也就是不能利用出征时随带的储备物资，给通过普遍义务兵役制招募的大规模军队提供给养，于是就在军事行动中运用以战养战的原则：军队每到一个公国，都靠抢夺当地民众的财产生活。在此过程中，所有的纪律性都丧失殆尽。这些四处抢劫的士兵大肆搜寻钱财、女人、粮食和酒，让民众惴惴不安。身处巴黎的埃贝尔的幻想破灭了，随着法国"解放者"的出现，人在法兰克福的荷尔德林也清醒过来。这不再是荷尔德林半年前倾慕有加的那出非同寻常的戏剧，即共和党人阔步向前。当我们进行观察的大脑被心灵……迷醉之时，大家都抱有幻想，荷尔德林给埃贝尔写信说道。应该对此进行谴责吗？最好不要。失望之情自然不可避免，但可以用以下观念宽慰自己：心灵对于它所处的世纪来说太过高贵。因此，人不该放弃有关自由、共和与人权的梦想。不过，这暂时意味着告别寄托在法兰西共和国身上的希望。取而代之的是，应该把目光投向德意志地区，那里正酝酿着非同一般的事件，尽管不是直接关乎政治，但与精神密切相关。我相信，那些观念和思维方式将会发生一场革命，它将会让迄今发生的一切羞惭难当。（MA II, 643）接下来，荷尔德林做了一场称颂德意志和德意志人的荣耀演讲，这也成为后来他笔端涌现的《德意志人之歌》及颂歌《日耳曼尼亚》的素材。他写信给埃贝尔说，德意志可以为这场关乎各种思潮的未来革命贡献决定性的力量，正是因为当时该地区还是一片静寂。荷尔德林的意思是说，德意志不是在表面上的政治动荡中消耗自己的最优能量，而是在宁静的状态下让该能量为文化的勃兴发挥作用。

准确来说，这就是德意志作为文化民族的理念，荷尔德林对它的了解首先是通过席勒，稍后席勒在《德意志的伟大》一诗的各版草稿中写下了这个理念。席勒写道，德意志未能跻身政治大国之列，这并不是多大的不幸，因为该国的"尊严"体现在文化上面。文化的发展却比政治权力的占有持续时间更长，因为这一点，德意志民族姗姗来迟地进入历史。但迟到这一劣势变成了优势：该民族不会在政治权力争斗的舞台上提前变得支离破碎。其他国家即便接连取胜，也在日复一日的斗争中元气大伤，而德意志则致力于"永恒地构筑人的教育"（Schiller I, 738）。

至于荷尔德林，相关思想可以在他致埃贝尔的信中得以窥见：一国越是宁静地发展壮大，它成熟时就会变得越发美丽。德意志是安静的、低调的，人民勤于思考和劳作，青年的心中风起云涌……他们接受很多教化，还会得到更多的、无尽的教育资源！（MA II, 643）

在德意志，一切都可能费时更久，但自由、共和与人权这些结果也可能因此变得更加持久，席勒与荷尔德林都相信这一点。不过两人做梦都没有想到的是：德意志这个民族的迟到带来的不是自由和文化上的累累硕果，而是特有的歇斯底里和反感怨念；慢慢发展起来的文化和教育可能没有那么强劲有力，不足以阻碍野蛮；而文化可能还会成为服务野蛮的工具。

直到革命氛围的下一次蔓延，对荷尔德林来说，这首先意味着跟政治希望的美梦告别。不过，幸运的是，也出现了一些政治以外的东西，荷尔德林在书信中回忆它们，以及他那位失望的朋友：但人们拥有自身，以及寥寥几个旁人，而在自身和少数他者中间找到一个世界，这也堪称美好。

荷尔德林写下以上字句时，诗歌《橡树林》同时诞生。诗中回响着上文书信中所说的思想：个体只有在自身中找到中心点和自己的世界时，才能自得其乐。一棵棵橡树呈现出如此壮观的独立自主的自然印象。它们被唤作俦侣：

> 走出花园我走向你们，山之骄子！
> 走出那些园子，自然耐心而又安适地寓居其中，
> 栽培而又受栽培，与辛勤的人类共处。
> 而你们，雄伟的你们，像巨人族屹立于
> 受驯化的世界，只属于自己和哺育教化
> 你们的天空，以及降生你们的大地。
> 你们无一受过人类的教化，
> 你们快乐而自由地上窜，从遒劲的根部
> 彼此挤搡，像鹰隼捕猎一般，
> 用有力的臂膀夺取地盘，而在靠近云端处
> 你们洒满阳光的树冠活泼而又庄严地直冲霄汉。
> 你们各自是一个世界，似天穹里的星斗，
> 你们皆神，在自由的同盟里共生。
> 倘若我能安于奴役，就永远不会艳羡
> 这片树林，就会乐于融入群居的生活。
> 要是我那颗难舍爱情的心不再牵绊于群居的生活，
> 我是多么乐意与你们共居为伴！（MA I, 180f.）[1]

为什么人不能也是神，不能为自己如此自豪呢？如果人聚集成一个社群，那么就只能是"在自由的同盟里"吗？诗歌的最后两句

---

[1] 译文参考［德］荷尔德林：《追忆》，林克译，四川文艺出版社 2010 年版，第7 页。

给出了答案：牵绊于群居的生活、夺走了人引以为傲的独立的，是爱，而不单是困顿和恐惧。

谈到爱，可以言及很多善和美的方面，荷尔德林在他如今重又开始加工的《许珀里翁》里也是这么做的，但爱也是一种权力，它让人有了牵绊，因此变得不自由。为了爱这一美好的约束，人类显然就要让橡树的独立之神在其受驯化的世界里大显身手。因此，这首荷尔德林截至当时最成功的诗歌也属于哀歌的范畴，是对梦想的告别，转而进入美丽世界的无尽存在，投入永葆青春的自然的臂弯（1796 年 6 月 2 日致弟弟；MA II, 621）。

在此，自然不仅是渴望的一面镜子，是人想要以温和的方式分解而成的某种东西，而且还是一种巨大的权力，它让人类体验到自己的局限，但又召唤人类独立起来。人的世界与自然世界分离开来，双方都强大有力而各自为政，但与此同时又存在非常深切的彼此关联，以至于跟树木对话甚至都看似可能。只有不在自然中迷失自我，人才感受到来自自然的嘉许。

也许并非偶然的是：只有在与消解成为自然这一梦想告别的时刻，自然才会显得那么具体而微，而不是像迄今发生的那样，被诗歌修辞艺术消解为抽象世界。自身创作也存在这种抽象缺憾的席勒，应该注意到了荷尔德林那首诗新的罕见品质，因为他很快让人把它刊登在《季节女神》上面。

第十章

《许珀里翁》——终稿版。附加的内容。政治斗争，失
望之情。阿拉班达和辛克莱。狄奥提玛和苏赛特。新的自
信。对德意志人的斥责演讲。神性。荷尔德林癫狂的顶端。
《许珀里翁》——一部关乎诗人诞生的小说。歌德与席勒讨
论荷尔德林。贡塔德府上的危机。荷尔德林的离开。

1796 年夏，在荷尔德林与苏赛特的爱情故事尚还没有蒙上阴
影的时候，荷尔德林再次开始加工《许珀里翁》。一年之前，他
给科塔出版社寄去了规划为两卷本小说的书稿，而出版社请他进
行删减。于是荷尔德林决定把全部内容压缩为一卷（1796 年 5 月
15 日；MAII, 618），请出版社寄回书稿。显然他并没有为稿件做
一个副本，正如他所写的，思路已经消失。这部小说的倒数第二
稿没有保存下来，除了已经引用过的哲学引言以外。荷尔德林承
诺出版社，会在大约两个月以后完成文稿的修改。但他实际花了
半年的时间，尤其让出版社略微失望的是，荷尔德林未能压缩全
文。相反的是，文稿现在重又变成两卷本，但又无法同时付梓，

因为荷尔德林当时并未完成第二卷。一年半以后，也就是1799年底，第二卷方才出版。

正如出版商与荷尔德林自己所担心的，小说的成功前景因此大打折扣。荷尔德林在第一卷的前言中写下了如下未雨绸缪的文字：我感到遗憾的是，就现在来说，对相关计划的评价尚还不是人人皆有可能。但是第二卷应该尽可能快地面世。（MA I, 611）这也于事无补：这部小说，包括第一卷以及后面推出的第二卷，都只是回应寥寥。不过，这不仅是因为整部书的计划在第一卷出版后仍不得不处于一种捉摸不透的状态——仅此一点的话，甚至还有可能增加点悬念，吊一吊读者的胃口。对大众口味来说，这部小说的思想过于丰富，哲学意味太浓。这是一部诗性的、韵律化的叙事作品，里面有着美妙的自然图景，人物理想类型化而不真实，情节虚幻，细节描写极不精准。尽管考虑到了外部事件的叙述，比如说出现了对战役的描写，不过相关的轻描淡写显示，作者想尽可能快地将它画上句号。正如荷尔德林在给诺伊弗的信中写道的，不具备这方面的天赋，在描述外部世界和情节时，只能展示一个总体印象（1795 年 4 月 28 日；MA II, 583），此外别无其他。这对读者来说所得甚少。而且这部小说的精彩之处原本就不在外部情节，而是在于心灵的内部冒险，抽象说来，在于某个人物身上不和谐元素的消解（MA I, 611）。在发表于《塔利亚》的《许珀里翁残篇》的前言中，荷尔德林称之为离心轨道。这从根本上说指的是同一事物：偏离生活的中心，以及回归彼处：灵魂上的合一，以及就其唯一意义所言的存在，对我们来说已经消失。（《许珀里翁》倒数第二版的序言；MA I, 558）

在致贝拉敏的多封书信中，许珀里翁于是讲述了自己想要重返合一和存在的尝试。

正如上文所述，发表在《塔利亚》上的《许珀里翁残篇》中存在三个体验领域，荷尔德林在其中寻找迷醉的存在关联并且暂获成功，它们分别是：与自然之间的泛神论意义上的融合，沉入古希腊世界，以及爱。在小说的最终版里，这三个领域都保留下来。此外，随着阿拉班达这个人物的出场，还附加了政治上的自由战斗这个场域，它涉及的正好也是生命中的不和谐元素得以消解的一系列终极问题。

对爱这一主题的叙述此刻更为丰富地展开，这也是因为荷尔德林有了与苏赛特交往的阅历，而她的理想形象就是狄奥提玛。荷尔德林把给她的献词写进了《许珀里翁》第一卷：高贵的自然万物不是自行出现的，但其卓越而分散的印迹会在艺术家丰富多彩的形象和游戏中自动产生。（MA III, 316）第二卷印行之际，他在一封书信草稿中写道：亲爱的人，这是我们的许珀里翁！我们深情的日子结出的成果肯定会给你带来一丝愉悦……我的至爱！一切有关你们和我们、有关我们生命之活力的四面八方的传言，请你像接受感谢一样接受它们，毕竟谢词的表达越是朴拙，通常谢意就越发真切。（MA II, 833）

许珀里翁先是在士每拿度过了一段动荡的生活，接着又先后辗转，来到一座爱琴海岛屿、到伯罗奔尼撒半岛、再到雅典以及德意志，继续过着这样的日子，最后又折回希腊，回到亲爱的父国大地，以便在科林斯附近定居下来，以隐士的身份了结余生。然而，在他找到必需的内心宁静之前，他仍在抱怨命运：正是命运把他扔进一个后来的、于壮丽的古希腊时代而言如此遥远的世纪，就好像是扔进一片沼泽。我们身处古希腊 18 世纪抗击奥斯曼帝国而败北的解放战争的第一阶段。昔日强劲的希腊民族再也不见任何印迹。许珀里翁几乎以自己的希腊人身份为耻。只有风景给他带来慰藉，景色熠熠闪耀，就像是受惠于胜利的半神。在写给友人贝拉敏的第一封信中，许珀里翁描述了自己起初满心愉快而后大感沮丧的希腊归途（MA I, 613），并在写给这位朋友的后续书信中讲述了自己的生活故事。故事充满曲折变化，兴高采烈与绝望万分交织其中。不过，在写信的许珀里翁身上，也有变化发生。给贝拉敏写最后一封信的许珀里翁，跟写第一封信时的他已经不是同一个人。通过讲故事的方式，他一步步地从故事中反思自己，成为另外一个人。这样的发展变化在发表于《塔利亚》的《许珀里翁残篇》中尚未出现。

许珀里翁的故事是用倒叙手法讲述的，它以童年的乐园开头：是的！孩童是神的造物……孩童的存在是一个整体，因此何其美好。（MA I, 616）接下来描述的是尚还处于童年时段的初次体验与自然现象之间充满喜悦的融合，其时自然现象中的生命就在以太创造的、永远而又不辞辛劳的秩序中运行（MA I, 617）。

在许珀里翁的少年时期，阿达玛出现，这位言传身教者把少年引入了古希腊人的英雄世界（MA I, 620），让他沉入梦想。阿达玛也让许珀里翁知悉了自己名字的含义——"太阳神"。阿达玛把许珀里翁带到提洛斯，即太阳神所在的岛屿。像该神一样吧（MA I, 621），当两人从阿波罗诞生地——铿托斯山遥望旭日初升的时候，阿达玛对许珀里翁这样呼喊。这是一个触发。

阿达玛离开了动身前往士每拿的少年许珀里翁。少年的心尚还被万分愉悦的山地生活体验占据，尝试着在城市里也保留这一幸福之感，其方式是，用他从自然之美中所夺取的填补人类生活的空缺，（MA I, 627）就好像借此人与人之间的陌异就能消除一样。不过，他遇到的只有冰冷的拒绝。为了不让自己受辱，他把自己的诘难提升到宏观整体的层面：这个世纪的无可救药对我而

言……已然清楚可见。（MA I, 628）

　　这位乐于奉献的年轻人现在不得不学习自我保全。我的心现在已经关上了宝藏之门，但仅仅是为了把它们积攒起来用于更好的时机。（Ebd.）他隐匿起来，但内心的财富无法就此保存起来。这让坐拥内心巨大财富的我们也会变得贫瘠，无法孤立一人存在于世。（MA I, 622）其时许珀里翁遇到了阿拉班达，一位勇敢、精力充沛而又颇具行动力的青年。阿拉班达与同伴一起为希腊自由而战，让许珀里翁走出孤独，提醒他要将生命与超越自身的各个目标联系起来，尤其要摈弃对思虑和情绪的沉湎，应最终行动起来。许珀里翁受到这位新朋友高涨热情的感染，而友人本身也刚从一段沮丧而绝望的时期走出来。我们遇见彼此，就像两条从山上流下来的小溪，它们兀自从土地、石头和腐木的负荷中抽身而出，并脱离了阻碍它们的、迟缓滞塞的一团混杂，以便互相开辟道路，然后一路挺进，直到它们带着同样的能量，在感动他者的同时自己也深受感动，与一条壮阔无比的大河交汇，开始奔向广袤的大海。（MA I, 631）

　　以上文字用热情洋溢的笔调描绘了许珀里翁与阿拉班达之间的协力合作，也反映出荷尔德林与辛克莱的关系。这位有着革命思想动向、与荷尔德林政见不合的朋友住在邻近的霍姆堡，在离开贡塔德府上之后，荷尔德林将会到该友人身边寻求安慰。

　　一开始许珀里翁并没有迈出行动的步伐。还在讨论的是，什么给予了创作者在意见纷纭的争论中找到自己立场的契机。阿拉班达表现出国家主义的倾向，追求的是国家的占领，以便在此基础上推进自由的普遍实现。许珀里翁表示反对。他提出了国家作为道德学校的警告，随之写下了一句在荷尔德林的某封书信中也以相似大意出现的话：人类想把国家变成其天堂，但终究还是让

国家变成了地狱。（MA I, 636）

据许珀里翁所言，要将希望寄托于人类的内在发展以及蜕变，而人类会发现自己的内在自由并学习如何爱。许珀里翁信服的是，这场比单纯的政治事件更为深入的基础自由运动已在全力进行之中。他称之为各民族的春天（MA I, 637）。在这一关联中，新教会这个表达也应运而生，在此我们不由得回想起荷尔德林、黑格尔和谢林三人友盟提出的战斗口号——看不见的教会。

这里涉及的不单是政治自由，许珀里翁解释道。尚还处于封闭状态的精神，即人心中的"神性"想要突围。我们被绑缚起来，躺在医院里沉沉入睡，但苏醒的时刻已经临近。（Ebd.）

在这一点上，友人之间出现了分歧。阿拉班达带着嘲弄的微笑，把许珀里翁称为空想者，对此许珀里翁回应道：走吧！……你是一个微不足道的人！（Ebd.）矛盾在阿拉班达的同伴们参与进来的那一刻加剧，他们形象阴森，粗鲁无礼，喜用暴力。最外在的手段——果敢决绝、暴力与摧毁，对他们而言就是目标。在这一目标面前畏惧不前者，被他们称为胆怯、懦弱和空想。而这些杂草必须毫不留情地拔除。

对许珀里翁而言，那些小伙子已经忘却了本来的目标，即解放。暴力和恐怖成了目标本身。带着几分厌恶，许珀里翁与那些人分道扬镳。至于阿拉班达，他倒是想坚守友盟，但感觉自己就像一个得知自己的情郎与妓女隐居在一起的新娘（MA I, 640）。尽管许珀里翁与阿拉班达暂时分开，但不会真正离他而去。后来，真正的战斗开始，阿拉班达发出召唤，许珀里翁就赶到了朋友身边，与他并肩作战。

这样的摇摆不定颇为精准地反映了荷尔德林自身对政治事件的态度。他谴责雅各宾派酿成的恐怖，对罗伯斯庇尔遭受处决表示如释重负，对根本就不是以自由斗士的形象出现的法国士兵造成的浩劫大感震惊，但是又满怀同情地关注法军的挺进，在他们节节败退时强忍泪水。在一封写给苏赛特的书信草稿中，荷尔德林讲述了他和辛克莱共同的朋友穆尔贝克[1]进入他的房间，告诉他法国军队已经在意大利溃败的情景。两人都震惊了，然后就出现了下面的场景："只要我们这边情况良好的话，"我对他说，"那么整个世界的形势应该都还不错"，他冲上来搂住我的脖子……我们哭泣着四目对望。（MA II, 780）尽管对革命失望透顶，但荷尔德林心下仍然久久不能平静；从这个意义上说，他在1798年甚至还草创了一首献给拿破仑的颂歌（MA I, 185）。

现在回到小说上来。在那场冲突之后，许珀里翁再次与阿拉班达一拍两散，心怀绝望。一切对荷尔德林来说都是荒凉而空洞的。虚无逼近而来。在写给贝拉敏的书信中（不容忘记的是其倒叙手法），许珀里翁可以隔着时空来描写这一痛苦，承认自己当时对此可能没有找到合适的话语。而现在他可以长篇大段地表达如下：哦，你们这些可怜之人……你们也逐渐被支配我们的空无攫取，并彻底地洞见我们是为空无而生，我们爱着一种空无，相信一种空无，为空无过度劳累自己，以便不受伤害地转入空无……我也确实有时陷入这些思虑之中，并且高呼，残酷的幽灵，你为我根除了什么祸患？而我仍然还在那里。（MA I, 649—650）

是的，他还在那里。他熬过了人生的低谷期，振作起来，乘船去萨拉米斯岛。在那里他遇到了狄奥提玛，于是一切都发生了变化。那是个主显节的日子。方才还沉入空无之中，此刻就飞升至神

1　Friedrich Muhrbeck（1775—1827），德国哲学家，"自由人士协会"成员。

性。我曾有一次目睹过我灵魂的唯一寻觅者，而我们越过头顶群星远离、一直推延到时光终点的完满，当下已经被我感知。至高者曾经就在那里，它曾居于人类天性与万物的圈子之内！（MAI, 657）

在荷尔德林的书信中，可以发现一些地方对苏赛特以及她带给他的影响的描述大同小异。比方说有一封致诺伊弗的信这样写道：假如这个造物未曾出现在我面前，……称颂……我眼中再无价值的生活，曾经我也可以像现在这样……吗？（MAII, 624）

与狄奥提玛共同生活的描述占据了小说《许珀里翁》第一卷近一半的篇幅。在发表于《塔利亚》的残篇中，恋人墨利忒的完满让许珀里翁坠入自我怀疑，因为他感觉自己配不上她。但这一次，此类自我怀疑没有发挥作用。许珀里翁觉得自己被狄奥提玛托举到高空之中，像鹰隼那般，荷尔德林在上文引用过的致诺伊弗的信中这样写道。荷尔德林觉得自己配得上狄奥提玛，只是有时候心里会闪现一丝预感两人分离在即的哀愁和痛苦。

作为美的化身的狄奥提玛走向许珀里翁。这里指的不单是外貌之美，也包括她内在品性的完美，情感、精神与礼节上的和谐。有她在场，他会感知存在的丰富性。许珀里翁对恋人坦言：我不再需要诸神和人类。我知道，上天已亡，世人灭绝，而从前充盈着人类美好生命的大地近乎变成了蚁群。但是仍然还有一个地方，在那里昔日的上天和大地朝我微笑。原因在于，我在你那里忘却了上天所有的神，以及大地上所有似神的凡人。（MAI, 691）

狄奥提玛驳回了以上话语。在外界发生举世沉船之时，她不允许许珀里翁到一个受福的岛屿上隐匿起来（Ebd.）[1]。他该发挥作

1　在《许珀里翁》第一部第二卷中，许珀里翁曾对狄奥提玛说："举世沉船于我何干？除了我的受福之岛，我什么也不知道。"

用，而不光是享受，他还有责任在身：我觉得，她对他说，你为更高的事物而生（Ebd.）。因此她把他带到了雅典，让他明白世间还存在跟她的美迥然不同的另一种美。美也是社会、政治和文学秩序的完满。假若如此的话，正如柏拉图在《理想国》里描述的那样，国家就像是唯一的一个身材匀称、肌体高度协调的身体那样建立起来的；那么，美就是最高状态，因为一切力量在其中融合起来：政治、宗教和哲学为之效力，而诗歌告知我们这样的融合可以成功，并推动它的实现。可能的是，她对他说，当你我在一起的时候，你的心中会充满神性，但这是不够的：你得散发光芒，像阿波罗那样；必须震撼万物，让它们充满生机，像丘比特那样，否则你就配不上所处的上天。（MA I, 692）

狄奥提玛指派许珀里翁成为诗人。按照她的意思，他要襄助目下的希腊重拾已成过往的伟大时代：你将……成为我们这个民族的师尊（MA I, 693）。

小说第一卷就此收尾，而第二卷以阿拉班达发出的行动呼声开始，对此许珀里翁无法抗拒。在许珀里翁被狄奥提玛托付诗人的崇高职位之前，他自己就明白了这一切：语言，就像雪花一样，没有用处，魔咒也许是给虔敬之人的，但无信仰的人不会听取。——是的！在恰当的时候变得平和，这大概是美好的，在不合适的时间变得温顺，却很难看，因为那是怯懦的表现！（MA I, 699）狄奥提玛对此表示反对，她提醒许珀里翁注意为他指定的另一种行为方式。因为他将会在狂野的战斗中失去他最好的东西，即美的灵魂。（MA I, 700）

但许珀里翁不愿意这样继续下去。当他发现狄奥提玛也做出了改变，就好像勇气之灵也侵袭了她的时候，他向她道别，与阿拉班达以及自己的同伴一起投身伯罗奔尼撒半岛上的战斗。为了写这些段落，荷尔德林研读了当时的相关报道，其内容涉及1770年俄土战争背景下希腊抗击土耳其侵略统治的起义，当然他并未尽力对战事做出真实描述。

荷尔德林让许珀里翁在写给狄奥提玛的书信中讲述自身经历，信件一开始充盈着炽热如火的情感：从斯巴达丛林中，将会有古老的大地守护神带着我们的部队冲出，一如有着呼呼作响的羽翮的鹰隼。（MA I, 707）

在荷尔德林最重要的材料来源，即钱德勒[1]和舒瓦瑟尔-古菲耶[2]的报告中，他读到了受命于奥斯曼人的"阿尔巴尼亚乌合之众"在希腊人中间制造的屠戮事件，但也了解到希腊自由斗士极不光彩的行为。根据舒瓦瑟尔-古菲耶所记，奥尔洛夫[3]将军受到俄罗斯这一保护国的胁迫，对方要求他"辞退所谓的希腊自由斗士，认定他们不是为共同的自由而战，而是前来掠夺同胞，并把他们当作强盗一样驱逐"。（转引自 KA 2, 936）

在荷尔德林的笔下，许珀里翁参与了以上可鄙行动，其后他幡然醒悟，给狄奥提玛写信说：已经结束了，狄奥提玛！我们的队伍抢掠屠戮，毫无区别……实际上，这是一桩非同寻常的事件，借助一个强盗团伙来建造我的乐土。（MA I, 720）

许珀里翁大失所望，不光是对那些他与之相依相守的人们，也是对自己，因为他的理想主义让自己无法看穿那些人的卑劣品性。最后，阿拉班达甚至还不得不把许珀里翁从刺杀自己同伙的欲念中解救出来。许珀里翁愧对狄奥提玛，于是继续投身战斗，

1　Richard Chandler（1738—1810），英国古典考古学家。

2　Auguste de Choiseul-Gouffier（1752—1817），法国外交家、考古学家、艺术收藏家。

3　奥尔洛夫（Alexei Fjodorowitsch Orlow，1786—1861），俄国军事家、外交家、骑兵上将，在尼古拉一世和亚历山大二世时期的内政和外交方面均有较大的影响力。

但只是为了战死沙场。结果他幸存下来。他与阿拉班达的亲密友谊再次复活，而阿拉班达在失望之余还是愿意坚信这个革命行为的世界，即便他不得不担心的是，那个加入了复仇联盟的革命同伙可能会夺取他的性命。阿拉班达预感，如果他遵从共谋者的呼声，这可能会是一场去往血仇法庭之旅（MA I, 742）。但这没有阻挡他的计划，他出发了。在告别场景里，荷尔德林让阿拉班达以费希特主义者的身份出现，把他描写成了一个将自我、自由及本原行动提升到一个高度的人。我感觉自己体内寓居着一个生命，它既非上帝创造，也并非凡人所生。我认为，我们是由自身所创，而且只是因为自由的喜悦同宇宙紧密相连。（Ebd.）

荷尔德林可能已经注意到，此前阿拉班达还从未如此鲜明地以费希特主义者的面目示人，因为在诗人的笔下，许珀里翁如此错愕地回答：这样的事我还从未听你说过（Ebd.）。

许珀里翁正计划再次回到狄奥提玛身边，然后就收到了她长长的告别信，不久后又得到了她去世的消息。狄奥提玛写道，她被人从童年时代的自我调和中唤醒了，当下她体内新的能量又涌动起来，可能会冲破她生命的容器：是否我内心的品性因为你这高贵之人变得太过倨傲，以至于无法长时间屈居在这个中等大小的星斗之上？（MA I, 747）

在最后一封信中，狄奥提玛再次提醒许珀里翁注意自己的本来任务。这是她给他的遗嘱：于你，你的月桂树尚未成熟，而你的桃金娘已经凋落，因为你应该是神圣自然的祭司，诗性的时光已经为你萌发。（MA I, 750）

许珀里翁在狄奥提玛辞世后前往德意志，这时他就履行了她委托给他的任务。按照她的意愿，他该去那里，去学习作诗。许珀里翁准备就其德意志之行书写的文字，集中体现为那篇著名的、被人经常引用的斥责文章，在文中荷尔德林发泄了他因为一直以来诗人身份不被认可而累积起来的满腔怨气。这篇斥责文章也跟同一时期的书信和诗歌形成了鲜明对比，后者经常表达的是对德意志作为文化民族的使命的信仰。而这篇充斥着怒言的文章写道：我想不出还有哪个民族比德意志人更加支离破碎。你看得见工匠，但看不到人；看得见思想家，但看不到人；看得见牧师，但看不到人……——这难道不像是在一片战场，双手、胳膊和其他所有身体部位七零八落地横陈，同时如注的鲜血融入黄沙、化为乌有吗？（MA I, 754f.）

没有分工是不行的，这一点许珀里翁肯定也心知肚明，但关键在于，每个人都要带着精神和爱来从事自己的专业，而这一点正是德意志人缺少的。他们心系最有必要的东西，对自由之物和创造力的盈余无甚感觉。德意志人尽管勤劳，坚守学术和宗教，但是对任何神性的感觉都深感无能，对神圣的秀美这一福祉也全无所知。（MA I, 754）最后，整篇满是斥责之言的文章引出了如下非难，德意志人对一切美好的生活……毫无感觉（MA I, 755）。

荷尔德林在这里重复了席勒几年前在其《审美教育书简》里发出的哀叹："有用性是这个时代的巨大偶像，一切力量都要侍奉它，一切才智都要尊崇它。在有用性这架粗糙的天平上，艺术的精神功绩没有分量，艺术被夺去了任何鼓舞人心的力量，正从这个世纪的喧嚣集市上消失。"（Schiller 5, 572）[1] 这一诊断针对的是整个的现代市民社会，不是像许珀里翁的连篇斥责中坚信的那样专门指向德意志人的缺失。

1　译文参考［德］歌德、［奥］里尔克：《冯至译文全集（卷二）：审美教育书简·给一个青年诗人的十封信》，冯至译，上海人民出版社 2020 年版，第 19 页。

在小说的结尾，荷尔德林让来自德意志这个满是失望和沮丧之地的许珀里翁回到了他的父国希腊。接下来许珀里翁可能会遵从狄奥提玛委托的任务，余生专事写作，尤其是因为在阿拉班达死后不再有人引诱他投身政治行动。按照许珀里翁的自我理解，他在与贝拉敏通信时其实就已经开启了诗人生涯。这些书信可以当作一个讲述某人如何成为诗人的故事来读。因此，最后一封信的结尾是：后面还有更多内容（MA I, 760）。

笔者在本章开头已经指出，许珀里翁不仅是在讲述他的故事，在讲述过程中他自己也会发生变化。最后的他跟开始的时候相比已经换了一个人，不再是从德意志返回后给贝拉敏写第一封信时的那个他。他仍然经受着时而兴奋、时而绝望的心潮起伏，以及时而辽远广阔、时而荒漠漫漫的瞬间。我在思索，他在第二封信里写道，然后找到了曾经的自己，孤身一人，带着人终会死去的一切痛苦，而我心灵的庇佑所，那永远合一的世界，已经远去；自然合拢了她的臂弯，我像个异乡人一样立在她的面前，对她全然不解。（MA I, 615）

在讲述过程中，虽然许珀里翁一再深陷各种情绪和心态，但是对往昔经历的吸纳给他注入了力量，他还是能越来越好地发出反对之声。他发现了一个全方位的范畴，那是过去那些瞬间里不曾有过的。这出现在插入的叙述者话语中，借此作为讲述者的许珀里翁与被言说的他清晰地区别开来。或者我遥望大海，思索我的生命，以及它的沉浮起落与喜乐哀愁，我的过去经常在我耳畔琤琤振响，就好像天师连续奏出所有的弦琴之音，将争斗与和谐按照隐秘的规则两相融合。（MA I, 652）[1] 有一次，许珀里翁还特

1　译文参考［德］荷尔德林：《荷尔德林文集》，戴晖译，商务印书馆 2021 年版，第 46 页。

意提醒贝拉敏（以及我们这些读者）注意叙述时间与被叙述时间的区别：但我认为，你甚至应该看一看我的书信，了解我的灵魂是如何一天天变得更加宁静的。（MA I, 706）

在某个地方，对许珀里翁接到狄奥提玛去世这一噩耗时的感受的描写戛然中断，取而代之的是以下评注：我的贝拉敏，你问我，讲这个故事时感觉如何？我的至交啊！我内心平静，因为唯诸神者，夫复何求。不是万物都会蒙受苦难吗？它们越是卓越，所承受的痛苦越深！神圣的自然不会受苦吗？哦，我的神！你也可能悲伤，如同你受福一样，这一点我长时间都无法理解。但不会受苦的欢乐是安眠，而没有死也就无所谓生。你要像个孩子似的永远安睡、流于空无？（MA I, 751）[1]

永远对于意识来说就是——空无。在上文引用过的一封致黑格尔的信中，荷尔德林已经表达了这一观念：他解释说，意识总是需要一个对象，也就是需要一个界限，所以无界限者，亦即永恒者或绝对者，就永远无法被意识领会。这一观念曾经对费希特的"绝对自我"唱过反调，正如荷尔德林所写，绝对自我（于我）即是空无（1795 年 1 月 26 日；MA II, 569），而此刻在许珀里翁的思考中再次出现。不过，这一关联涉及的不仅是一个哲学理念，而且还是一个具有重要存有意义的认识，即诸神也受到消极事物的影响，也不得不承认受苦和死亡。也就是说，他们也终有一殁。"美也不得不消亡，"席勒在感人至深的哀歌《哭辞》中如是咏叹；荷尔德林让许珀里翁也以完全类似的方式出发，进行了令诗人难以置信的、诸神也会死亡的思考——假如不是如此的

1　译文参考［德］荷尔德林：《荷尔德林文集》，戴晖译，商务印书馆 2021 年版，第 146—147 页。

话，神性就会从世上消失。神性或诸神被卷入尘世的事件，就像耶稣在十字架上受难而死；但这又与一神教普遍秉持的、尘世彼岸只有一位神灵的观念不同。

这也与《许珀里翁的命运之歌》描述的不同。该诗描绘的是许珀里翁陷入最深绝望的那一瞬间，而恰恰不是最终的充满痛苦的泰然，而对这种精神状态而言，神性已然成为具有创造力的、无所不包的自然的组成部分。不过，《许珀里翁的命运之歌》是这样咏叹诸神的：你们漂游于上界的光中 /……// 游离命运之外，如安睡的婴儿，天神呼吸着。（MA I, 744f.）

后文的整体意思无异于对二元论观点的否定。《许珀里翁的命运之歌》继续写道：可我们命中注定，/ 无处安息，但许珀里翁在小说结尾写道：我的至交啊！我内心平静。（MA I, 751）这标志着新认识的诞生，它把神性引入充满苦难的生活，但又不言放弃。这意味着什么？

荷尔德林的神性概念越来越清晰地脱离家里给他灌输的基督教正统观念。对他来说，神性是一个被提升为痛苦或者欢乐的生命的时刻。后来，尼采把这些高度集中的瞬间（此处指涉的也只能是瞬间）称为"迷醉之巅"（Nietzsche 7, 200）。它们具有高度的尘世性和当下性，对充满噩兆的彼岸的慰藉与它们无关。从那时开始，荷尔德林如是理解的诸神和神性就成为他余生最后几个创作年头中压倒一切的主题。

面对一如既往地游说他选择每一个可能的牧师职位的母亲，荷尔德林如此清楚地表达了自己与基督教之间的关系，以至于他心中的上帝和尘世这个二元论事实上已被超越，取而代之的是已经人化的上帝，即基督这一形象。后来，在荷尔德林那里发生作用的除了狄奥尼索斯，还有基督。不过，他不敢对母亲表达得如此直白。在《许珀里翁》第二卷创作期间，他还在一封写给母亲的信中轻蔑地谈起了职业神学家，认为他们用扼杀灵魂和心灵的夸夸其谈把鲜活的基督变成了空洞的神像。（1799 年 1 月；MA II，734f.）

在这封也是他平生最详细的书信中，他一方面小心翼翼地呈现了自己的、在母亲看来有伤风化的宗教观，另一方面也对她首次明确捍卫了自己的诗人身份。他称之为自己独特的倾慕（Ebd.，736）；与之相比，其余的一切都是非自然的工作，因此也算不上真正的成功。

荷尔德林对母亲如此坦诚相告，可能主要还是来自《许珀里翁》的鼓舞，因为这部小说恰好写的也是一个诗人诞生的故事。许珀里翁感觉自己受到狄奥提玛的召唤而当了诗人，荷尔德林则觉得自己从事诗人一职是苏赛特召唤的结果。

荷尔德林把《许珀里翁》第一卷寄给了席勒，请求他原谅自己在过去的几个月里一直杳无音信。我不可避免地依赖您，荷尔德林这样写道，因此他不得不试着时不时地忘掉席勒，以便在写这部小说时不至于战战兢兢。（1797 年 6 月 20 日；MA II，655）荷尔德林写道，在那本小书尚还干瘪差劲的时候，席勒就已经考虑把它刊登在《塔利亚》上面。荷尔德林继续写道：我带着更为放飞的思考和喜悦的心绪重新开始写了这部小说，劳驾您方便时通读一下，并且用任何一种手段告知您的评阅意见。（Ebd.，656）

席勒对《许珀里翁》第一卷的审阅意见不为人知。不过，荷尔德林随信附上了两首诗——《漂泊者》和《致以太》，它们有着后续故事。

席勒本来一直乐于鼓励和支持荷尔德林，这次在评价其诗歌一事上却有了不确定的感觉。席勒隐去了作者姓名，把诗歌转寄给了歌德，请他做个判断。歌德回信说，诗作者显然有着"观察自然的开阔视野"，也有驾驭不同诗歌形式的"天分"。歌德接着写道："两首诗都含有成为诗人的优秀因子，但仅有这些还不足以成功。假如他能选择一个非常简单的田园生活素材进行描述，那可能再好不过了，那样我们就能更好地看出他如何成功处理与人相关的情境，毕竟最终一切都要归结到写人上面。"（1797 年 6 月 28 日；Goethe 8.1, 365）尽管如此，歌德还是推荐发表。随后席勒对歌德并非"完全不佳的评价"表示感谢，提及了荷尔德林的名字，接着表达了如下引人注意的自白："坦率来讲，我在这两首诗里发现了很多与我自身一贯的形象相符的地方，而且该作者已经不是第一次让我想到自己。他有着强烈的主观意识，并把这一点与一定程度上的哲学精神与深刻思想结合起来。他的生活状态陷入危机之中……他现在是在法兰克福的一个商人府上担任家庭教师，在品位和诗歌方面拘囿于自身范围，在这样的情况下，他将会越来越深地陷入自己的小圈子。"（1797 年 6 月 30 日；Ebd., 366）歌德很快回信如下："我现在想对您坦白的是，我对您看待那两首诗的方式有些不同意见，不过可以肯定的是，大致倾向跟您一致……同时这两首诗体现了……一定程度的爱意、亲密和适度，尤其是您之前还跟该作者有过交集，所以他也值得您尽可能地拉他一把，对他指点一二。"（1797 年 7 月 1 日；Ebd., 367）

在读到荷尔德林《漂泊者》中的诗句时，比如此处溪流并非铮淙作响地自山岩坠下，/ 开花的山谷将银色的水流团团束裹[1]，歌德与席勒确实回忆起了席勒哀歌《漫步》中的以下诗句："草

---

1 《漂泊者》有两个版本，此处引用的是发表于 1797 年的第一版的诗行 7—8，第二版中的相关诗句有了改动。

场展出宽广的地毯舒坦地将我迎接，/ 穿过宜人绿色田野的 / 是乡间的蜿蜒小径。"（Schiller I, 35）

歌德对荷尔德林诗歌的崇高风格及其巨大的吞吐之力无甚感觉。正因如此，他才建议荷尔德林还是选择"简单的田园生活素材"为好。尽管如此，歌德还是对这位"青年才俊"颇为倾心，在他 1797 年夏末去瑞士旅行途经法兰克福之时，还接待了前来探访的荷尔德林。席勒远程筹划了这场会面，歌德对他做了如下汇报："昨天荷尔德林（原文拼写有误）也来了我这里，他看起来沮丧而且虚弱，不过确实可亲而又谦逊，坦诚中带着胆怯。他谈到了很多内容，讲话方式流露出您的风格……我特别建议他写一些小诗，每一首都选择跟人类生活相关的对象。"（1797 年 8 月23 日；Ebd., 400）在此，歌德再一次提到了他在前面一封信中向荷尔德林推荐的内容，即"田园生活素材"。

按照歌德对这次会面的印象的描述，荷尔德林看上去"有点沮丧"。与这一点可能相关的是，那一年夏天荷尔德林开始陷入贡塔德府上的危机。

家庭教师一职总是存在棘手之处。在一代人之前，伦茨就这个话题创作过一部悲喜剧。那些受过高学历教育的年轻男性大多出身清寒的小市民家庭，觉得自己有迈向更高目标的使命，陷入矛盾冲突之中，而对方就是他们为之承担家庭教育工作的贵族或者富裕市民阶层。如果情况良好，这些家庭教师差不多能够享受主人的平等相待。在卡尔布一家，夏洛特就是这样对待荷尔德林的。而情况糟糕的话——这才是更为常见的，家庭教师就会被视为高级仆人。银行家贡塔德对待荷尔德林即是如此。在最开始的几个月里，这一点还表现得不是特别明显，或者说是被情欲上的欢愉掩盖了。1797 年夏，荷尔德林在书信中首次暗示了这一不适。让荷尔德林失望的是，尽管他可以想当然地感觉自己属于这个家庭的内部圈子，但他并未受邀参加苏赛特女友、同时也是苏赛特千金曾经的保姆玛丽·雷策尔[1]的婚礼，于是性格内敛的荷尔德林在写于 7 月 10 日的信中抱怨起来：我的处境最后差不多压得自己喘不过气来，至少让我的思想意识无法抗拒地变得灰暗无比。（1797 年 7 月 10 日；MA II, 657）他的思想没有变得清晰起来，即便他在同一封信里写下我被爱与恨撕碎了（Ebd., 658），也同样如此。

在致母亲的信中，荷尔德林有时还会轻描淡写地谈及遇到的困难。他在 1797 年 8 月给母亲写信说道：尽管困难重重，而它们又因为我的个人情况堆积如山，但我目前仍然不会去寻找其他东西。（MA II, 662）在 11 月致弟弟的一封信中，他再次抱怨了自己的境遇。首先是跟贡塔德一家没有直接联系，对此他写道：如果穿越接踵摩肩的拥挤人群而来，谁又能保持优美的姿态呢？假如这个世界抡起拳头挥向我们，又有谁能让自己的心灵拘囿于美的限度之内呢？（MA II, 668）荷尔德林之前就抱怨过贡塔德家里过多的社交活动，所以可以看出的是，随后他在信中评论交际活动频繁进行，而其中只有空无一切的深渊张开大口（Ebd.），指的就是贡塔德府上的生活。但正如前面所述，这些评论都还没有直接述及他在贡塔德家里的境况。

在 1797 年 11 月写给母亲的一封信中，首次出现了异样。一方面信里清楚地描写了让他不满的事，另一方面极为巧妙地回避了他与苏赛特恋爱关系的宣告。如此坦诚相告当前状况，这对荷尔德林来说是不可能的。面对母亲，荷尔德林无法摆脱对于所谓

1　Marie Rätzer（1772—1849），贡塔德三个女儿的保姆，曾单恋荷尔德林。

的得体性的审慎顾虑。他这样写道：您问我，我写信的此刻在想什么？如果要我坦诚地说，那我就该告诉您，我是在跟自己争吵。一方面……我精神最合理的需求似乎要求我离开一个境地，那里总会形成支持和反对我的双方，一方几乎让我变得目空一切，而另一方经常让我沮丧、悲观，甚至有时还有点痛苦。（MA II，673）苏赛特就是让荷尔德林变得自负傲慢的一方，而另一方，也就是反对方，可能就是那家的男主人吧。荷尔德林该离开那个家庭，以便逃脱这一撕裂性的紧张关系吗？在此期间，他对苏赛特的爱恋尚还萦系心头，对此他用文字表达如下：另外，还有那些与我在同一屋檐下生活的人，他们让我无法在纷争中退出，而以温和的方式继续下去，又让我觉得颇有难度。（Ebd.，674）

过了几个月，1798 年 9 月 27 日前后发生了一桩轰动事件，随之荷尔德林很快离开了贡塔德家。事件的详情已经无法准确还原。在现存的书信中，荷尔德林没有透露相关情况。可能是贡塔德对荷尔德林表达了侮辱性的言论。想来也不是什么特别明显的争风吃醋的场面，毕竟贡塔德觉得自己就社会地位而言远在荷尔德林之上，所以不至于此。不过也有线索证明，贡塔德应该气愤地表示过，家庭教师跟自己的夫人共处的时间太多了。几十年后，瓦恩哈根·封·恩泽[1]记录了一个谣言，说是贡塔德有一次撞到荷尔德林与女主人"甜蜜地交谈，自是纯洁无辜，但又亲密无间，因此让人心生疑窦"，于是扇了那个"可怜的诗人"一记"耳光"。（St. A.，122）

即便贡塔德的具体言辞无从知晓，但可以断定的是，那一定

1　Karl August Varnhagen von Ense（1785—1858），德国外交家、作家、翻译家、传记收藏家。

是促使苏赛特请求荷尔德林即刻离开这个家庭的一类话语，而后苏赛特又为之后悔，这一点在她 1798 年 10 月写给荷尔德林的首批密信中得到证实。信中写道："我经常后悔在告别时建议你立即离开，迄今我还没有搞懂的是，出于何种感情我当时才不得不那么急迫地请求你做出相应举动，但我现在觉得是出于一种畏惧之感，即害怕我们之间的全部爱恋情愫，它被强劲地撕裂时在我心中发出巨响，而我感受到的强力又让自己立即变得过于顺从……"（MA II, 702f.）

贡塔德的出现导致了一场"强劲的撕裂"，而苏赛特担心的是，她无法克制"我们之间的爱恋情愫"，于是请求荷尔德林离开这个家庭。苏赛特本人也觉得受到了侮辱，因此也对这一状况忍无可忍，这一点尽管没有在信中明说，但可以猜测得到。

荷尔德林离开了贡塔德的家，完全就是行色匆匆，都没有跟男主人辞行。荷尔德林 11 岁的学生——亨瑞·贡塔德给老师写了一封言辞忧伤的信，寄给了黑格尔并请他转交——其时，荷尔德林为黑格尔找到了一个在贡塔德的亲戚家里担任家庭教师的差使。亨瑞写道："亲爱的荷尔德[1]！我几乎无法忍受你的离去……父亲吃饭时问你在哪里，我说你已经离开……母亲无恙，多次让我向你问好，你也应该经常想起我们吧。母亲让人把我的床移到了连着阳台的房间里，想让我们重温一下你教给我们的所有知识。请快点再来我们这里吧，我亲爱的荷尔德；没有你，我们去跟谁学习呢。"（MA II, 699f.）

不久以后，贡塔德就禁止儿子跟荷尔德林有任何来往。

荷尔德林迁居霍姆堡，来到了愿意与他同住的友人辛克莱的

---

1 "荷尔德"是对"荷尔德林"的爱称。

身边。但荷尔德林不愿陷入某种寄人篱下的状态（1798 年 10 月致母亲的信；MA II, 705），宁愿一人独居，于是搬进了海因巷玻璃匠瓦格纳的房子里，每年租金 70 古尔登。他在写给妹妹的信中说：我住所的对面就是一片田野，窗户前面有花园，还有一座长满橡树的山丘，不远处就是美丽的维斯塔尔。然后我就走出去……，爬上山，坐在阳光下面，遥望远方的法兰克福……（1799 年 3 月；MA II, 749）

他遥望法兰克福，朝着苏赛特的方向——但这一点没有流露笔端。

第十一章

与辛克莱同赴拉施塔特。朋友们。革命的期望。《恩培多克勒》。在政治和个人前途方面孤注一掷。融合的神话，以及政治。戏剧形式消失，政治契机也是如此。《恩培多克勒》中的自身。杂志计划宣告失败。与苏赛特的秘密通信。了无指望。

荷尔德林离开贡塔德一家搬到友人辛克莱身边，正如那个充满剧变的时期经常发生的那样，当时似乎又有重大的政治社会变革宣告降临。这一次是发生在荷尔德林对其命运尤为念兹在兹的维滕堡。

普鲁士 1795 年在巴塞尔、奥地利 1797 年在坎坡·福尔米奥分别与战胜国法国签订和约，借助一项秘密的附加条款将莱茵河左岸的领土拱手送给了法兰西，此后德意志帝国邀请三方到拉施塔特这座巴登小城来召开和会。按照计划，拉施塔特会议就是要让各位诸侯割让领土，而这对他们意味着将会丧失土地以及"精神"。所需费用则取自教会和修道院财产的世俗化。可以期待的是，这将会划定新的领地界限。一部分诸侯可以预期领土的扩大；另一部分，尤其是那些较小乃至极小的诸侯国就不得不担心生死存亡，比如说黑森-霍姆堡就是如此，其执政者是拉施塔特的辛克莱，刚刚新官上任。

在这种情况下，维滕堡公国的命运却遭到另外一种威胁。维滕堡从 16 世纪起就颁布了一部宪法，给予"高级阶层"，主要是新教高级教士、市政高级官员和市民阶层中的上流人士（"体面者"）共同决定权，尤其是在财政问题方面。法国复辟的要求促使维滕堡公爵弗里德里希二世在 1797 年召开了公国议会会议，以批准使用必要的资金。公国议会已经很久不曾开会了，因此重新举行会议一事在该国以外也产生了重要影响。在德意志，到处都有共和与民主的支持者把目光投向维滕堡，希望公国议会代表的"高级阶层"自由可以成为实现"市民"自由的起点。有人甚至开始梦想成立共和国，并希望法国政府支持民主形式的政权颠覆。

这样的希望也是某些高级阶层代表的心声，他们跟公爵的官员一起，在拉施塔特与法国当局展开了几场谈判。路德维希堡的市长巴茨[1]——也是辛克莱的朋友，成为心怀民主伟业这一群体的中心人物。该群体的期望非常急切，在 1798 年到次年的冬季月份，社会形势的发展让人感觉维滕堡公国还会发生大事，一如瑞士 1798 年借助法国军队的力量建立了"瑞士共和国"。

随处可见的政治动荡也影响了身在法兰克福的黑格尔，他随之撰写了一份《致维滕堡公国人民》的公告，据称也被印成了传单。公告写道："对现实的平静满足、了无希望，对巨大而又万

1　Christian Friedrich Baz（1762—1808），德国政治家，曾做过议员、市长。

能的命运充满耐心的屈服，已经转变成希冀、期望，以及开展其他行动的勇气。"（Hegel I，268）对"其他行动"只是谨慎地做了一个暗示，民主化运动是要进行的，至于是在公国的范围之内或是计划成立共和国，尚还没有定论。黑格尔听从在斯图加特的朋友们的劝告，最后放弃了公告的出版。可以肯定的是，黑格尔也跟荷尔德林讨论了那篇文章。两人之间的友情往来又一次增强，因为那时的黑格尔正在担任家庭教师，住在离荷尔德林不远的地方。

尽管遭受了爱情的磨难，荷尔德林 1798 年秋还是深受政治事件的震动。他也希望维滕堡进行一场政治革新，因此欣然接受了辛克莱发出的、1798 年 12 月一道前往拉施塔特的邀请。荷尔德林在那里结识了一些志同道合的年轻男士，这些青年在耶拿也听过费希特的课，属于辛克莱的友人圈子。其中主要有穆尔贝克和伯伦多夫 [1] 两位，荷尔德林在随后的岁月里与他们保持着紧密联系。

弗里德里希·穆尔贝克来自格莱福斯瓦尔德，也曾师从费希特研习哲学，是耶拿"自由人士同盟"的一员。他到处探访，尤其是到过政治革新的热点地区。他还去过瑞士，目的是体验当地的政局变化，同行的就有来自库尔兰特、也曾加入耶拿"自由人士同盟"的友人卡兹米尔·乌尔里希·伯伦多夫。伯伦多夫不仅具有政治敏锐度，而且更重要的是有着诗的心灵，后来荷尔德林就把自己讨论诗歌的最重要的那部分信件寄给了他。伯伦多夫是个激情四射的人，很难依靠一份市井之业安身立命。后来他回

---

1 Casimir Ulrich Böhlendorff（1775—1825），诗人、作家，1794 年在耶拿大学学习法律并旁听费希特的讲座，经瑞士熟人介绍 1797—1799 年在伯尔尼担任家庭教师，1802 年出版《瑞士革命史》（ Geschichte der Helvetischen Revoluzion ）。

到了库尔兰特，过着颠沛流离的生活。1825 年，他自行结束了生命。

从拉施塔特回来后，荷尔德林给辛克莱写信说道：自打从拉施塔特回来，我在信仰和勇气方面收获颇丰。（1798 年 12 月 24 日；MA II，722）他感谢辛克莱让自己结识了新朋友，言称新的友情就好像是让他欢欣不已的礼物，因为他终于又可以召唤其他人作为见证者，来对抗自己的那颗怀疑之心——它有时想要站到无信仰的乌合之众那边，否认那寓于人类心中的神。（Ebd.）对荷尔德林来说，在那一瞬间，那神就是在拉施塔特停留的几周内为他插上翼翅的自由精神。

1798 年的除夕，他给弟弟写了一封信（这也是他写过的最详细的书信之一），谈到了政治动荡时期诗歌的重要性和局限性。信中写道，诗歌尽管有助于把我们和他人身上所有人性的品质带入越来越自由而亲密的联系之中，无论是在形象的表现上还是在现实的世界里，但是当黑暗的王国以暴力入侵、开展行动的时机来临之时，我们还是会把鹅毛管笔扔到桌子下面，以神的名义奔向苦难最为深重而又最需要我们的地方。（MA II，729）

此前，荷尔德林也一直在考虑放弃诗歌而转向政治实践的计划，假如当时情况看起来要求如此的话。比方说，在 1794 年 11 月写给诺伊弗的信中，荷尔德林就表达了这一想法：如果必须的话，我们就中止自己并不成功的弦乐演奏，去从事艺术家们梦想的职业！（MA II，553）

这一次，也就是 1799 年初，形势确实看起来颇为严峻。辛克莱及其朋友，还有荷尔德林都期盼着政权的颠覆。这是荷尔德林在 1799 年 3 月初致母亲的信中所作暗示的背景。他在信中写道：这一次我只能给您写只言片语。我实在是太忙了……这场战争可能……不会让维滕堡消停下来……如果法国人幸运的话，我们的祖国可能会发生变化……为了让您在某些可能出现的事件中不至于遭受不公，我会使出浑身解数，这可能并非徒劳无功。（MA II, 746）荷尔德林暗示道，在将会发生的一系列事件中，他并不是毫无影响力的。

期待革命的这几周里，荷尔德林在写《恩培多克勒》剧本。皮埃尔·贝尔托[1] 猜测，荷尔德林创作此剧的理念在于，为维滕堡可能成功的革命方式的政权颠覆打造一部类似节庆剧的作品，并且认为该剧也可以让他实现作为剧作家的突破，此外自己的经济状况可能也会随之改善。照此推测，这部戏剧的创作跟直接的革命期望密切相连，跟改善个人生活处境的希望也不无关系。

这一点不仅被剧本第一版中充盈的、后文还要谈到的革命激情证实，在 1798 年 11 月 28 日写给母亲的信中也有反映。信中有一句话暗示，荷尔德林多想借助这个剧本孤注一掷：亲爱的母亲，我现在的工作应该是我的最后一次尝试，通过自己的方式……给自身赋予价值；假如这次我失败了，我就打算平静而又谦卑地找个最稀松平常的岗位就职，试着对人类发挥一点用处……（MA II, 714）

剧本第一版中的革命激情主要在以下场景中表现出来：市民想要邀约他们先前驱逐出城的阿格瑞根特·恩培多克勒回来。他们希望的是，他当他们的国王。恩培多克勒回答：君临天下的时代早已不再……你们还想再要一个国王，真该感到羞愧……/……假如你们不自救的话，也没人可以帮助你们。（MA I, 818,

---

1　贝尔托（Pierre Bertaux，1907—1986），法国日耳曼学者、政治家、情报工作专家，有多部用法语和德语撰写的荷尔德林研究著述传世。

诗行 1325、1336—1340）在对市民进行了一番让其意识到自身力量的劝告之后，恩培多克勒宣布了他的政治遗嘱：

> 就这样大胆行动吧！你们继承的，你们获得的，
> 祖先之口告诉和教诲你们的，
> 律条和习俗，年迈诸神的名字，
> 大胆忘却吧……
> ……随后再次
> 握手言和，道出心声，分享财产……
> ……每一个人，
> 跟所有人一样，安静如斯，就像修长的石柱上长眠着
> 井然有序的新生命……
> ……然后就有自由的人民
> 邀请你们去参加他们的庆典……（MA I, 821f.；诗行 1411—1442）

自由、平等、博爱，这里会让人想起法国大革命的基本要求。不过可以确定的是，哪怕这里的政治影射意味再怎么强烈，在荷尔德林那里，恩培多克勒这个人物形象都不仅象征着当时正在进行的政治自由斗争。这一剧本创作尝试的早期版本——《恩培多克勒之死》则要追溯到几年前。

1794 年 10 月 10 日，荷尔德林从瓦尔特斯豪森给诺伊弗写了一封信。信中说道，他期盼着最终完成《许珀里翁》的那一天，然后就可以去做一项可以说是更加念兹在兹的工作，即创作一出有关苏格拉底之死的戏剧。（MA II, 550）他何时放弃了这一计划，我们并不知道。无论如何，在他首次表达了这个意向之后，就再

也没有提过。但可以推测的是，相关主题在那个时候应该是非常流行的。

在 18 世纪，也就是启蒙主义者口中的"苏格拉底世纪"，一个有所追求的作家理当在作品中涉及苏格拉底之死这一主题，不管以什么样的方式。可以把苏格拉底描述成真理的殉道者，或者是按其传道方式生活的道德模范，或者是与狂热和偏狭抗争的启蒙主义者，或者是相信灵魂不朽的英雄，简言之：把苏格拉底描绘成信仰异教、代表古希腊、可以替代耶稣的人物。这一主题领域被人积极发掘，也许正因如此，荷尔德林最后就放弃了自己计划的执行。不过，他缘何在放弃书写苏格拉底之死以后又创作了《恩培多克勒之死》呢？

比之苏格拉底，恩培多克勒在 18 世纪末并未享受特别高的美誉。尽管传世的寥寥几部哲思断片证明他是一位前苏格拉底的自然哲学家，但荷尔德林依赖的唯一一部原始材料——第欧根尼·拉尔修[1] 有关恩培多克勒的著述显示，这位哲学家的名声颇为可疑。一方面，恩培多克勒拒绝了众人加在他身上的国王荣耀，另一方面他又把自己抬高到神的位置。据拉尔修所撰，恩培多克勒背上了"悲哀的自吹自擂者"的骂名。拉尔修还说，恩培多克勒的最终结局，即他自己跃入埃特纳火山的熊熊火焰，也系谣传，而传谣者可能就是恩培多克勒本人，因为有消息说他是在伯罗奔尼撒岛上寿终正寝的。还有材料记载恩培多克勒是在一场车赛中亡故的。第欧根尼·拉尔修还在这些记录上增添了自己充满讽刺意味的诗行："恩培多克勒，你也曾经献身天国的火焰，/

---

[1]　拉尔修（Diogenes Laertius），公元 3 世纪古希腊作家，著有《名哲言行录》，其中关于恩培多克勒的章节是荷尔德林的悲剧《恩培多克勒之死》最重要的素材来源。

让你旧日的躯体在炙热的火光中得以铸炼；/ 你看起来不是故意坠落埃特纳火山的深渊，/ 不，你是在寻找藏身之处；一时间坠入其中。"（Diogenes Laertius II, 146）

此类讽刺性的影射没有迷惑荷尔德林。他沉浸在对恩培多克勒的书写之中，毫无保留。他在 1797 年 8 月致弟弟的信中写道：*我立足整个的详细写作计划，以此为基础写出了一部悲剧，其题材令我着迷。*（MA II, 661）这一保存下来的"计划"被称为"法兰克福计划"，它准确地记录了该题材吸引荷尔德林的具体方面，以及他起初基于该计划想要实现的写作目标。

该剧由五幕组成。第一幕在家庭成员和阿格瑞根特市民的圈子内部展示了恩培多克勒。恩培多克勒满腹怨气，怒冲霄汉，这促使他来到乡间独自幽居起来。在第二幕中，恩培多克勒的各位门生和友人前来探访，访客中主要有他最爱的门生（后来改名叫帕萨尼亚斯），他们劝说他返回原乡，但都徒劳无功。在第三幕中，他的太太和孩子们也来了。在听从了家人温情脉脉的请求，而且得知市民会给他树立一尊雕像的消息之后，恩培多克勒回到了阿格瑞根特，受到市民的隆重接待。在第四幕中，嫉妒占据了上风，恩培多克勒下定决心，*通过自绝的方式与无尽的自然融为一体*，即纵身跃入埃特纳火山的深渊。第五幕描述了恩培多克勒为自行谢世所做的准备，以及他与最爱门生的告别。跃入火山的情境没有描写，呈现的只有剧本末尾的一个场景：市民们聚集起来悼念这位伟人之死，一双从火焰里抢出来的*大师之履*被众人传看。（MA I, 763—766）

荷尔德林自己在剧本的草稿中就提到了可能的结构错误：不存在促使恩培多克勒选择自尽的实际矛盾冲突，事实上他的决定从一开始就是板上钉钉的。他想离开人世，更确切地说，想与无尽的自然融为一体。他思忖此事，并为之寻找契机。第五幕的描述中出现了如下再清楚不过的表达：此时此刻，促使他做出决定的那些偶然动因对他来说都消失殆尽，他把这一决定看作发自内心最深处的品性的必要之举。

这一点正是恩培多克勒这个人物吸引荷尔德林的地方：这个人拥有内心最深处的品性，就像此前许珀里翁展示的那样，一心追求与无尽的自然融为一体。

这个人内心最深处的品性被荷尔德林描绘如下：恩培多克勒的天性及其哲学思想早就决定了他会憎恶文化，会蔑视一切有着固定模式的活动和所有指向不同对象的兴趣。他是所有单一化生存的天敌，因此即便是在确实美好的生活状况中也会表现得不满意、不安定、痛苦万分，而这只是因为生活状况较为特殊；他只有在与所有生灵和谐相处的情况下才体会到自身的充实，而这只是因为他无法像神那样与无处不在的心灵紧密相依；他也不能自由而舒展地行动，就像神寓居于心中、施爱于人那样，而原因仅仅在于，一旦他的心灵和思想包含了现有的一切，它们就会与演替的法则紧密相连。（MA I, 763）

恩培多克勒的文化憎恶体现如下：他敌视市民社会的，也许甚至是每一种社会的基本原则，即分工原则。照此原则，每个人都要各司其职，因此不得不单一化。恩培多克勒正是所有单一化生存的天敌。由此一来，他也是许珀里翁在其针对德意志人的谴责之辞中炮轰的那种情形的敌对者。如前所述，许珀里翁的行文如下：你看得见工匠，但看不见人；……这难道不像是在一片战场，双手、胳膊和其他所有身体部位七零八落地横陈，如注的鲜血融入黄沙、化为乌有吗？（MA I, 755）

社会沦为僵死的器械，没有内在生命，而个体的人注定变成一个个小的齿轮和螺钉。这一点让恩培多克勒满腔愤怒，充满愤懑的还有许珀里翁以及荷尔德林自己。恩培多克勒的文化憎恶是根本性的，它针对现实的状况……，而这只是因为该状况较为特殊，最终结果是，直面无限性的背景，就连有限性也难辞其咎。

荷尔德林也对恩培多克勒的文化憎恶了然于心，虽然他谈到这一点时大多表达得较为温和，比如把它称为对自己眼中典型德意志式的狭隘的持家之道（MA II，725）的批评。不过，荷尔德林也了解这一文化憎恶的原教旨主义的诱惑力，如同恩培多克勒代表的那样。对文化憎恶而言，在期望神秘主义的融合这一背景下，尘世万物都会变成令人憎恶的东西。不过，这样一来恩培多克勒就不适合充当戏剧人物了。他太有经验了，对付他拒绝的外部世界也颇为在行。剧本中缺少事实上的矛盾冲突，因为有限者与无限者之间的对立是不够的，必须补充其他东西。最后，确实也有一些东西加了进来。

《法兰克福计划》没有完成，取而代之的是，荷尔德林大约直到1799年春都在修改一个两幕的版本，并计划把它扩充成三幕，而不是原来设想的五幕。在当年的夏秋两季，荷尔德林对首个版本进行了些许扩充和改动。在中断整个剧本写作之前不久，他还草拟了一个全新剧本的大致结构，但该剧本一直没有完成。

比之《法兰克福计划》，1799年春的首版已经是一部截然不同的剧本了。

类似首版第一幕中出场的恩培多克勒形象，在《法兰克福计划》中并无考虑。取而代之的是一个充满自我怀疑的恩培多克勒，灵感已经离他而去。他的内心一片荒芜，空空如也，心中神圣生活的源泉已经枯竭，如今的我 / 已经干涸（MA II，779；诗行295—296）。正因如此，他的独特魅力也消失了，再也无法吸引阿格瑞根特的市民，而他们也因此受到政客克里提亚斯和牧师赫莫克拉底的挑唆，进而反对恩培多克勒。

导致恩培多克勒内心崩溃的由头实际上并没有以戏剧形式表现出来，而是借助他的回忆得以呈现，采用的是叙事体裁和哀歌形式，并且引入了大段的独白。相关由头就是他曾犯下的一宗亵渎神灵的罪责：

> ……你本人
> 咎由自取，可怜的坦塔罗斯[1]！
> 你亵渎了圣灵，
> 以放肆的高傲让美好的同盟生了嫌隙。
> 可怜的人啊！当世间的守护神们
> 满怀爱意在你心中忘却自己，而你
> 想着自己，你这贫穷的傻瓜臆想自己
> 出卖了那些仁慈的人，而他们
> 这些天神，就像蠢笨的奴才一样为你效劳！（MA I, 779；
> 诗行 313—321）

恩培多克勒的问题不在于他自封为神——这只是其对手对他的谴责，更大的问题在于，他把注入自己心中的神性力量据为己有，并把它们工具化，用于个人的自私意图（他们 / 这些天神，

1　坦塔罗斯是宙斯之子，是吕狄亚的西庇洛斯的统治者，因为出身高贵深得众神的恩宠。但身为凡人的他，因为虚荣心作祟实在不配享有上天的福祉，他做出种种亵渎神灵的举动，比如窃取天神宴席上的美酒佳肴，甚至为了揣测神意而将自己的儿子杀死做成肉食宴请天神。他最终被打入冥府，饱受焦渴、饥饿与死神的威胁三重折磨和苦难。

就像蠢笨的奴才一样为你效劳）。他试着驾驭神性，或曰神的品格——这两者对他来说是一回事。此处远远地响起了荷尔德林对费希特独断自我的批判之声，而相关批评在剧本的第二版中清晰呈现：

> 一切尽在我的掌握之下。
> 就好像出自我手的作品，我完全了解它，
> 我随心所欲地操控
> 灵的主人，有生命者。
> 我的就是世界，于我
> 所有的力量就是仆役。（MA I, 856f.；诗行 497—502）

谁无所不能的话，他也可以自行创造他的诸神：谁又是 / 诸神及其圣灵呢，假如我不宣布他们的身份的话？/ 现在请告诉我，我是谁？（MA I, 857；诗行 509—511）唯一的缺陷在于，这些自行创造的诸神无法再像一个全面的存在那样满足他人。那些只被自身满足的人，注定要化为一片空无。因为自我赋权而亵渎神，恩培多克勒被打上了这样的命运烙印。就这样，我们在第一幕中看到了他；就这样，如前所说，《法兰克福计划》就没有打算让他出场。

另外一点与《法兰克福计划》不同的是，在剧本第一版中，与埃特纳火山口的无尽自然融为一体的渴望一开始是无足轻重的。这在第二幕中才发生变化。恩培多克勒与其至爱门生帕萨尼亚斯逃到了埃特纳，他仍然垂头丧气，被所有善良的圣灵抛弃。接下来，从井里饮水时陡然发生了变化——外表看来毫无迹象，因此戏剧性全无。取而代之的是平实的舞台说明：从这里开始，

他必须以一个更高级的生命体的面目示人，带着他昔日所有的爱与权力。（MA I, 810；诗行1085）

从此刻开始，恩培多克勒，这个更高级的生命体，心心念念地想要跃入埃特纳火山口赴死。但随后政治形势开始复杂化，而当下的时政情况影响了戏剧进展。恩培多克勒这位神秘教徒被政治化了。相关创作考虑在荷尔德林同一时期写下的文章《悲剧的哦得体诗》中得以阐发。

仅有恩培多克勒一人期望与神或者"自然"进行神秘的合一。合一只在他的心中发生，也只为他一人进行。这一感觉也许属于人类所能体验的最高感觉（MA I, 869）。但正如荷尔德林注意到的一样，它还是太微弱了，对它的考虑过于主观。神秘的和解必须成为一般意义上的，必须涵盖和改变社会政治形势。否则神秘主义者就会画出一片天地为自己享有，提前进行而且不考虑他人，而这是不允许的，因为这是自私的、不公平的。荷尔德林选择了一个表达来描述这一自行救赎体验的主观感觉：融合的幸福欺骗（MA I, 870）。受欺骗的是那些无法参与融合的人。当整个世界混乱无序的时候，谁体验到幸福之感，罪责的阴影就会降至谁的头上。人应该努力让尽可能多的人体验幸福。因此，恩培多克勒在留给阿格瑞根特市民的遗嘱中说，他们应该将自己的共和国建立在自由、平等和博爱的基础之上。神秘的合一由此得以社会化、世俗化和政治化。共和国是礼拜日救赎的日常形式。因此，恩培多克勒建立共和国的号召就已经近乎神圣了。诚挚的实际过量（MA I, 871）被转化成社会和谐的合宜分量。在埃特纳寻找神秘合一的实现之前，恩培多克勒假定尘世秩序会得以改善。

但这一点没有改变恩培多克勒跃入埃特纳火山时社会解放尚未到来的事实。这再次引起了我们对以下问题的关注：除了为自己寻找与无限的自然融为一体，恩培多克勒的殒命还有什么意义呢？他是个牺牲品。他来得太早，因此走向毁灭。恩培多克勒之死是个先发现象（MA I, 875），它在个人的最高诚挚（Ebd.）中预见了一些其后还会出现的普遍事物。

耶稣，爱的象征，被钉上了十字架。他是非凡意义上的牺牲者。但恩培多克勒呢？假如阿格瑞根特市民将他杀死的话，那么他也可算是被献祭了。但他是自愿结束的生命，死亡对他来说不是终结，而是轮回：在死亡身上，/ 生命还在我这里燃烧……（MA I, 833；诗行 1792—1793）

虽然恩培多克勒是自愿赴死的，但荷尔德林坚持认为他是个悲剧人物，是个牺牲者。恩培多克勒身上的牺牲精神只有通过对这出悲剧的历史哲学思考才能推断出来：他太早降生于世，大众还无法追随他。恩培多克勒是一位先驱，成为历史发展进程的牺牲品，因为历史哲学的原则是——太早出生的人，就会受到惩罚。在剧本中，这一观念却是以一种神圣而激越的方式表达出来的：

> 神性的显示
> 常常通过人类进行。
> 但尘世之人，神性用极乐
> 填充其心房，它宣布：
> 哦，让它打碎容器，
> 不至于另作他用。（MA I, 827；诗行 1617—1622）

那位悲剧的诗人，荷尔德林写道，否认了……自身，即便在他表达最深的真挚之时。（MA I, 866—867）这个悲剧剧本中的附注暗示，尽管悲剧的艺术形式受制于客观要求，但荷尔德林很可能想在剧本中表达自己的想法。而他自己的想法又是什么呢？

那是在恩培多克勒身上描述的、在神性时刻和单调日常之间的变换，也就是丰裕与空洞之间的变换，对此荷尔德林颇为熟悉，也受此折磨。

那是神秘和解的政治化，它让荷尔德林变成了共和主义者，而他将这一点投射到笔下的主人公身上。

属于荷尔德林自己的想法的，最后还有依托恩培多克勒的命运展开讨论的宗教根本问题。在剧本的第一版中，牧师以教会掌权人的形象出现，他掌控着宗教能量，并把它用作统治的工具。此处荷尔德林发出了敌对之语，针对的就是他本人曾在修道院里受其折磨的教会人士。及至第二版才浮现出另外一个问题：人类可以消受多少神性，以及多少超验？而牧师不仅以教会掌权人的形象出现，而且还以智者的身份解释道：在他们面前 / 神性不能在场。（MA I, 841；诗行 13—14）这里传达的信息不是要求神性消失或者否决它，而是要在仪式化、塑形和间接的关联中保全它——正如《每逢周五》这首颂歌所写的，隐藏到 / 诗歌里面（MA I, 263；诗行 59—60）。荷尔德林也发出了自己的声音，从而捍卫间接性，警告不能有过多的直接性，这一点从其书信中的隐晦暗示可以窥见。比方说，他在写给伯伦多夫的信中就说，他感觉自己像是一个从诸神那里所得比所能消受的更多的人……（MA II, 914）相关主题我们后文还会讨论。

1799 年 3 月 16 日，法国将军儒尔当[1]发布昭告，宣称法军不会支持维滕堡的革命运动；正因如此，当共和制政变的支持者见

1　Jean-Baptiste Jourdan（1762—1833），法国指挥官，拿破仑的帝国元帅之一。

证了他们大胆的期望破灭之时，这一形势也对荷尔德林的《恩培多克勒》产生了影响。借用这出戏剧可能无法庆祝维滕堡的革命，于是他的工作陷入停滞。创作暂停的另一个原因是，荷尔德林先前觉得戏剧成分颇高的素材开始失去其戏剧形式。从一份稿本到另一份稿本，剧本的戏剧技巧成分渐渐退去。在剧本第三版续书的稿本中，荷尔德林做了一个附注：抒情诗体抑或叙事体？接下来改为英雄哀歌体，然后又改为英雄抒情诗体，随后又变成抒情诗体和英雄体，（MA I, 902—903）其间"戏剧体"的表述没有出现。尽管荷尔德林尝试着翻译索福克勒斯的剧本，但再也没有独创一部戏剧的计划。由此，《恩培多克勒》的没落成就了荷尔德林创作余生中大型颂歌与哀歌的兴起。

《恩培多克勒》也没有给荷尔德林带来特别高的稿酬收入。创作期间，他的积蓄已经用完，因此不得不想办法挣钱。他等待着还有人聘请他做家庭教师，与此同时再一次，也是最后一次尝试依靠文学谋生，而不仅仅是为文学而活。

1799 年夏，荷尔德林起草了主编一本人文期刊的计划，打算在刊物上登载文学以及文学理论的稿件。这样的文学期刊那时候不断涌现出来，原因是存在相关的读者群体，而出版者和创作者也能从中获利。荷尔德林的杂志计划取名"伊敦娜"，这是北欧神话里一位女神的名字。她被委托掌管永生不朽的苹果，只要得到她的赐福，就可以返老还童、永葆青春。因此，"伊敦娜"象征文学的革新和回春。荷尔德林是受了赫尔德的启发，因为这位前辈三年前在《季节女神》上发表了一篇题为《伊敦娜，或重返青春的苹果》的谈话，文中谈到了利用神话来复兴文学的问题。由此，荷尔德林为杂志所定的名称具有十足的纲领性意义。

通过诺伊弗的接洽，荷尔德林求得斯图加特出版商施泰因科普夫[1]的帮助，这位出版人可以推动杂志出版的预热工作，但敦促荷尔德林去联系那些拥有公众效应的作者。1799年的6月和7月，荷尔德林是在给诸位知名学者写约稿信的过程中度过的，联系过的人有歌德、洪堡、席勒，以及其他。在写给谢林的信中，他对自己计划的解释是最详细的，而且充满了哲学意味。他写道，此事关乎重新唤醒教育天性——它已岌岌可危，可能会在物质主义占据上风、以实用性为导向的文化里日趋衰落。这就让他产生了创办一本杂志的念头，以便把四处散落的诗作与诗人聚集起来，其方式是把目光更多地投向联合的、集体的一面（MA II, 792）。此处荷尔德林暗示了诸位友人在《德意志观念论最古老的体系纲领》里提出的理念，即创造一个构建共同体的新神话。

从这封写给友人的书信可以窥见，荷尔德林对扮演四处招揽事务的角色是何等感觉不适。他写道，但愿对杂志发行计划事无巨细的解释不要给人造成错觉，让人误以为他在某种程度上对友人有此义务，随后又加上了如下羞怯的推测：你曾经似乎对我的哲学和诗歌能量颇有信心，但我现在对你的态度已经没有原来那么大的把握了。（MA II, 793）

谢林做了友好的回复，答应呈上稿件。但大多数收信人都回绝了，席勒也是如此，还力劝荷尔德林放弃这一计划："我16年来一直从事各种期刊的出版工作，至少驾驶五艘不同的船只在暗礁丛生的文学海洋上航行，而相关出版经验让人觉得无可慰藉，所以作为莫逆之交，我建议你不要做出类似举动。"（MA II, 805）

1799年秋，荷尔德林不得不承认杂志出版计划的失败。他委托施泰因科普夫继续经营。如果真能从中有所收获的话，他指

1　Johann Friedrich Steinkopf（1771—1852），德国出版商、书商、古董商。

望在该杂志上刊登自己的作品，或许就是残篇形式的《恩培多克勒》。

荷尔德林深陷失望之中。在1799年9月致苏赛特的书信草稿中，他向她讲述了这段故事中令人沮丧的一面：杂志出版计划……在我看来是要以失败告终了。为了我的影响力、我的生计以及我在你附近居住的可能性，我曾经心怀无限憧憬，把希望寄托在杂志上面……我曾草拟了一个颇有保障而又要求不高的计划，但我的出版商想做得更加出彩。按照他的意思，我要聘请大批他视为我的朋友的知名作家共同参与。即便我这样行动就会立刻遭受不好状况的惩罚，我还是听从了愚人的游说，以便不表现得那么执拗。但善良而乐于助人的心让我陷入了烦恼之中，于是我得不得写信向你倾诉衷肠，因为我将来的处境，也就是我某种程度上为你而活的生命有赖于此。不仅是那些我可以自称为其拥趸而非友人的大家，还有一些朋友、忠诚之士，到现在都没有回复我……迄今我已在这样的等候和希望中整整度过了八周的时日，而我的生存在某种程度上也依赖于此……难道这些人如此以我为耻吗？……每一位在这世间声名鹊起的人士，看来都会损害其同道中人；这样一来，他们就不再是独一无二的偶像。简言之，对那些我差不多可以视为同道的人，我时而会产生一丝匠人的妒忌。（MA I, 824—825）

以上是保存下来的、荷尔德林致苏赛特的三封书信草稿中的一封。而苏赛特所写的信件只有几封得以留存，它们写于一年半的时间内：从1798年10月荷尔德林仓促离开贡塔德一家，到1800年春确定迁往斯图加特。

在这段时间里，两人约定至少一个月碰面一次，另外还要有尺素往来。按照约定，荷尔德林每月的第一个周四都要从霍姆堡抵达法兰克福，在某个确定的钟点来到苏赛特的住所附近打望，让她可以从房间的窗户注意到他，并通过升降百叶窗的方式给他发出信号，确定在房子附近的某个地点、借助灌木丛和树木的掩护来一场短暂幽会是否安全。一开始两人表现得不是那么谨慎。有一次，苏赛特让恋人荷尔德林在某个时间点沿着屋后楼梯直接进入她的房间。但是行踪被发现了，苏赛特有点生气。她变得越发警觉和害怕。两人会面的安排变得越来越困难，另外他们也觉得这样的秘密行动有失体面，而且了无前景。但两人暂时都无法戒掉会面，因此都饱受折磨，毫无幸福可言。在某次会面之后，苏赛特写道："你真的来了！……你没有因为我的缘故剥夺自己的快乐吗？我不知道，我太害怕了，总是觉得我们会暴露，而现在就已经摆脱不掉的重重障碍只怕还会越来越多……你看上去不是面色苍白吗？你不是已经身体抱恙了吗？你在康复之中，我知道这是因为我的缘故。你也没有拒绝所能收获的喜悦，你不是在寻找它吗？不过，你也并非不友好地拒绝了它！……再会吧，再会，无论相隔远近，你都永驻我心。你就是这样与我交织在一起，没有什么能把你我分开……"（MA II, 858）

两人的关系就这样继续下去。苏赛特恳求两人保持亲近，宣称恋人住在她的心房，没有什么可以将他们分开，即便"这个世界"并不允许。接下来她心里的一切重又抗争起来，因为她不允许其爱恋公开呈现。"我形单影只，"她写道，"心中藏着高贵之爱，愤怒的是这份爱毫不作数，然而虚荣与可怜的本性在世间继续存在。"（MA II, 839）

博大的情感要对这个世界保持隐蔽，这已经够糟糕的了，但更糟糕的是，博大的情感可能会在隐蔽中失去活力："在我的感官前面，一切都是漆黑的，最可怕的时刻也许是，我们的柔情之爱会在艰难的命运之下陷入窒息，我们心胸内的知觉最终不得不变得迟钝，我们的生命终将逝去，而我们空余无可慰藉的意识。"（MA II, 744）

苏赛特想抓牢荷尔德林这位恋人，同时又想放开他，即便这超出了她的力量范围：为了继续生存下去，他就不该再考虑她了。如果什么地方有适合他的机会出现，他就该抓住；但他接受一个职位，不该仅仅是为了在这个世界上，或者甚至在她面前证明自己有用武之地。他没有必要这么做，他永远不该忘记的是，他是一个多么"可贵的人"。

1799 年夏，荷尔德林再次考虑迁往耶拿，住到离席勒不远的地方，并在耶拿大学申请一个讲师席位。其时，苏赛特在一位女友的陪同下启程前往图林根旅行，并拜访了住在耶拿的席勒。苏赛特写信给荷尔德林，说她在席勒那间花园宅邸里感觉"异常悲伤"，只做了短暂停留。当时她的心态也跟荷尔德林的一样："我不想让这个美丽的心灵把自己映照得渺小如斯。"其实苏赛特是想在席勒那里为恋人荷尔德林说句好话，但未能出唇。她实在是太胆怯了。另外她对荷尔德林的多方计划也持保留态度，因为她心生妒忌。对她而言，耶拿是跟荷尔德林的某桩风流韵事联系在一起的，具体是哪一桩并不清楚。荷尔德林对苏赛特讲过基尔姆斯的故事吗，苏赛特听到了夏洛特·封·卡尔布爱上其家庭教师的谣言了吗，或者苏赛特听信了荷尔德林与索菲·莫雷奥有染的谣传？无论情况如何，苏赛特都恳求荷尔德林："不要回到那个地方——从那里你带着破碎的感情投入我的怀抱，拯救了自己。"（MA II, 832）

荷尔德林如何安抚苏赛特的惶恐，这一点我们并不知情。但他也表达了自己的嫉妒之情，比如说针对苏赛特的情夫策尔莱德——在此人又一次到贡塔德府上做客的时候。苏赛特试着驱散荷尔德林的忧虑："我再次向你保证，他对我而言从来就没有超越兄长和朋友的情谊！他永远都不会成为我的情人。"（MA II, 835）

无论这些细小的争风吃醋的场景有多么折磨人，它们还是赋予了两人之间的恋爱关系真实存在的感觉，否则的话，这一真实性可能就全然消解为想象，进而以此方式消失殆尽。

差不多从 1800 年 2 月开始，荷尔德林下定决心离开霍姆堡。他和苏赛特这对恋人达成一致，认定必须找到一个解决办法。根据我们掌握的所有证据来看，两人从来就没有考虑过脱离现有的生活圈、试图在一起生活。对他俩来说，共同生活显然超出了期望的界限，哪怕只是想象一下都不可能：对荷尔德林来说，这段恋爱关系他一向对母亲和弟弟妹妹守口如瓶，面对朋友也是尽可能三缄其口；对苏赛特而言，已为人母的她，也因为膝下儿女而与自己的生活世界保持着剪不断的联系。

唯一的解决办法就是分居两地。

苏赛特的最后一封信可能写于 1800 年 3 月 5 日，结尾如下："我没法再写下去了，再会吧！再会！你在我心目中永不消逝，与我永远同在。"（MA II, 860）

第十二章

荷尔德林保持隐蔽的生活状态。他的创作却洞门大开。在斯图加特的兰道尔一家度过 1800 年的那个天赐的夏日。来吧，朋友！到广阔天地中去！思想辽阔的颂歌和哀歌。《乡间行》。《美侬哀诉狄奥提玛》。《爱琴海》。《面饼与葡萄酒》。

荷尔德林仍然过着隐秘的生活。

那些实际上让他萦系于心和四处奔忙的事，无法自由地纵情发展。他与苏赛特的爱情经历也是如此，对此他写道："你们曾为自己创造出那个爱孤独之人的 / 只为诸神辨识的更为神秘的世界。"（MA I, 201）这个更为神秘的世界在诗歌中有了奇妙的自我发展，但它不能满足随爱一起真正降生于世的愿望。被诸神辨识，这一点还不够。

若论诞生，荷尔德林也还没有以诗人的身份真正地降生于世。虽然他意识到了自己是个诗人，在这时期甚至还有勇气向母亲供认和辩护这一身份，但尚还缺少公众的承认。截至那个时候，他的诗作只有小部分得以出版。施莱格尔是当时认识到荷尔德林重要性的少数人之一，在一篇书评中表达了对荷尔德林的赞赏。《许珀里翁》只获得了很少读者的青睐，除了私人圈子以外就没有赢得知音。为之付出勃勃雄心的《恩培多克勒》没有完成，就那样滞留在抽屉内。正如我们所知，荷尔德林甚至都没有把该剧本的草稿和残篇在朋友中间公开。不仅是他的广博之爱，他的诗歌也属于那个更为神秘的世界，而这一世界也许只为诸神、而非人类足够认识。

1799 年，荷尔德林两次宣称，他以后的命运取决于能否取得一些引人注意的成绩，以及能否以此维持生计。宣告失败的《恩培多克勒》创作就是这样，杂志出版计划也是如此。他在给母亲的信中就杂志出版这样写道：假如它（办杂志的计划）失败，那么对我觉得非常可贵的安宁、对我赖以在人际关系中立足的耐心来说，都将会是一场可以说过于强劲的考验，原因正如我说过的一样，我觉得自己还得更强大一些，来经受类似的屈辱，毕竟至少在一段时间内，这些经历可能会消磨我在世人中间做点推动工作的兴趣和切实力量。最亲爱的母亲！请允许我向您承认，我的身心愉悦（如果我可以这么说的话）在很大程度上也正是建立在这些努力之上。（1800 年 1 月 29 日；MA II，852）

随着创作剧本《恩培多克勒》和出版杂志《伊敦娜》两个计划的失败，荷尔德林也意识到自己与作家身份相关的成功一时半会儿可能不会来临。同时他也认识到，他不是因为更大范围的公众群体而存在的，而这一点可能也无法改变。这一屈辱让他难以忍受，但还没有把他完全打垮。

幸运的是，还有朋友和熟人为他打气。我听到一些陌生的先生和朋友对我本人和我工作的评价，他在给母亲的信中写道，这时候我尽管都会保持万般谦恭，但有时也会发问，我为何就必须在这个市民气的世界里想办法立足。（1800 年 5 月 23 日；MA II，868）在这封信中，荷尔德林也宣布了他要迁往斯特加特的计划。他还写道，虽然他目前相信自己的创作可以不间断地继续下去，但他也知道最好不要完全……把希望寄托在写作上。在霍姆堡的最后几个月，荷尔德林再次开始翘首期盼家庭教师的职位。1800年 1 月，斯图加特的布料商克里斯蒂安·兰道尔来访，此人曾对《许珀里翁》大加赞赏，于是借这次到法兰克福出差之机前来拜访同乡荷尔德林。兰道尔也代表出版商施泰因科普夫建议荷尔德林迁居斯图加特，说是在那里可以找到能够重视他的圈子。

两人很快取得了互相信任，因为兰道尔提出让荷尔德林寄宿在他的房子里。那些时日，因为生意之故，兰道尔也受邀拜访了银行家贡塔德，对此苏赛特写信给荷尔德林说："八天前你的几位同乡光临舍下进餐，我的感觉就是那些人一定见过你，因此有他们陪伴左右我感觉非常舒适，他们讲的话也让我很受用；我总是在想，假如他们可以单独跟我在一起的话，他们可能会谈到你；我是多么乐意跟那些认识你、也像我一样懂得欣赏你的人共处啊。"（1800 年 1 月 30 日；MA II，855）期望中的与兰道尔单独相处的场景并没有出现，于是苏赛特只能推测，荷尔德林搬迁到斯图加特显然是"诸位同乡"推动的结果。这一方面让她担惊受怕，另一方面又让她聊以安慰，因为正如她在信中写道的，斯图加特也仅仅隔着"一段开车兜风的距离"，"你从未与我相距迢迢？——从来没有完全离开我？"（Ebd.）

跟荷尔德林一样，苏赛特也很快跟兰道尔建立了信任关系，因为她在 1800 年 3 月灵机一动，想到"将来我们是否也可以在紧急情况下通过兰道尔先生互传信息"。（MA II，860）后来兰道尔还去过几次法兰克福，也到过贡塔德府上，至于他是否发挥了苏赛特期望的信息传递纽带的作用，则不为我们所知。

克里斯蒂安·兰道尔跟荷尔德林同年，在斯图加特的家里开辟了一方聚会场所，往来的主要有艺术家、作家和学者。他们在那里奏乐、朗读、进行政治辩论。兰道尔也是维滕堡革命拥趸中的一员，因此后来也成为警方调查的对象。他为人热心、乐于助人，而且颇有艺术才华，每逢生日都会邀请人数跟其年岁相同的嘉宾前来做客。在兰道尔 31 岁生日时，荷尔德林为他写了一首生日卡门曲，首节行文如下：快乐吧！你已选中了佳运，/ 因为你的灵魂变得深邃而又忠诚；/ 你生来就被友人簇拥，/ 我们在庆典上为你作证。（MA I, 328）

直到 1800 年底，荷尔德林都住在斯图加特的这位新朋友家中，这位也许是他生命中结交过的最忠诚的朋友。比之辛克莱，兰道尔的情绪没有那么不稳定，没有那么只进不出，可能也更加无私一些。荷尔德林对兰道尔如此信任，以至于他 1800 年底动身去瑞士旅行前夕给妹妹写信说：我不在的这段时日，你可以把兰道尔当作兄长。（1800 年 12 月 11 日；MA II, 881）

在兰道尔家里，荷尔德林住得很宽敞，房间里陈设的是荷尔德林让人从尼尔廷根运送到斯图加特的家具。显然，他是打算在这里住上很长一段时间。他计划找个家庭教师的职位，教授哲学、诗歌和古典语言等课程。兰道尔像平常一样热心奔忙，帮助荷尔德林寻找有意向的人家，但收效甚微。他未能成功开设正规课程，或者举办类似私人大讲堂的活动。给兰道尔的孩子们授课也许只是设想出来的计划，目的是避免荷尔德林转而求助教会监理会，毕竟用度之忧一直存在。

尽管如此，荷尔德林还是在兰道尔家里度过了愉悦的夏秋两季，这主要是因为他经历了一段前所未有的沉醉于创作的时光。

看上去，仿佛那些面向公众的写作和出版计划的失败反向催生了创造力的萌发，仿佛那些失败让他得以回归自我。在1800年居于斯图加特的夏秋两季，他创作了大型颂歌、哀歌、哦得体诗，所有作品都呈现出新的、同时又是自由和庄严的风格，它无法混淆，终于不再让人联想到席勒的影响。在这些日子里，天才在他的心中苏醒过来，冲破了顾虑和胆怯的阻碍。他在诗歌《致命运女神们》里为自己所祈祷的，这时候已经得到：只需赐予我一个夏季，你们这些强力者！／以及一个秋季，让我创作圆熟的诗歌。（MA I，188）

这几个月里，荷尔德林完成或构思了诸多作品：有献给苏赛特的告别诗——思想辽阔的哀歌《美侬哀诉狄奥提玛》；有颂歌形式的六音部作品《爱琴海》，它以一种精彩绝伦的方式再现了地中海地区文化圈，即西方国家摇篮的精神和历史；有哀歌《面饼与葡萄酒》，诗中召唤了神性上升和下坠、昭明和黯淡的母题；有断片式的颂歌《犹如在节日里……》，该诗以无神时代的宗教作诗这一震撼人心的事件为主题，是一篇把荷尔德林呈现为作诗之诗人的作品；此外还有颂歌《海德堡》《斯图加特》和《内卡河》，荷尔德林将这些地方的守护神付诸笔端，并与自身的生活经历结合起来；尤值一提的还有献给兰道尔的友爱宣言，其开头是大家耳熟能详的名句：来吧，朋友！到广阔天地中去！（MA I，308）

《乡间行》即是这首未完成的、拼接起来的哀歌，从多个双行诗节改写而成。写这首诗的缘由是城门前的一间客栈举行封顶庆典，而荷尔德林与兰道尔一起出席了活动。这本是一桩寻常事件，却被赋予了独特的荣光。该诗的草稿本来还有以下诗行，后来悉数删除：但有人问我，缘何客栈中要有诸神？／／有人回答说，他们就像爱人一样，庄重而受福，／新娘般地先居于此……

为何客栈里没有诸神，因为他们在爱人那里，处于开启状态中，但凡焕发生机的地方就有他们的身影，不过这接着也引发了以下结果：命运之线也把诸神绑缚起来（MA I, 310）。他们被编织进人类的各项事务，为人类赋予荣光、深邃与要义。

在去往庆祝封顶仪式的客栈的途中，天还阴着，死气沉沉：我仿佛／觉得，这是个铅一般沉闷的时刻。（MA I, 308；诗行 5—6）光线渐渐变得明亮起来，室外和室内都是如此，因为风景和灯光宜人的缘故，外加宾客的言谈举止所致：

> 为此我甚至希望，如若所愿之事
>
> 我们已着手进行，而我们甫一开口，
>
> 就道出了欲说之辞，心灵的窗牖开启，
>
> 从醉醺的头脑里产生崇高思想。
>
> 上天之花与我们的花朵[1]同时绽放，
>
> 光照者开启那广阔的视线。（MA I, 309；诗行 13—18）[2]

此处在诸神微笑之下发生的，是一场开启的运动，这一点甚至在诗歌的结构上也可以感知。诗歌排列起初严格而肃整，后面就给人轻松愉快的感觉：前面几节中的成对诗句一般都是各包含一个句子，给人 种比例均衡之感；而收尾几节都呈现为一整句话，横亘六行以上：

1　"上天之花"意指上天创造的奇迹抑或赐福，而"我们的花朵"是指人类被赋予了重要的角色，可以与上天对话，接引天上的状况。

2　本节以及下一节译文参考刘皓明：《荷尔德林后期诗歌（文本卷　德汉对照）》，华东师范大学出版社 2009 年版，第 81、83 页；［德］荷尔德林：《荷尔德林诗集》，王佐良译，人民文学出版社 2016 年版，第 357—358 页。

但此地美丽如斯，当正值春日佳节

　　山谷敞开怀抱，当内卡河流淌而下

　　泛出初绿的牧场，森林，以及添了新翠的树木

　　一棵又一棵，开着白花，随和风摇曳，

　　但那被云翳覆盖着的群山，下面有葡萄藤

　　半梦半醒地生长，在芬芳的阳光下取暖。（Ebd.；诗行

　　35—40）

在兰道尔及其友人创造出来的友好氛围中，荷尔德林找到了力量和冷静，完成了此前已经开始动笔、献给苏赛特的、思想辽阔的告别诗——《美侬哀诉狄奥提玛》。尽管个人色彩浓厚，该诗还是公布于众。

　　《美侬》是柏拉图提出其回忆学说的那篇对话的标题。在对话中，让生命显现于当下的回忆被解读为灵魂不朽的暗示。由此，对狄奥提玛的回忆也应该通向跨越时间的范畴。这是对永恒不朽的诗性召唤。哀歌《美侬哀诉狄奥提玛》以下列诗行结尾：

　　在那里，缪斯所居，英雄与爱人来自斯地。

　　在那里，或者也是这里，我们相逢于与冰雪消融的岛上，

　　在这里，我们的同类才精神蓬勃地聚集在花园中，

　　这里咏歌真切，而春日更长久地美好不衰，

　　我们心灵的年头重新开始。（MAI, 295；诗行 126—130）[1]

1　译文参考刘皓明：《荷尔德林后期诗歌（文本卷　德汉对照）》，华东师范大学出版社 2009 年版，第 33 页；［德］荷尔德林：《荷尔德林诗集》，王佐良译，人民文学出版社 2016 年版，第 351 页。

年岁的交替是循环往复的，因此与狄奥提玛在一起的岁月也会轮回进入新的循环，于是我们心灵的年头就可以重新开始。这首诗再现了一个永生不朽的陵墓，那里咏歌真切，而春日更长久地美好不衰。

这首哀歌以此时此地的情况开头，先描述了四处唤醒记忆的迷途，而回忆既有喜乐又有痛苦，因为一切都暗示了狄奥提玛的缺席。缄默不语也感染了自然，它的宽慰无从谈起。但情况并非一直如此。哀诉人开始敞开心扉，渐渐感受到一种神秘的安慰：但一个友善者定会 / 从远方向我靠近，我必定微笑并讶异 / 即便身陷苦难我又是何等受福。（MA I, 291；诗行 26—28）

这首哀歌由九节组成，每三节连缀成为一个小的三段式整体，构成一个意义单元。每一个三段式整体的结尾都会发生飞跃。该处的意境会变得明朗起来，阴暗的视域得以敞亮。对永生不朽的预感出现。不过，就算这些画面如此美好而光耀四射，它们还是没有逃脱被危险和阴郁笼罩的命运。画面之所以如此美好，也许正是由于危险背景的烘托。这一点在诗中其他任何地方都没有像第四节中的美妙诗句那样表现得如此清晰，它们正好居于全诗的中央：

> 但是我们，满意地相伴左右，有如相爱的天鹅，
> 当它们在湖边休憩，或是在水波上徜徉之时，
> 俯瞰映出银白云朵的水面，
> 天穹的湛蓝在航行者下方随波荡漾，
> 我们就这样在大地上游荡。而北风也逼近了，
> 它，爱人之敌，将要发出悲鸣，树叶
> 从枝头凋落，雨丝在风中飘飞，

我们悄然一晒，感受自己的神，

在亲密的私语中间……

可那屋子于我已经颓散，那些敌人从我身上

剿去了双目，而我也随他们一起迷失自己。（MA I, 292；诗行 43—51，53—54）[1]

在心中感受自己的神并不意味着万事大吉、了无风险，因为正如我们所知，命运之线也把诸神绑缚起来。（MA I, 310；诗行 53）

这是一个神性在场与缺失之间的转换，让人难以忍受。谁感受到神性的在场，就不得不把神性的缺失体验为一种自我损失。随后内心的沙漠就会滋长，剩余的只有对完满者回归的信仰。可以如何应对呢？除了诉诸诗歌别无他法。在时间中丧失的东西，在语言中得以长存。

不过，这也许可以理解为想象力的独特力量引发了所有结果，但诗句对自己的神的暗示驳斥了以上观点。在主体性中，客观力量会发生效用，或者套用进行哲学思考的荷尔德林对这一力量的描述，即存在。在《美侬哀诉狄奥提玛》一诗中，该力量统领话语。这超出了对该力量的单纯描述，而就是该力量本身。

1801 年春，荷尔德林把《美侬哀诉狄奥提玛》跟六音部颂歌《爱琴海》一起寄给了耶拿的一位熟人，请他帮忙为诗稿联系一家出版社。

《爱琴海》的创作在霍姆堡就已开始，但最终在兰道尔家里完成，那里可真是荷尔德林的创作乐园。按照当时的语言使用

1　译文参考刘皓明：《荷尔德林后期诗歌（文本卷　德汉对照）》，华东师范大学出版社 2009 年版，第 27 页；［德］荷尔德林：《荷尔德林诗集》，王佐良译，人民文学出版社 2016 年版，第 347 页。

惯例，"爱琴海"一词指称的是那片海及其诸岛。该诗的整体印象还要超出这一范围，囊括了整个地中海，居其中心的是希腊及其历史、文化和诸神。跟《美侬哀诉狄奥提玛》一样，此处也涉及对逝去时间的追寻，对往昔再现的召唤，对现今困窘的哀叹，最后还有对诗歌再现力量的赞颂。简言之，《爱琴海》抒发了寻回逝去者的感情，以及对发源于古老事物的新肇始的兴奋不已。

爱琴海——海洋、大地、天穹、大气，也就是说，爱琴海包含的一切都在这首诗中被描述成守护神，而该地区的自然、文化和历史全都汇聚其中。该诗再现了建立在自然和诸神恩宠基础上的世界历史成就，对其衰落进行了痛苦回忆，并期望那个伟大成就诞生的时刻可能随着对异化世界的超越而回归新的阶段。

诗的首节抒发了对爱琴海自然环境的赞颂：强力者！你永葆活力，幽居于 / 你群峰的阴影之中，一如往昔；你仍用少年的臂膀 / 环抱你可亲的国土和各位女儿，哦父亲！ / 你鲜花绽放的诸岛依旧，一座也没有沦丧。（MA I, 295；诗行 9—12）[1]

爱琴海诸岛没有一座沦丧，曾在这里勃兴的文化却已不再。古希腊雅典的崛起和衰败是该诗第二部分描写的对象。这里颂歌变为史诗。处于中心地位的是波斯战争：一方是遭受奴役的人民大众，另一方是对其个性及其自由邦国引以为傲的人士。诗中描述了双方的对立，显然此处可以窥见自由的法国与古老欧洲各国之间的战争进程。希腊人：……彼处，诸神的形象难道不曾 / 从城堡之顶凌空熠熠生辉？那里曾人声沸腾，如风暴一般呼啸，/

---

1 这几行诗以及以后《爱琴海》一诗其他诗行的译文均参考刘皓明：《荷尔德林后期诗歌（文本卷 德汉对照）》，华东师范大学出版社 2009 年版，第 100—123 页。

难道不是从广场上传来……?（MA I, 296；诗行 67—70）人群直接从广场，从民主的神圣场所奔来，抗击想要征服他们的波斯人：因为这个守护神的敌人，这个索取颇多的波斯人，/ 多年来一直算计，清点武器和奴隶的数目，/ 同时讥诮希腊的国土……（MA I, 298；诗行 86—88）这是一场自由的国民对抗沦为奴隶的人民之间的战斗。一方面有着保卫自身的勇气，另一方面又要考虑武器的数目。雅典奋起自卫，但随后就被摧毁。在伯里克利[1]统治时期，雅典得以重建，变得更加美丽。希腊守护神再一次收获繁荣和力量。

但守护神也有其时。如今只有遗迹见证着他的存在，正如该诗第三部分开头带着悲哀的基调所描述的那样：

> 哦虔诚的幸运之子！他们现在远远游荡在
> 父辈的家里，把命运的日子
> 遗落在忘川之畔，没有渴望能将它们带回，
> 而我从来无法看见它们？啊！越过返青大地的
> 道道阡陌，显现的是你们神一般的形象！
> 搜寻者从未见过你们的踪影，因此我听闻了那传说，
> 听到你们的语言，说是此前我的灵魂永远悲伤地下行
> 逃到你们的阴影那里？（MA I, 301；诗行 200—207）

此处描述了一场朝向阴影的逃离，目的是躲避被所有良善之灵离弃的当下。接下来又描写了异化的现代世界，其中回荡着许珀里

---

1 Perikles（约公元前 495—前 429 年），雅典执政官。他在希波战争后的废墟中重建了雅典，扶植文化艺术的发展，还帮助雅典在伯罗奔尼撒战争第一阶段击败了斯巴达人。他所处的时代是雅典最辉煌的时代，也被称为"伯里克利时代"。

翁对德意志人的一连串斥责之声：

> 但是呜呼！在夜里游荡，如在冥府幽居，
> 是缺失神性的我辈。他们只专注于各自的
> 忙乱，在轰鸣的作坊里
> 每个人只听见自己的声音，这些野蛮人勤力劳作
> 挥动有力的臂膀，没有歇息，而这些可怜人的劬劳
> 恒久一无所获，犹如复仇女神。（MA I, 302；诗行
> 241—246）

自然之灵（MA I, 303；诗行 251）尽管依然存在，在新的时期也会吹拂，但人们都用强硬的态度对抗它，同时一个永生的春天 / 未被歌咏，在沉睡者的头顶翩然而至？（Ebd.；诗行 255—256）

这首遒劲的颂歌充盈着哀歌和史诗的基调，整首诗以大和解的愿景收尾。假如这一和解确系事实的话，复兴的创造力量就不可能保持未被歌咏的状态。相反，诗歌要参与进来。它独自懂得诸神语言的变化与生成。假如出现糟糕状况，假如暂时无望迎来崭新的一天，这时候诗歌就会起作用，帮助人们不要同流合污，而要反抗和坚持：……如果湍流的时间过于强劲地 / 攫取我的头脑，而我终有一殁的生命会震撼 / 月间的困厄与迷惘，/ 那就让我在你的深处思忆那片宁静。（MA I, 304；诗行 293—296）

哀歌《面饼与葡萄酒》——这首在笔者看来是荷尔德林最完整而又最美妙的诗歌之一，在他生前并未出版，这是他内心的隐秘之一。该诗只有第一节公之于众，以"酒神"作为标题，外加"献给海因泽"这一献辞。

正如《爱琴海》是一首带有哀歌基调的颂歌，《面饼与葡

萄酒》是一首带有颂歌调子的哀歌。颂歌颂扬的是超越个人的东西，自然、人群和爱中的崇高者，而最后所指就是神性。另外，颂歌颂扬的对象在离开或者下坠之时，哀歌还会将痛苦和哀伤付诸笔端。颂歌赞颂在场者，而哀歌纪念离场者。正如颂歌因为它颂扬的对象缺失而变成哀歌，哀歌也会因为消失者再现而成为颂歌。这样的情况在哀歌杰作《面饼与葡萄酒》中即可窥见。

《爱琴海》结尾表达了想在其深处领会诸神语言的变化与生成的愿望。而这正是《面饼与葡萄酒》的主题，亦即神性从白昼到夜间、从开显到隐匿、从在场到离场的变化。

这里还涉及启蒙运动的另外一段历史。当诸神离开人类的时候，天空变得一片黑暗，人类在自然和历史的任何地方都只看得见自己及其同类。接下来，人就变得狭隘、平庸和残忍。如果没有敞开的视野，人就无法忍受其他的人。所谓的被启蒙时期不是光明时期，甚至都不是实现完满的时期。人类还必须被异己者占用。对荷尔德林来说，这个"异己者"就是神性，或者天神，或者诸神，抑或经常就是直截了当的灵或自然。历史见证了神性无数的表现形式，耶稣基督和基督教的标志即是其中之一。而对荷尔德林来说，最美好的形式是希腊的。不过，神性的每一种形象变化都有时间限制，都会再次消失。神性是存在的，但其形象是变化的。有时候神性也会完全消失，即便不是永远如此。按照荷尔德林的说法，目下我们体验的是诸神之夜的时段。我们只能希望，白昼会再次来临。荷尔德林就是这样一位诗人，他保持对诸神白昼的记忆，同时又对破晓的征兆翘首以盼。

《面饼与葡萄酒》开头写的是黄昏——准确说来是下班之际宁静而又平和地过渡到黑夜的情景，诗中的黑夜神秘而又崇高地宣告来临，但还没有危险的意味。尽管集静谧意境于一身的第一节开启了后面的整首诗，但该节本身其实就是一个整体，以至于荷尔德林显然同意以"黑夜"为题将它单独付梓。克雷蒙斯·布伦塔诺是读过那些单独印行的诗句的少数人之一，曾做出如下评价："崇高的、来自观察者的悲伤可能从来没有表达得如此优美……我认为它（《黑夜》）绝对是最成功的诗歌之一。"（St. A. 7.2，407）

以下是第一节：

> 城里四下偃息；点亮灯火的巷道归于沉寂，
> 装点着火把，车舆辚辚而去。
> 带着一天的喜乐，归人满足地安歇，
> 精于算计的头脑盘算着盈利与亏损。
> 怡然驻留宅邸；葡萄和鲜花售罄，
> 手也停止劳作，繁忙的集市安静下来。
> 但琴音远远地从花园传来；或许
> 那里有位恋人在拨弄琴弦，或是一个孤独的男子
> 在回忆远方友人和年轻时代；还有喷泉
> 充满生机地不断涌出，在散发清芬的花坛边潺潺作响。
> 夜色笼罩的天空寂然响起几声钟鸣，
> 守城人想起时辰，报出更点。
> 此时又有风掠过，摇动小树林的梢头，
> 看啊！我们大地的影像，还有那月亮
> 此刻也悄然显现；那令人心醉者，黑夜，降临。
> 星斗满天，对我们不甚挂怀，
> 那令人惊叹者，那人间的异客

在山巅忧戚而又粲然地辉曜。（MA I, 372）[1]

这是一座归于平静的城市，注满了一天的喜乐，怡然而又满足。当白天营生的噪音消减之时，就可以听到远方的弦琴，琴声跟塔楼上的钟声一样应和着夜晚。这是一个过渡。三次有不同的东西到来。风吹来，月亮升起来，最后是黑夜前来。而黑夜也有三个不同的称呼：令人心醉者，令人惊叹者，异客。此处可以窥见崇高庄严、充满虔敬之情的迎接。至于我们附加给黑夜的意义，比如说我们沉迷其中，或者它让我们陷入惊奇，抑或它让我们觉得怪异，黑夜都会径自归还给我们。黑夜本身即是令人心醉者、令人惊叹者和异客。这不仅是我们对黑夜的想象，这就是它自身。黑夜不单被诗人用隐喻技巧唤起了生命，它自己也有独特的生命，而且这一生命如此显性，以至于可以言称黑夜对我们不甚挂怀。

诗歌的第一节是进入黑夜的大门。在第二节中，黑夜接纳了我们。此时黑夜成了命运无法穿透的黑暗，而我们被交织其中。黑夜中隐藏着崇高者的恩惠，而无人知晓她从何处来，以及会有什么降临到头上。（Ebd.；诗行 19—20）这样人们可能也不知道那究竟是不是一场恩惠，因此 / 于你，笃思的白昼比她更加可亲。（Ebd.；诗行 23—24）人们追逐太阳，但不得不学着忍受黑夜。黑夜无法规避，但应该对它有所要求：

1　本节以及《面饼与葡萄酒》一诗其他部分的译文均参考刘皓明：《荷尔德林后期诗歌（文本卷　德汉对照）》，华东师范大学出版社 2009 年版，第 52—65 页；〔德〕荷尔德林：《追忆》，林克译，四川文艺出版社 2010 年版，第 57—65 页；〔德〕荷尔德林：《荷尔德林诗集》，王佐良译，人民文学出版社 2016 年版，第 373—380 页。

> 但是她也必定有所给予，以便在犹疑之时
>
> 让我们在黑暗中有所依托，
>
> 她必定赐予我们忘怀与神圣的沉醉
>
> 赋予我们涌动的话语，就像恋人一样
>
> 不眠，以及斟满的酒杯，无畏的生命，
>
> 还有神圣的记忆，在黑夜里长醒不眠。（MA I, 374；诗行 31—36）

该忘记的是折磨人的剩余日课，但应该对神圣沉醉敞开怀抱，拥抱那给人带来灵感者，而比之喧闹的白昼，它也许更可能在寂静的黑夜出现。涌动的话语也需要黑夜的庇护，因为它出自无意识状态。

在诗歌的第三节中，夜更深了，直到新的、另外的一天开始破晓。这一天来临的宣布伴随着上一节中的"神圣的记忆"。那是对遥远的、已经逝去的希腊诸神节日的回忆：神的火苗也在催促，在白昼与黑夜，/ 让我们启程。来吧！让我们观望那开显者。（Ebd.；诗行 40—41）

从此处，即第三节的中部，直到第六节的末尾，逝去的诸神节日以哀歌、同时还有颂歌形式再现。接着，诸神节日再次结束，黑夜复又降临。诸神之夜，以及翘首期盼即将来临的天明破晓的印迹和征兆，这就是诗歌最后三节的主题。

让我们回到第三节，其结尾处狄奥尼索斯以将来之神的形象首次出场：

> 那么来伊斯特摩斯吧！斯地广袤的大海

在帕纳索斯山麓喧响，积雪映着德尔斐，

从那里进入奥林帕斯山地，来到喀泰戎之巅，

来到彼处的云杉林下边，葡萄藤下方，

那里往下即是底比斯，而伊斯墨诺斯河在卡德摩斯之邦

潺潺流淌，

来自彼处，又回首示意，是那将来之神。（Ebd.；诗行

49—54）

正如我们所知，狄奥尼索斯是酒神、迷醉之神、灵感之神、盈余之神、诗歌之神，乃至各门艺术之神。在与宙斯度过一晚春宵之后，身为凡人的塞墨勒想要见到狄奥尼索斯，但她的身份决定了她不能享受这一权利。塞墨勒被一道宙斯隐藏其中的闪电击中，香消玉殒。她的胎儿完好地保存下来，那就是狄奥尼索斯。不过，闪电的特质在狄奥尼索斯身上留下印记：他现身突然，触觉炙热，灵感的火花瞬间绽放。他是一位躁动不安的神。之所以说他是将来之神，是因为他永远在路上，在其醺醉的随从们的陪同下，一路自东向西飞驰。狄奥尼索斯也是众人等候而未至的神；谢林与荷尔德林一起曾在神学院求学期间发现了狄奥尼索斯，后来在《启示哲学》中干脆称之为"降临节"之神，亦即一个具有来临这一特质的神。

在尼采诞生一个世纪前，荷尔德林就已认识到该神巨大的文化创造意义。这位将来之神没有带来冥想的宁静和神秘的沉醉，而是催生了热情。一旦这位将来之神靠近某人，其人周身就会热情如火。神的火苗也在催促（Ebd.；诗行 40），《面饼与葡萄酒》这样写道。

本着狄奥尼索斯的精神，各个火热的共同体得以形成，它们

可能变得危险丛生，对内耗损，向外毁灭。因此尚还存在"以太"穿透万有的神的自然之力，这一点曾被海因泽誉为希腊笃信的原本能量之源。也许正因如此，荷尔德林把哀歌《面饼与葡萄酒》献给了他。荷尔德林把"以太"称为狄奥尼索斯式征服的平衡力量，在诗中如是表达：那迅疾者身在何方？何处，盈满无所不在的幸福／携惊雷自朗朗晴空向双目袭来。（MA I, 376；诗行 63—64）紧随而来的呼喊又显示出多么强烈的求助渴望：天父以太！就这样众口呼唤相传／千万次，无人可以独自承受生命；这财富令人喜悦，与陌生人分享和交换，／它变成欢声一片……（Ebd.；诗行 65—68）

狄奥尼索斯就是那抓住个体的突然而至者；而以太赋予时长和支点，人们在其精神的指引下分享和交换，建立和加固团结一致。

带着丰富的画面和纷繁的思想，诗歌的中间部分描绘了天神们混入众人中间、借此人间迎来天明破晓的过程。

一开始众人表现得相对羞怯和内敛。敞开心扉、实现完满，这是需要勇气的。不过，一旦它成为事实，那个时至今日仍然提供法度的文化就会产生奇迹：因此，为了够格立于天神面前，／万民内部自发排成壮观的队列／而且建造壮美的神庙和城邑／坚固而高贵，在海岸上高耸而起——（MA I, 378；诗行 95—98）

接下来就发生了断裂，就好像从梦中陡然醒来一样，一切都成过去：

> 但它们又在哪里？那显耀的节日花冠在何处绽放？
> 底比斯和雅典凋散；兵器不再铿锵
> 在奥林匹亚，格斗的黄金战车不再震声隆隆，

科林斯的战船再也没有装饰花冠？

缘何它们也喑哑一片，那古老而神圣的剧场？

何以献祭的舞蹈不再欢欣蹁跹？（Ebd.；诗行 99—104）

在第六节末尾还未述及诸神之夜的地方，出现了一个令人惊奇的转折，给予读者无尽阐释和私下评论的契机。在对神之迹象的缺失发出哀叹之后，诗中这样写道：或者他（神）也亲临，以人的形象现身／完成并告慰地结束上天的节庆。（Ebd.；诗行 107）

　　这里指的显然是耶稣基督，而且引人注意的是：他并非一个新时代的肇始，而是一个旧时代的结束；作为最后一位神，他尚被列入希腊众神节的席位。他还出现了两次，第一次出场的形象是安静的守护神，来自上天／慰人心怀，他宣告白日终结，然后消逝（MA I, 380；诗行 129—130），最后一次则是作为挥舞火把者，那至高者／之子，那叙利亚的子民（MA I, 382；诗行 155—156）。

　　耶稣基督在此不是钉在十字架上的神，而是晚餐——面饼与葡萄酒的供奉者，是狄奥尼索斯的后裔，因此诗的最后一节所指到底是耶稣基督还是狄奥尼索斯，就不是特别清楚。相关行文如下：永远喜乐，……／因为他驻足停留，亲自把隐遁的诸神的印迹／向下传递给黑暗之下的诸神阙如者。（KAI, 291；诗行 145—148）

　　暂时那还只是征兆，是印迹，还不是真实的当下。而现状则如以下诗行所示：众天神对我们关爱有加……，因为脆弱的容器也许并非总能承纳他们，／只是有时候，人能领受神的丰裕。（MA I, 378；诗行 112—114）

　　此间该做什么呢？

　　这首哀歌中有一种找不到消解语言的困惑，有一种无法抗拒的怀疑，有一种无法抚平的不安：这期间我经常觉得／莫如安然沉睡，何苦孤身独涉，/ 何苦如是等候，至于做何举动与言说，/ 我不知道，置身这贫瘠的时代，诗人的意义何在？（Ebd.；诗行 119—122）

面饼与葡萄酒
献给海因泽

1

城里四下偃息；点亮灯火的巷道归于沉寂，

装点着火把，车舆辚辚而去。

带着一天的喜乐，归人满足地回家安歇，

精于算计的头脑盘算着盈利与亏损。

怡然驻留宅邸；葡萄和鲜花售罄，

手也停止劳作，繁忙的集市安静下来。

但琴音远远地从花园传来；或许

那里有位恋人在拨弄琴弦，或是一个孤独的男子

在回忆远方友人和年轻时代；还有喷泉

充满生机地不断涌出，在散发清芬的花坛边潺潺作响。

夜色笼罩的天空寂然响起几声钟鸣，

守城人记起时辰，报出更点。

此时又有风掠过，摇动小树林的梢头，

看啊！我们大地的影像，还有那月亮

此刻也悄然显现；那令人心醉者，黑夜，降临。

星斗满天，对我们不甚挂怀，

那令人惊叹者，那人间的异客

在山巅忧戚而又粲然地辉曜。

2

奇妙的是那崇高者的恩惠，

无人知晓她从何处来，以及她会让什么降临到他人身上。

如此她感动世界和凡人的希望之灵，

就连智者也不知道，她会引发什么，因为如此

即是深爱你的最高神之所愿，由此

笃思的白昼于你比她更加可亲。

但有时候清亮的眸子也喜欢阴影

并试着，在睡意袭来之前，享受安眠。

或有一位忠诚男子乐于望向夜晚

是啊，理当给她敬献花冠和咏歌，

因为对于迷途者和殁者她被圣化

自身却永存于最自由的灵中。

但是她也必定有所给予，以便在犹疑之时

让我们在黑暗中有所依托，

她必定赐予我们忘怀与神圣的沉醉

赋予我们涌动的话语，就像恋人一样

不眠，以及斟满的酒杯，无畏的生命，

还有神圣的记忆，在黑夜里长醒不眠。

3

我们，无论师徒，也还是徒然地把心藏于胸间，

徒然地仅仅保持勇气，究竟谁

想要阻遏它，谁又会禁止我们享受喜乐？

神的火苗也在催促，在白昼与黑夜，

让我们启程。来吧！让我们观望那开显者，

让我们寻找那属于自身者，即便路途迢远。

有一物坚固不移；无论它位于正午或是

行至夜半，永存着一个尺规，

众生皆同，于每个人又各有特色，

每个人都能来去于他所能来去之处。

因此啊！欢腾的癫狂乐于嘲讽他人的嘲讽，

倘若这癫狂在神圣的黑夜突然将歌者打动。

那么来伊斯特摩斯吧！斯地广袤的大海

在帕纳索斯山麓喧响，积雪映着德尔斐岩壁，

从那里进入奥林帕斯山地，来到喀泰戎之巅，

来到彼处的云杉林下边，葡萄藤下方，

那里往下即是底比斯，而伊斯墨诺斯河在卡德摩斯[1]之
邦潺潺流淌，

来自彼处，又回首示意，是那将来之神。

4

受福的希腊！你这所有天神的宅邸，

我们年少时一度听说的传闻是否属实？

盛大的华堂，地坪是海洋，而案几为山岳，

确系远古时代因为某种奇风异俗而建。

但那些王座何在？那些神庙，那些盛满

琼浆的器皿，那些娱乐众神的咏歌何在？

何处，它们究竟在何处辉耀，那些自远古传来的箴言？

1　卡德摩斯（Kadmos）是传说中腓尼基国王之子，是底比斯（忒拜）的创建者，
伊斯墨诺斯河（Ismenos）流经底比斯城郊，又称卡德摩斯河。

德尔斐沉睡，那个伟大的命运在何处震响？
那迅疾者身在何方？何处，盈满无所不在的幸福
携惊雷自朗朗晴空向双目袭来？
天父以太！它如此口舌相传地呼喊飞传
千百遍，无人可以独自忍受生命；
财富与众陌生人分享互易，令人欣然，
遂化作欢声一片，言辞的伟力在沉睡中增长
天父！振奋吧！在它所到之处，那古老的征兆
承自父母，都会精准而创造性地发出回响。
因为众天神就这样来临，他们的白昼
颤巍巍地走出阴影下临人间。

5

他们起初在不知不觉间走来，奋力迎向他们的
是那些孩子，福祉来得太过明亮，太过炫目，
世人对他们生畏，一个半神几乎也无法道出
那携礼施惠而靠近者，姓甚名谁。
但从他们身上所获的勇气如此巨大，他心中盈满了
他们的欢欣，而他几乎不会动用这一财富。
他获得它，挥霍它，不洁者在他那里也几成圣物，
那是他用蒙福的手笨拙而又良善地触摸过的。
众天神对此尽可能地容忍；但实际上
他们已经亲临，世人习惯于幸福
还有白昼，习惯于观望那开显者，观望
那早已唤作一和万有的尊容。
给缄默的胸怀深处填注自由的满足，

首次而且独一地让所有愿望成真；

此即世人；当财富就位，一位神亲自

携礼施惠关照他，而他不能辨识与目睹。

他必得承受，在此前；而今他称其为至爱者，

现在，现在必定要为之生出言辞，如花一般。

6

而如今他想要诚挚地尊崇那蒙福的诸神，

他们的赞美必当真切而实在地宣扬一切。

凡是那崇高者未嘉许的，无一容许观望那道光

在以太面前，任何偷闲的企图都不合宜。

因此，为了够格立于天神面前，

万民内部白发排成壮观的队列

而且建造壮美的神庙和城邑

坚固而高贵，在海岸上高耸而起——

但它们又在哪里？那显耀的节日花冠在何处绽放？

底比斯和雅典凋敝；兵器不再铿锵

在奥林匹亚，格斗的黄金战车不再震声隆隆，

科林斯的战船再也没有装饰花冠？

缘何它们也喑哑一片，那古老而神圣的剧场？

何以献祭的舞蹈不再欢欣蹁跹？

为何一位神，不再如昔，在世人的额头描画，

不似以往，在被击中者身上刻下印记？

或者他也亲临，以人的形象现身

完成并告慰地结束上天的节庆。

7

可是朋友！我们来得太迟。诸神活着，

却是在头顶上空的另一个世界。

他们在斯地无限施威，似乎很少挂怀

我们存活与否，不管众天神对我们如何关爱有加。

因为脆弱的容器也许并非总能承纳他们，

只是偶尔地，人能领受神的丰裕。

对诸神的梦想就是此后的生活。但迷惘

有益，如同小憩，困厄与黑夜也能让人强大，

直到英雄们在钢铁摇篮里充分成长，

心生力量，一如往常，跟众天神相仿。

随后他们一路轰鸣而来。其间我时常觉得，

莫如安睡吧，何苦孤身独涉，

何苦如是等候，至于做何举动与言说，

我不知道，置身这贫瘠的时代，诗人的意义何在？

但诗人好比，你说，酒神的神圣祭司，

在神圣的黑夜里四处迁徙。

8

即是说，当不久前，我们以为那段时间已经久远，

赐予生命幸福的诸神全都飞升而去，

当天父掉转他朝向世人的面孔，

哀恸理所当然地在大地上开始蔓延，

当最终有一位安静的守护神出现，天神般地

抚慰，宣告了白日的终结，后又消失，

预示他曾经莅临而且还会再度造访，

第十二章
223

给上天的歌队留下少许赠礼。

这合乎人性之礼，一如从前，能让我们自享其乐，

因为与灵同在，世人中间更伟大者变得过于伟大，而

对于喜乐而言，蒙受至高喜乐的强者依然，

依然阙如，但些许感恩还寂然存活。

面饼是大地的果实，但确乎受了光的赐福，

而来自雷神的，是葡萄酒的喜乐。

于是我们此刻也记起天神，他们也曾

光临此地，并会适时折返，

于是歌者们也会真挚地歌咏酒神

而并非空想出赞词，为那位老者唱出。

9

是啊！他们言之在理，他调和了白昼与黑夜，

引导天穹里的星斗亘古落下，升起，

永远喜乐，就像他钟爱的

常青云杉的树叶，又像他从常青藤上选定的花环，

因为他驻足停留，亲自把隐遁的诸神的印迹

向下传递给黑暗之下的诸神阙如者。

古人的咏歌关于神的儿女所预言的，

看哪！正是我们，我们，来自赫斯培利恩[1]的果实！

奇妙而又精准，当它在世人身上实现之时。

相信吧，检验它的那人！但所发生之事已多，

---

1 Hesperien（英语作 hesperian），古希腊文献对西方国家的称谓，荷尔德林以此喻指德国。

无一奏效，因为我们无心，是幽魂暗影，直到我们的

天父以太认出并属于每个人。

但其间来了那火把挥舞者，那至高者

之子，那叙利亚的子民，他降临到暗影之下。

受福的智者见证了它；一抹微笑从被禁锢的

灵魂中闪光，而灵魂之眼还将在那道光下解冻，

更柔顺地在地母的怀抱中做梦和安眠的，是泰坦神，

就连那好妒者，就连刻耳柏洛斯[1]，也在醉饮后沉酣。

---

1 Cerberus，古希腊罗马神话中的冥府守门犬，蛇尾三头，长年不眠。

第十三章

寻常的喜乐。《向晚遐思》。豪普特维尔。父国所指者。笃信革命的荷尔德林。《吕纳维尔和约》。时代的转折,与末世相关者。《和平庆典》。从另一首诗中诞生的诗。《犹如在节日里……》与《生命之半》。归乡。对席勒的求助呼告。"他们可能并不需要我。"

荷尔德林在兰道尔的友人圈子里度过了一段创造力勃发的时期。正因为他感觉自己在灵感迸发的瞬间被神性攫取,他就迫切需要当地所能找到的、舒适的、基本的日常。这一日常可能就是他幸福的基础。出于平衡的需要,狄奥尼索斯的闪电会对天父以太提出要求。荷尔德林这一时期诞生的诗歌《我的财富》就发掘了这一关联:对于那更坦荡的男子 / 坚实大地的上空更为光亮。// 因为,它不是像植物那样,扎根自己的土地 / 那必死者的灵魂燃成灰烬……(MA I, 237—238)

荷尔德林也创作了一些诗歌,用令人难以忘怀的词句描述了寻常的喜乐,以及对它的向往,比方说这首《向晚遐思》:

茅舍前的荫翳下，静静地坐着
耕者，这知足之人，炉灶内飘出炊烟。
殷勤地为漂泊者响起
宁静村庄里的声声晚钟。

船夫可能也抵达港口，
远方的城镇，宁息了集市上的
忙碌喧声；安静的凉亭内
友朋相聚，杯盘闪亮。

我到底去向何方？终有一殁的人活着
依赖粮饷和职事；在劬劳和休憩的轮换中
万事欢愉；缘何刺痛
永不在我的胸膛沉睡？

向晚的天幕里一个春日绽放；
玫瑰花开无数，宁静地闪光
那一片金色的世界；哦，携我去吧
紫色的云霞！唯愿在那高处

爱和痛在我面前消融为光和风！
然而，仿佛被我愚笨的请求吓倒，魔力
隐遁；夜幕正在降临，
天穹下，我茕然依旧。

来吧，此刻，你温柔的黑甜乡！渴念太多

第十三章   227

这颗心；但是青春啊！你终将凋谢，

你这不安歇而又端于幻想者！

俟及暮年，方得平和愉悦。（MA I , 230—231）

处于这样的心境，荷尔德林甚至都能在致母亲的信中心平气和地展望将来，说自己将来可能会随便干一份牧师的差使；或者他可以在给妹妹的信中带着谢意地回忆某次拜访母亲和弟弟妹妹的情形，还说当时的感觉就像是身处乐土一般，不过随着停留时间的推移也变得几乎无法忍受了。这究竟是什么原因？缘何他不能长期忍受期盼中的平和与寻常的喜乐，在家人那里如此，而在友人那里也是这样？在斯图加特的兰道尔家里，荷尔德林很快也变得不安起来。他试着在一封写给兰道尔的信中回顾前情，解释他尽管外在和谐而内心失调的原因：我总是认为，为了与世界和平共处，为了爱世人、用真实的眼睛来观察这个神圣的世界，我就必须委曲求全，而为了对别人有点意义就必须失去自身的自由。（1801 年 2 月；MA II , 894）

即便是置身与家人或朋友共处的外在舒适状态中，荷尔德林也觉得陌生，感觉被拽出了自己的中心地带。接近旁人让他觉得就是一种委曲求全，同时也失去了内心的自由。他想沉浸在自己的世界里，与自己对话。我终于觉得，他在给兰道尔的信中继续写道，完整的爱只会寓于全部的力量之中……人越是肯定自身，越是专注于自己至善的生命，越是轻松地从底层心境再次跃回本真心境，他的目光就必定变得更加明亮和宽广，他将会关心这世上对他来说轻盈、沉重、伟大和亲切的万物。（Ebd.，894—895）

那封信写于瑞士圣加仑郊外的豪普特维尔 [1]。从 1801 年初开

1　Hauptwil，瑞士地名，原属图尔高州。

始，荷尔德林在圣加仑批发商贡岑巴赫[1]的府上再度开始了当家庭教师的营生。之后，他在斯图加特并没有居住多久，出于经济上的考虑，又在等待一份新的工作。正如在给兰道尔的信中所写的那样，他寻找安静和内省，想要重新回到本真上来。兰道尔可能会对此感到诧异，因为他完全有理由凭印象认为他的朋友荷尔德林处于友人的簇拥之下。这当然也是事实，但仅仅维持了一段时间。

从豪普特维尔寄来的第一批书信可谓热情洋溢。信中说道，当地居民客气周到、彬彬有礼，尤其强调男主人是位德高望重的先生。描述中充满宁静、平和这样的表达。荷尔德林又说他的差事暂时没有给他带来多大的麻烦，这一次他教的是女孩子，也就是主人家里的两个年轻姑娘。他还说，这么多单纯的快乐让他陶醉其中。（1801年1月24日致母亲；MA II，889）

家人并不建议荷尔德林接受那个家庭教师的职位。母亲自然还是想让儿子找一份牧师的工作，但就连斯图加特的朋友们也提出了反对意见。因此，在从豪普特维尔寄出的第一批信件中，荷尔德林尽力让友人获得好的印象，让旁人觉得他做出了正确的决定，而且完全合拍。这期间我相信自己是在问心无愧地生活，完成自己的使命（1801年2月23日；MA II，892），一封寄给妹妹的书信这样写道。

对于当时政治意识已经觉醒的荷尔德林来说，还有一件大事对他的良好心境有所助益，那就是第二次反法同盟战争随着《吕内维尔和约》的签订宣告终结，毕竟因为行军、宿营、袭击和征

1　Anton von Gonzenbach（1748—1819），瑞士商人和工厂主，有九个子女，荷尔德林为其最小的两个女儿（当时分别为13岁和14岁）担任家庭教师。

战等因素，那场战争尤其让德意志西南部蒙受了巨大损失。荷尔德林对这份和约寄予了很大希望，感受到了时代深处的转折点。在这个历史时刻，他似乎有一种异样的感觉，就好像诸神之夜中的白昼终于来临一样。我觉得现在世界形势将会有很大的好转。我可能会观察邻近的或者逝去已久的时光，一切都让我觉得珍稀的时光，美好人性的时光，有着确信的而又无所畏惧的良善的时光，它会让人产生既欢乐而又神圣、既崇高又简单的思想。（1801年2月23日致妹妹的信；Ebd.）

当时，很多同时代人心中都被唤起了欧洲和平秩序长存的巨大希望，而且其原因在于，法国的霸主地位看起来已被击垮，唯拿破仑马首是瞻的氛围开始在整个欧洲传播开来。拿破仑被视为革命的继承人，同时也是革命的掘墓人，于是在政见背道而驰的各个阵营内都赢得了好感和赞赏。不过，希望也是相当清醒的。没人预计会发生天壤之别的巨变。荷尔德林却有不同看法。他的希望可谓极其热切，这从上文引用过的写给妹妹的书信段落可以清楚窥见。这一点在他于和约签订前的除夕写给弟弟的信中表现得更加强烈：并非某个形式、某种观点或论断将会取胜，我认为这不是和约馈赠给我们的最主要的部分。在我看来，关键在于，呈现为所有形象的自私自利都会屈服于爱与善的神圣统治，共同之灵会超越一切；置身此类氛围中的德意志心灵只有在这一新和约的庇佑下才会高高上扬，就像生长中的自然那样不声不响，而这颗心灵隐秘而又深远的能量将会扩张开来；这是我的看法，这是我看见而且相信的，这也让我尤其带着喜悦之情遥望我人生的下半场。（MA II, 883—884）

在这一时期，颂歌《和平庆典》的第一批稿本诞生，而这首诗从未画上句号，成为父国咏歌（荷尔德林用它来称呼此类咏歌类型）系列里面所有颂歌中篇幅最长的一首，也是最后一首。

父国——对荷尔德林而言，这首先是他与周围的人一起在其中长大的地区，他跟那些人说着同样的语言，与他们分享习惯、风俗、宗教和文化传统。风景也是其组成部分，这对荷尔德林有着非常特殊的意义。在他眼中，各美其美的风景是精神生命体的象征。因此，正如颂歌《内卡河》《莱茵河》《海德堡》和《斯图加特》所展示的，风景也是可以被召唤的。其实，被召唤的是风景的或者地方的"守护神"，诗人召唤守护神的缔结和聚集力量，并诉诸笔端。生命世界充满重要意义，这一丰盈也是无论如何都不允许想象为狭隘空间的父国的组成部分。父国是近处中的远方。因此，心系父国也意味着对远方的向往，于荷尔德林主要就是向往希腊——古代的梦想之国，或向往法兰西——革命与共和的梦想之国。当然，他孜孜阅读的游记中充满异域风情的远方也强有力地吸引着他。所谓的父国，不是当时尚不存在的政治意义上的国家——德国，而是那个乡土同盟，是生于斯长于斯的地方，其命运让人不仅想一起分享，而且想共同决定。

不过，父国不仅是一个前政治或超政治的概念，它也完全可能与具体的政治诉求相连。这一点在那首题为《为父国而死》的诗中表现得尤为明显。该诗出自"父国咏歌"系列，颇为知名，可惜因为后来被民族主义者滥用也变得恶名昭彰。诗歌在1799年底付梓，部分行文如下：

> 你来了，哦战斗！青年已从
> 山岗奔涌而下，直入山谷，
> 刽子手莽撞逼近之处，
> 必有艺术和权力的灵魂，但更加肯定地

他们可能会被青年的心灵震慑，

因为正义者在征战，像术士一般，

而其父国咏歌

让卑劣者双膝跌跪。

哦接收我，容我加入这行列，

以便让我将来不要卑微地死去！

徒劳殒命非我所愿，但

我愿战死在英烈的山岗！

为父国，……（MA I，225—226）[1]

在此，生命是要献给哪一个父国呢？是那个可以允许邦君将其子民作为士兵出售的符腾堡公国吗？其实并非如此，这一点在上述诗歌的一个稿本中可以清楚窥见，而该稿本之所以没有付梓，就是因为它太过直白，可能会让诗人陷入麻烦。稿本中的第一节行文如下：

哦为父国进行的战争，

燃烧的淌血的朝霞

那是德意志人的，一如太阳，现在终于苏醒

带着胜利的生机

1　译文参考［德］荷尔德林：《荷尔德林诗集》，王佐良译，人民文学出版社2016年版，第255—256页。

那幽灵之敌

那人这时永远不会犹疑，他此刻
早已不是毛头稚子，
因他们曾自称为父亲，
他们是窃贼，
从德意志人那里把婴孩
自摇篮中盗走
欺骗了那孩子虔敬的心，

就像驯良的兽
被委以各种差使。（MAI, 184）

所谓的邦君都是窃贼，被委婉地称为子民的臣仆遭受欺骗，被委
以一桩没有尊严的差使。

对荷尔德林来说，有一个不同的父国，值得为它战斗乃至牺
牲，那就是共和制的父国。因此，这首诗的最终版里也贯穿了对
《马赛曲》的影射。父国儿女 [1] 这一表达在诗中是用法语写的，扼
杀自由的刽子手这个词也在《马赛曲》中出现。在荷尔德林的
笔下，该表达变成了父国咏歌让卑劣者双膝跌跪，这暗示了那
首革命与共和的战歌产生的威慑影响，就像当时的报道所描述的
那样。

《为父国而死》就只是一首献给共和的战斗之歌，不多也不

---

1 《马赛曲》中的法语表达为 enfants de la patrie，因为当时政治意义上的法国已经
成立，所以法语中的这一表达宜于译为"祖国儿女"。

少，它热情洋溢，但也充盈着献身精神，甚至还有点渴望死亡的味道。歌咏者想跻身把心灵和生命献给高于自身的事业的英雄和远古诗人之列。牺牲崇拜可能会呈现好战的特征，相比之下，在荷尔德林笔下却体现为笃信和虔敬派的特征，正如诗中浓墨重彩地描述的那样，出现了受福之人聚集在英烈山岗之下的场景：我来到你们这里 / 你们尊贵之人！你们教导我 / 生和死，我来到地下的你们中间！诗中还出现了这下面如兄弟一般友爱，尽管听起来像是虔敬主义的兄弟会社团，但也像是共和制"博爱"的火热精神。荷尔德林对革命心怀虔诚的态度（MA I, 226）。

在这首哦得体诗产生之时，如前文所述，对那时已经变成帝国征服战争的法兰西之战颇为反感的荷尔德林，对雅各宾派的恐怖活动同样产生了排斥心理。但他对自己的革命理想始终不渝，正如这首哦得体诗所展现的，它是在歌咏为父国捐躯者，而这个父国并非是当下的那个，而是要通过战斗才能换来的。

属于父国咏歌的还有哦得体诗《德意志人的咏歌》，同样诞生于 1799 年到 1800 年之交。这首诗的主题是德意志文化民族，当时它还没有披上政治形式的外衣，却在宁静和深邃中迎向象征着和平与诗意的未来生长：

> 此刻！向高贵的你致意，我的父国
> ……
> 你仍在犹疑沉默，酝酿一部喜乐之作
> 作为你的见证，孕育一个新的形象
> 那唯一的形象，如你自己，自
> 爱中诞生，善良，与你一样——

> 你的德洛斯，你的奥林匹亚在何方
>
> 让我们所有人相会，在这至高的节庆？——（MA I，
> 248；诗行 49 及 53—58）

对荷尔德林来说，不切断古希腊传统显然是德意志文化民族的历史任务的组成部分。对连接古代与现代这一普遍历史使命的召唤式回忆，则被他视为自己为目睹正在降临的和解之盛大庆典所做的贡献。此处就有轮回转世的现象发生。而能够经历这一现象，是多大的幸福啊！在这一时刻，其余的忧愁和挂怀全被遗忘。在此意义上，他之后也会对出版商维尔曼斯[1]写道：*此外，爱的歌曲总是疲惫的飞翔……；父国咏歌中崇高而纯粹的赞颂则是一首不一样的歌曲。*（1803 年 12 月；MA II，927）

1801 年春，在《吕内维尔和约》订立之后，荷尔德林觉得和解的历史时刻似乎临近了。基于这一情感，大型颂歌《和平庆典》的首批诗稿诞生。

在其后的内容安排上，这首颂歌将会大幅度超出父国和政治的范围，提升到庆祝一桩转世事件的层面上来，被理解为所有陷入争吵的生命力量与参与其中的诸神之间的和解。这场故事的结局是，上帝在诸神上空现形。不过，在第一批诗稿中，与现实中和约订立之间的关联依然清晰可见：

> 和解者，你这从不取信于人的，

1　Friedrich Wilmans（1764—1830），德国书商、出版商、艺术品商人。曾翻印歌德、席勒、赫尔德、维兰德等古典作家的文稿，1801—1802 年协助布伦塔诺出版《戈德维》，1805 年帮助后文出现的女诗人京德尔罗德（Karoline von Günderrode）用假名"提安"（Tian）出版诗歌断片。

此时你来了，在我面前呈现朋友的

形象，你这不朽者，但也许

我认识这崇高者

它让我屈膝，

并且几乎像盲人一样，我不得不

向你，这上天的（信使）发问，你对我何用，

不管你来自哪里，受福的和平！（MA I, 356，359；诗行

1—8）

这首颂歌是献给庆典君主（MA I, 362；诗行 15）的。但这位君主是谁呢？肯定就是拿破仑，战争的胜利者；但也是一位令所有战争终结的神：哪里却 / 有位神依然显现……// 他不会不宣而至；/ 有一位，他不惧洪水和烈火，/ 他惊讶，并非没有缘由，因为此时归于宁静，/ 因为统治无处可见，无论神界和人间。（Ebd., 诗行 22—28）

　　这首颂歌在各种历史和宗教哲学典故的迷宫中展开：狄奥尼索斯现身；还有耶稣基督；以及超越一切的宁静的时间之神——该神还不得不一同目睹自然界、也就是这位母亲如何被敌人夺走了她手中的孩子，至于敌人是谁，或者是某个在此发挥作用的事物，则不是非常清楚。结果就是，它引发了主要的存在力量之间的一场巨人与神之战。如果要寻找和平的支点，那就是超出一切希望的希望。但这首颂歌并没有延伸到如此之远。颂歌戛然而止，收尾处的诗句罔顾无处不在的仇恨，仅仅提及了黑暗中的繁盛景象。

如此你有所建造

而且有所埋葬，

因为它怨憎你，

被你，全力者，先时

拉向光亮者。

此刻你知晓，此刻你任由它；

因为乐于无知觉地安歇，

直到成熟的，是地下的胆怯而忙碌者。（MA I，366；诗

行149—156）

以上诗行给颂歌断章画上了句号。一个明朗的主题，一个晦暗的文本。荷尔德林自身也意识到了这一点，因为他在这首生前从未发表过的诗歌的前言中写道：我请求读者只能是带着善意来阅读这一页。这样它肯定就不会变得无法理解，也不会那么让人反感。饶是如此，假如还是有人认为诗歌的语言太过偏离常规，那我必须承认的是：除此以外我也无能为力。（MA I，361）

无论如何，《吕内维尔和约》还是维持了一段时间，与荷尔德林创作颂歌《和平庆典》的时间持平。虽然他最终没有完成该诗，但正如他在写给弟弟的信中所言，他那颗德意志的心灵正在升起。

在创作父国咏歌系列以及预先感知到和平的时期，也就是1800年前后，荷尔德林还在写作另一首同样最终未完的颂歌，而该诗把时代转折的情形与对诗人在其中的角色的指定联系起来。在这一时刻，经历了夜晚的雷雨之后，宁静在早晨回归，自然在从容自若的美丽中苏醒过来。

犹如在节日里，农夫走过

查看田地，时值清晨，而当

让人清凉的闪电自溽热的黑夜坠落

整宿，远处还有雷声轰响

水流重又注入河岸，

大地泛出清新的绿意

葡萄藤滴下

来自上天的欢快雨点……（MA I, 262；诗行 1—8）

这首诗的开头就像是一首田园牧歌，但这一意象仅仅持续了片刻。随着进入安宁、聚集和清醒的氛围，就可以越发清楚地看出，何等的力量蓬勃兴起，创世般地进入非同寻常的境界：

自然这时随着兵器的震响醒来，

上接高天下临深谷

循着坚定的法则，一如往昔，从神圣的混沌中诞生，

激情，那造就万物者，

再次感觉如新。

如一团火焰在那人眼中曜煜，

当他草拟崇高之言；于是

此刻，现世的征兆与作为重新

燃起火苗，在诗人的灵魂之中。（Ebd., 诗行 23—31）

自然界的创造者与人类之灵中的创造者两相契合，两次都形成了从神圣混沌中催生而出的秩序。但创造精神也是受危险制约的。荷尔德林再次利用了狄奥尼索斯的神话——这位神遭宙斯闪电击中，却依然在赛墨尔体内存活下来，由此自身也能化为一道击中

寻常生命的闪电，时而热情似火，时而肆虐破坏。诗人需要勇气，以便让自己置身灵感的包围之中，任其处置：

> 但我们宜乎立于神的暴风雨下，
> 头颅裸露，你们诗人！
> 宜于用自己的手，抓住天父的
> 光束本身，裹以诗歌的外衣，
> 给子民传递这上天的恩赐。（MAI, 263；诗行56—60）

紧跟其后的诗句描绘的是，神性的力量如何让处于纯粹心灵的状态中的诗人完好无损。之后却出现一句但是呜呼！假如从……，随之行文突然中断，手稿可见几行空白，接着又来了一次"呜呼"，随之又是一段空白。再接下去是一段断片式的、整首颂歌以其结尾的诗节，其中含有征兆不祥的诗句：我即刻说道，（文字空缺）/ 我走近了，观望众天神，/ 他们自己，将我，这伪祭司，深深地抛向生者中间 / 抛入黑暗……（Ebd；诗行61—71）

之所以把身为伪祭司的诗人抛入黑暗——肯定是他身上发生了什么，或者说他一定是做了什么，但根据但是呜呼！假如从……来看，诗人不愿明言究竟何事，至少不愿在本诗中表达。只有那个散文体诗稿做了暗示：

> 但是呜呼，假如从
> 自戕的创伤里，我的心流血
> 而且和平
> 深深地消失，还有那自由素朴的满足，
> 这时躁动与匮乏就驱使我走向

诸神宴席的丰饶……（KA I, 665）

上文影射的是冲向诸神宴席的坦塔罗斯，正如荷尔德林在 1801 年 12 月 4 日致伯伦多夫的信中所言，从诸神那里所得比所能消受的更多（MA II, 914），因此被抛入冥府。在《许珀里翁》和《恩培多克勒》里先后起过作用的渎神母题，此处又再次出现。但是在颂歌《犹如在节日里……》，荷尔德林不想或者没法进一步展开，于是做了留白处理。

　　不过此刻又出现了引人注意之处，可以在该诗的手稿文本中重构出来。从这首未完的颂歌的空白部分产生了另外一首诗，它肯定是德语诗歌中最完整而又美丽的作品之一。在呜呼这一表达的旁边，荷尔德林写下了玫瑰和姣好的姐妹这样的关键词，于是就把下面的诗句断片挤到了一个狭小的空间里面，左边写着：

　　　　我要在哪里，当冬日到来时，
　　　　找寻花朵。

中间还有：

　　　　陶醉于
　　　　亲吻，你们
　　　　把头沉入神圣清凉的
　　　　湖水。

　　于是，我们见证了《生命之半》这首诗的逐步创作过程。它从颂歌《犹如在节日里……》的留白中产生，与哀叹呜呼相连，随之哀叹进入了《生命之半》一诗，并在此处精准地标识了两者的中间点和转折点：一方是生气勃勃、众口相传的美丽景象，另一方是僵化冻结和缄默不语的画面。就像坦塔罗斯身上发生的一样，这里涉及的也是坠入冥府的主题。与神性靠得太近，于是招致了僵化冻结的惩罚，而美丽则是恐惧的肇始。

> 长着黄色的梨
>
> 和遍布的野蔷薇
>
> 大地垂映湖面
>
> 你们优雅的天鹅
>
> 陶醉于亲吻
>
> 把头探入
>
> 神圣清凉的湖水。
>
> 呜呼，我要在哪里，当
>
> 冬日到来，找寻花朵，
>
> 还有阳光，
>
> 和大地的荫翳？
>
> 一堵堵墙立着，
>
> 无言而冷清，风中
>
> 面面风向旗呼喇喇作响。（MAI, 445）

从内心生发出紧迫之感，荷尔德林一再感受到迷惘、僵化、无言。此类感觉都在包括这首《生命之半》在内的诗歌里呈现出来。这也体现在一些断片化和戛然而止的诗歌上面，比如颂歌《犹如在节日里……》就是如此。在书信中，有时候也谈到了以上感受。1801 年春，在起初从豪普特维尔发出了一些热情洋溢的

消息之后，荷尔德林在一封给兰道尔的信中写道：这几周以来，我的脑海里简直有点千头万绪。（MAⅡ，896）

也许这短暂出现的迷惘，就是他稍后、即4月中旬离开贡岑巴赫家的真实原因。不过，那家的男主人在一封措辞高雅、见证其友好敬意的书信中给出了另一个版本的官方说辞，言称荷尔德林辞职是因为主人家中另有安排。

又一次通过徒步的方式，荷尔德林越过林道和施瓦本山脉，途经博登湖东岸，向着家的方向行进。显然他身心感觉又好了一些，而他在抵达尼尔廷根之后不久创作的哀歌《归乡》，也可视为路途上心绪的反映。他再次完全沉醉于博登湖周围的曼妙风景，以及他归来的家乡的美景：就像他爱着它一样，而现在生活重又开始，/优美似花盛开，一如往昔，当下的神灵到来，/欢欣的勇气再次鼓满了翼翅。（MAⅠ，320；诗行34—36）

荷尔德林明确表示把这首诗献给为回乡的他提供住宿的亲戚，在他们家里，他在归来后的几周确实重温了家的感觉。但没过多久，原来的忧愁又浮上心头。只要他没找到工作，教会监理会就可能找到他，给他安排一个牧师的职位。他的积蓄已经山穷水尽，又不愿意依靠母亲生活，于是不得已地又一次，也是最后一次采用原来的计划，即在耶拿申请一个讲师职位。

1801年6月2日，荷尔德林写信给席勒汇报了此事，做出这一举动对他来说肯定并不容易，因为在写于1799年9月的最近一封信中，他在《伊敦娜》计划失败后就提过要去耶拿谋求教职的打算，但席勒一直没有回复他。这次他鼓足勇气，而且以一种前所未有的坦诚讲述了他的境况，甚至字里行间还可以感受到一丝丝自豪，尽管信通篇充满殷勤的敬畏之情：我想，看到生活境况的压力并没有完全将我打垮，您想必不会那么不适吧。（MAⅡ，

903）荷尔德林还写道，既然他靠自由写作谋生的尝试失败，因此就做起了家庭教师，以期不要被人作为代理牧师送到一位乡村传教士的身边。不过，寄人篱下的家庭教师一职也不会让他怡然自得。如果雇主对他满意，他也还是无法对自己满意，因为他缺少真正的使命。如果其他人意识到了这一点并对他表示惋惜，他又觉得对方的同情让他忍无可忍。但他还是坚强地挺过了听天由命的危险。假如他不与之抗争的话，那必定会有一个糟糕的结局降临到他头上，他可能就会——丧失一切的表达天赋！

　　这封写给席勒的信也是一个求助的呼喊，因为它显露出荷尔德林的生活已经告急。要么会成功出现一个转机，要么他就面临创作完全失语的危险。荷尔德林知道，他期待席勒助他一臂之力，让他迎来拯救生活的转机，这给席勒增加了重担：在一个万分敬重您的人那里看到您给予的生活乐趣抬头，这对您而言可能并非毫无价值吧。假如荷尔德林可以在耶拿教希腊文学，这一生活乐趣可能会重返他的心中。他在信中说，他为教学做好了准备，同时又立即为其自夸请求原谅。他提及自己多年研究希腊文学，希腊文学赋予他自由，让他能够领会和传达那个湮没时期颇有生命力的当下及其灵之充裕，并把这一当下从咬文嚼字的工作中解放出来。接下来，他又简述了自己对古希腊文化和当今文化之间本质区别的认识，不过在信中没有进一步展开。详细论述会在稍后致伯伦多夫的信中进行，荷尔德林称之为两个教化圈之间互相颠倒的关系：希腊文化就自然属性来说是热情洋溢的，习得了理性审慎的一面；而我们的教化圈就本质来说是偏理性的，热情的一面还必须靠后天习得。不过，如前所述，出于害怕，他在写给席勒的信中对这一认识采取了保留态度，只是为了不要表现得过于不逊。荷尔德林期望得到席勒的帮助，却绝对不想给他增添负担。因此，荷尔德林在信收尾时写道：假如您反对我申请讲师职位，我就更加坦然地选择另外一条道路，然后看看该如何维持生计。此处可以清楚窥见的是，荷尔德林试着让席勒忘掉之前他在信中流露的、精神上的步步紧逼。

这封信席勒再次没有回复。荷尔德林还给图宾根时期的旧友、如今在耶拿担任教授的尼特哈默写了信，央求他协助自己申请耶拿的讲师职位，但也没有收到回复。

两人的否决不光是既定事实，而且也促使荷尔德林在写给伯伦多夫的告辞信中说道：但是他们可能并不需要我。（MA II, 914）

这期间出现了一线光明：1801 年 8 月，从出版商科塔那里传来消息，说是计划次年春出版一部诗集。为了给这部书打广告，科塔请荷尔德林为该社推出的"女士日历"系列提供一首所谓的最钟情之诗。规定的截止日期过于紧促；加之计划翌年出版的诗集也没有成功推出，原因是荷尔德林不在公国内，无法操持此事。这就带来了灾难性的后果：由此，诗人实际上就一直处于未被发现的状态，尽管他已经发表了一系列单篇诗歌。不过，在围绕施莱格尔兄弟和克雷蒙斯·布伦塔诺的圈子里，荷尔德林并非寂寂无闻，他的诗才崭露这一现象已经得到了文学界的关注。

从那一刻开始，荷尔德林再次住在尼尔廷根的家中，而他的妹妹在丈夫亡故以后也带着孩子搬迁回来。居家生活让他越发强烈地感受到自己的失败。他觉得，自己并不适合漂泊在外的生活。因此，当他从外面的世界，也就是从波尔多接到一个新职位时，就感觉无比舒适。

1801 年秋，兰道尔圈子内部的一个来自斯图加特的朋友给荷尔德林介绍了一个在波尔多做家庭教师的职位，雇主是当地来自汉堡的领事丹尼尔·克里斯多夫·迈尔。提供的年度酬劳接近

500古尔登，这是一个前所未有的高额数字。职位不太吸引荷尔德林的地方在于，按规定他必须有时在波尔多这个德国的小小殖民地布道，这是他的工作任务之一。而这个工作是他无论如何都不愿意做的，于是不得不进行烦琐的谈判，直到最后给予他暂时免除布道任务（MA II, 910）的优待。

荷尔德林接受了这一职位。由此他再次参与到原来的家庭教师角色中去，而他前不久还给席勒写信说，那一角色对他来说可能会是灾难性的。做出决定后，他从斯图加特给母亲写了一封短信，用寥寥几句揶揄之词掩饰了他深深的绝望：我不得不走进依附于人的生活，不管是用什么方式，教小孩子现在就是一个让我尤感幸福的营生，因为它如此纯真无辜。（Ebd.）

分别的时刻到来。荷尔德林与家人道别，意识到这一别可能就是永远。他觉得，这次的动身可能就意味着诀别。他给弟弟写信说道：我要承认的是，我一生中从未感觉到如此坚实地扎根父国的土地，从未如此珍视与家人的交往，从未如此希望保持这些联系！（MA II, 911）接着他发出了令人捉摸不透的请求，让弟弟宽宥一切可能阻碍我们之间的纯粹关系的东西。这里指的是压抑他已久的罪恶感吗，因为弟弟确实没被允许享受大学教育？或者是良心不安的感觉，因为他一方面皈依心灵的敞开（Ebd.）并对自己提出了这一要求，另一方面却又长期不向弟弟吐露他全部的心之所系？比如说对有关苏赛特的事缄口不言。

接下来，荷尔德林在出发前给尊贵的伯伦多夫写了最后一封非常重要的信。他抽出时间，先是给友人详细讲述了自己对古希腊文学与父国文学之间差异的看法，以便接下来谈及他近在眼前的动身。信中可以感受到悲哀和离殇，但也有旅行的喜悦和对远方的向往：我也期望看到大海，见到普罗旺斯的太阳。（MA II,

913）最后他随性地引用了歌德的《人类的界限》，诉说自己带着果敢的振奋，成功地在人生的转折点中发现了一些崇高的东西：哦朋友！世界比往常更加明亮地横呈于我面前，也更加严肃，的确如此！我开心地看到世界如何运行，看到夏天里"苍老神圣的天父用从容的手从赤红的云朵里抖落赐福的闪电"。因为在所有我能够从神那里仰望的东西里，于我只有这个标记是被选中的。通常情况下，我可以为新的真理欢呼，为漂浮于我们之上、聚集在我们周围者的更好面目而欢呼。而今我害怕的是，我最终没法胜任，就像年老的坦塔罗斯一样，从诸神那里所得比所能消受的更多。这里指的又是上文引用过的转折点，它是近几年经常出现的容器这一诗歌母题的组成部分，而容器可能会在灵感的强力之下爆裂。但是我采取行动，他继续写道，如我所能，尽善尽美，我想……要寻找一条首先可以免于疾病发作的道路，这是无神的、疯狂的，而对于死亡而言一切都无能无力。（1801 年 12 月 4 日；MA II, 914）

接着以上气势恢宏的词句，还有一段感人肺腑之语：我很久都没有哭过了。但这一次我流下了苦涩的泪水，因为我决定此刻就要离开我的父国，也许就是永远。在这世上，我究竟还有什么更可亲的事物呢？但是他们可能并不需要我。（Ebd.）

第十四章

去往波尔多的冬季旅行。当地的魅力。神秘的启程。各种推测。被阿波罗击中。苏赛特之死。抵达斯图加特和尼尔廷根，迷惘，堕落。狂躁。与母亲作对。与辛克莱一起去雷根斯堡。颂歌《拔摩岛》。《思忆》。

1801 年 12 月 10 日[1]，荷尔德林从尼尔廷根动身，一如往常地采取步行的出行方式。其实他身上有足够的钱雇马车，但作为漂泊者的荷尔德林另有所想。他踏上被积雪覆盖的黑森林地区的道路，一路上经过弗罗伊登施塔特。在斯特拉斯堡过境的时候，他遇到了困难。法国境内再次出现了动乱。那时候拿破仑被任命为终身领事、准备上台揽政。警方和军队都处于紧急状态，官方发

1　原文误植为 1802 年，实为 1801 年。具体的日期也存在争议，比如著有《荷尔德林：一场冬季旅行》(*Hölderlin. Eine Winterreise*. Tübingen: Narr Verlag, 2019) 的学者克努本（Thomas Knubben）就认为荷尔德林出发的日期是 12 月 6 日或 7 日。参见：https://www.deutschlandfunk.de/die-erfahrungen-hoelderlins-in-der-linearitaet-einer-100.html，阅读日期 2022 年 6 月 10 日。

布指令，这期间在边境处阻拦外国人，无论如何都不要让他们去巴黎。计划取道巴黎的荷尔德林，两周以后才得到这场冬季之旅的许可，不过他只能选择途经里昂，而且附加条件是去当地警察局登记。至于荷尔德林在哪里度过了过境之前的等待期，这一点无从知晓。也许他绕道去了法兰克福？

12月30日，荷尔德林继续自己的旅行，经过贝尔福进入勃艮第地区，沿着杜河与索恩河前行，但他在那里受到洪水的阻遏，不得不绕远路。抵达里昂之后，这座大城市的熙熙攘攘让他顿觉陌生，他觉得自己迷失其中。这座城现在是如此喧嚣扰攘，他在唯一的一封写于途中的信中对母亲说道，以至于只有通过在内心思忆那些熟知我们，而且良善的人，才能找回自己。（1802年1月9日；MA II, 915）

从里昂再度出发，荷尔德林择道而行，经过克莱蒙，翻越白雪覆盖的奥弗涅山脉，进入佩里戈尔地区。这是一场冒险的征程：走在陡峭而寂寥的山路上，遭受暴风雨的侵袭，穿过因为作奸犯科的强盗团伙出没而臭名远扬的地带。他显然有过糟糕的境遇，对此只能隐晦地谈及。他感觉自己就像是一个新生儿，幸运地逃脱了生命危险，在到达波尔多的那一天，即1802年1月28日给母亲的信中这样写道，然后继续陈述：我置身令人胆战心惊、大雪覆盖的奥弗涅山脉的高峰，置身于风暴和荒野中，在寒冷彻骨的夜晚躺在粗制滥造的床上，身边放着一把上膛的手枪——当时我还做了祷告，那是迄今我生命中最好的一次祈祷，永远不会忘怀。（1802年1月28日；MA II, 916）

在佩里戈尔地区的最后一段路程上，荷尔德林沿着伊勒河河谷而下，这位漂泊者因为历经冒险而得到淬炼和洗礼，之后就迎来了扑面的和煦春风，随后抵达波尔多。

荷尔德林在波尔多受到了领事迈尔的热情接见，但是身处那位富有的葡萄酒商古典主义风格的华美别墅里面，他感觉有一丝丝发怵。对此他写道：我的居住环境几乎过于豪华了。（Ebd.）起初的紧张情绪很快消解，几天以后他又补记道：我已经开始与人结识，并初步确定了自己的职责。这一开端不可能更好了。"您会感到幸福的，"领事在接见我时这样说。我想，他说的在理。（MA II，917）

有同时代人在早春造访过里昂这座古老而壮观的商业大都会，参观过葡萄种植的要道，并将自己为之倾倒的印象记录下来。其中就有阿图尔·叔本华，他恰好是两年后跟父母一起在迈尔的官邸下榻。叔本华饱含着强烈感情描述的场景，荷尔德林肯定也经历过。比如说那些传奇般的狂欢节时日：那些天，荷尔德林最钟爱的、葡萄酒的守护神巴库斯或者狄奥尼索斯以一种略伤风化的方式出场，更有戴面具者拥挤在林荫大道上面，哨响不断，鼓声喧天，而这一切在深夜里也不会宁息；还有来自南方的生活乐趣，放浪不羁，也有暴力横行，此刻都溢满了城市。到处都是舞会和联欢活动，傍晚的街道上空漂浮着烹调蒜的烟雾，壁炉里熊熊燃烧的火苗夹杂着迷迭香的浓郁气味。深夜的大街上，城外港口的入口处，还有库房那里，都可以见到成群的站街女。这一切在荷尔德林的书信和报告中了无踪影，只在以下诗句中有所提及：在那些节庆的日子／褐肤的女人走过那里／踏上丝绒般的大地，／在那三月时节……（MA I，473—474；诗行17—20）但是在荷尔德林的同时代人看来，当时的波尔多因充盈其中的生活情趣闻名，以至于威廉·魏布林格后来做出了一个无根据的论断，认为荷尔德林在那里做出了道德堕落之举，为了让自己重新找回问心无愧的感觉，因此逃之夭夭。

也许正如迈尔领事之前所说，荷尔德林有一段时间确实是幸福的。

但是两个半月以后，也就是 5 月 10 日，荷尔德林就托人办理了去斯特拉斯堡的护照，几天后跟那些卓然超群的人告别。他们之间没有发生争吵和误解，因为迈尔领事给荷尔德林出具了一份非常肯定的证明。这一突如其来的动身的真正原因并不为我们所知，只有一堆猜测和谣言争相涌现。

也许是有人违背了先前的约定，要求荷尔德林在波尔多那片狭小的德国殖民地承担布道之职。这大概是一个相对来说比较实际而不那么戏剧化的动机。谢林后来注意到这个说法，并展开进一步的论述。还有一个说法是上文提到过的，也就是魏布林格散播的荷尔德林道德堕落的谣言。此外，当时还有一个谣言广为流传，卡尔·戈克在许久以后为同母异父的兄长撰写的传记中援引了相关说法："也许他从自己的倾慕对象，也就是自打法兰克福一别就再也没有见过、但是像一个神圣的秘密深藏于胸的狄奥提玛那里，收到了一封信，信中说她身染沉疴，预感到将至的死神迫使他俩诀别。"（St. A. 7.2, 201）照此谣言，荷尔德林当是收到消息后立即动身，随后在途中获悉了苏赛特去世的噩耗。皮埃尔·贝尔托沿用了这一说法，并进行了更多猜测。根据贝尔托的说辞，荷尔德林在得知苏赛特重病以后就立即踏上了前往斯特拉斯堡的路途，（照旅行签证的日期来看）在 6 月 7 日抵达。三周以后荷尔德林才到达斯图加特——在贝尔托看来，正是在这个时间段里，荷尔德林从斯特拉斯堡前往法兰克福，目的是靠近垂死的苏赛特。她 6 月 22 日过世，几天以后荷尔德林到达斯图加特，相关经历在他身上烙下了深刻印记。

事实可能就是这样。如此首先就可以解释，在斯特拉斯堡过境与抵达斯图加特之间可疑的三周里，心绪错乱的荷尔德林发生了什么。不过该说法也存在互相抵牾之处，主要表现为：假如荷尔德林是从波尔多出发，以便在法兰克福探望一息尚存的苏赛特，那么他肯定是要匆忙赶路的；然而事实上他并没有这么做。他选择取道巴黎，而且如同一封致伯伦多夫的书信所展示的，他甚至还抽时间在当地参观了古董展（MA II, 921），也就是拿破仑在意大利一道抢掠而来的古代艺术品的新展览。

荷尔德林缘何中断了在波尔多的居留，这一点我们并不知道。也许又是因为一场情绪波动，突如其来的萎靡不振和内心空虚、个人崩溃的先兆让他觉得住在波尔多无法忍受。

有关荷尔德林回程的证明材料，只有一份唯一的、但又是匆匆拟就的文件，那就是 1802 年 11 月写给伯伦多夫的信，其时荷尔德林第一波的狂躁和迷惘已经来袭。对我来说有必要的是，他言简意赅地写道，在经历过心灵的震撼和触动之后安定下来……（Ebd.）

此处所指的是哪些震撼和触动？对此荷尔德林做了一些按语，暗示就是旅行途中的经历和体验。在回程中他穿过了旺代省，而就在几年前，当地的农民为了反抗革命揭竿而起，结果在一场恐怖的报复行动中惨遭屠戮。荷尔德林还感觉得到那场暴动的余威，他没有对自己的所见发表政治评价，而是为那种原始的景致动容：在那些地区……狂野和好战的一面吸引了我，那是纯粹的阳刚之气，在它面前，生命之光在双目和四肢中直接彰显，那给人死亡之感的景象，让人感觉如同置身高妙的艺术之中。（Ebd.）

这一自然流露的英雄气概让他深受感动，不过触动他的还有悲伤而孤寂的大地，上面零散居住着人群，他们忍受生活的一切苦难，同时保留着对生活的万般美好的感受。接下来就是那句经常被人引用的、富含象征意义的话：强有力的元素，天国之火和世人的宁静，他们在自然界的生活及其狭隘和知足，这些持久地让我动容；正如重复英雄之语一般，我可以说，阿波罗击中了我。（MA II，920—921）

那是一场迷惑感官、同时又具有摧毁性的命运之战，但是作为一桩令人狂喜的事件，被阿波罗击中又是一份嘉奖。荷尔德林让这一表达游移于双关意义之间。

这位被阿波罗击中的人，不管此刻是从法兰克福出发，还是在其他地方四处寻路，反正在6月底回到斯图加特以后，就立即去兰道尔府上拜访。在兰道尔家中或者是别的什么地方，荷尔德林遇到了早在图宾根时期就有所耳闻的诗人马蒂松。威廉·魏布林格描述了马蒂松日后讲述的会面情景：他（马蒂松）安静地坐在房间里，这时候门突然开了，一个乍看并不相识的男子走了进来。当时的场面令人吃惊。"那人肤色苍白，形体消瘦，眼神空洞而狂放，留着长长的头发和胡须，穿得跟个乞丐一样，"像凝固了一样呆呆站着，一言不发。马蒂松怯生生地问对方到底是谁，结果那个陌生人用他"难看而未修剪的指甲"紧紧抓住桌角，弯下腰，用"幽灵般的低沉嗓音"嘟哝着说：荷尔德林。（Waiblinger，296）

这肯定是个被人用闹剧装点了一番的场景。不过，荷尔德林在斯图加特的朋友和熟人也被他蓬头垢面、衣衫褴褛的外表惊吓，同时也对他身上出现的精力衰竭、昏昏沉沉而萎靡不振的征兆大为吃惊。

起初，荷尔德林在斯图加特仅停留了短短几天。接着他就去了尼尔廷根，不过在那里又只待了寥寥数日。母亲大感震惊，而且非常不安，因为根据卡尔·戈克后来的回忆，当时荷尔德林身上显然已经出现精神分裂的清晰迹象（转引自 Chronik, 89）。荷尔德林在家中极其不安，这驱使他再次回到了斯图加特，并回忆起 1800 年在兰道尔府上度过的那个思如泉涌的夏天。1802 年 6 月 30 日，荷尔德林收到了辛克莱告知苏赛特去世这一噩耗的信件，其时他正住在兰道尔的家中。辛克莱把信寄给了兰道尔，让他转寄到波尔多，因为他推测荷尔德林当时还在那里。这一点也可以驳斥贝尔托认为荷尔德林顺道去看望了垂死的苏赛特的猜想。友人辛克莱原本肯定可以了解到荷尔德林去法兰克福的行踪，即便不是通过荷尔德林本人，也可以通过两人的共同朋友埃贝尔，毕竟这位医生一直陪伴着苏赛特，直到她与世长辞。

有些事实也可以证明荷尔德林首先是通过辛克莱的来信得知苏赛特去世的。正如辛克莱在信中所写，他自从荷尔德林离开贡塔德家以后就再也没有见过苏赛特，因此他只可能是在其他人、可能就是埃贝尔转告他之后，才对荷尔德林表达抚慰之情的："她直到最后都忠于自己，始终如一。她的死就跟她的生一样。"（MA II, 919）苏赛特去世前的整个冬天都遭受危险重重的咳嗽的折磨，甚至有人猜想她患了肺结核。之后，孩子们也染上了风疹。他们挺了过来，而身体已经变得羸弱的苏赛特又被孩子们传染，在 1802 年 6 月 22 日因为风疹撒手人寰。

辛克莱在向荷尔德林转达噩耗与自己的安慰之词的同时，也尽力重新点燃友情的火苗，他意识到，两人的友谊之花在已经过去的霍姆堡岁月中显然缺乏浇灌。"你了解我的一切过错，"辛克莱写道。他邀请荷尔德林再次去霍姆堡，就像当年荷尔德林在耶拿之时，以及后来与贡塔德一家分道扬镳之后。这次的邀请尤为热忱，充满关切之情，几乎就是一个急迫的请求。"我邀请你来并住在我这里，只要我在此地的话。至于那些可能会改变我处境的情况，我们可以共同考虑决断。如果命运要发挥主宰作用的话，我们将会成为一对忠诚的朋友，沿着命运的轨迹前行。"（Ebd.）辛克莱仍然在黑森—霍姆堡的方伯那里担任政府专员，但那时正在翘首期盼一个更加重要的公国政府职位，因此他暗示可能会有变故，不过这不会阻碍他们作为"忠实的伙伴"携手并进。辛克莱甚至还提出去波尔多接荷尔德林。

辛克莱在接下来的时间里又发出过几次邀请。但荷尔德林一开始根本就没有做出反应，他过于消沉，心如乱麻，当他的意识稍微清醒之时，又踌躇犹豫，因为他惧怕过分的亲近，而且也不愿意陷入对朋友的经济依赖。事实上，辛克莱一再为荷尔德林提供钱财，不过采取的是非常体面的方式。1804 年夏，荷尔德林终于被说服，再次迁居霍姆堡，此时辛克莱安排他担任宫廷的图书管理员，并且自掏腰包为他支付薪水，而荷尔德林对此并不知情。

让我们回到荷尔德林接到辛克莱汇报苏赛特死讯的那封书信的瞬间。他是如此心慌意乱，以至于再也无法在斯图加特待下去，于是再次返回尼尔廷根，回到母亲和妹妹身边。在老家，一切却变得更加糟糕。魏布林格可能是借用了卡尔·戈克的说法，对此写道："甫一抵达尼尔廷根的母亲那里，荷尔德林就大发雷霆，将她和其他所有居住者都从房子里赶了出去。"（Waiblinger，296）可以想象的是，他的母亲和妹妹是如何站立在大街上，惊讶、羞惭而又恐惧，因为此前荷尔德林从未爆发过这样的震怒，一直以来他在母亲眼中就是亲爱的儿子，唯一的遗憾是他不愿意按照她的意愿行事。

对上述场景也存在一些猜测。当荷尔德林再度出现在尼尔廷根时，究竟发生了什么事？到底是什么让他勃然大怒？

贝尔托猜测，那是因为荷尔德林的旅行木箱是从波尔多直接运抵尼尔廷根的，而且先于荷尔德林本人到达。母亲打开了木箱，发现了藏在其中的苏赛特的情书，这完全是她首次面对儿子的这段让她极为反感的恋爱史。母亲于是严厉地责备了荷尔德林，这让他完全情绪失控。

以上猜测可能也是实情。尽管如今已经可以确定，当时接收行李木箱的是身在斯图加特的兰道尔，但他肯定是将箱子转寄到了尼尔廷根，也许它确实是在荷尔德林第二次现身尼尔廷根之前抵达的，随之就引发了贝尔托所写的那些糟糕后果。

家人一开始考虑暂时把荷尔德林交给一位乡村牧师照顾，但最后没有采取这个方案，因为唯恐荷尔德林认为自己还是被教会监理会安排了一个他憎恶的牧师职位，由此可能会真正地陷入狂躁。于是他一开始就住在母亲的房子里面，家人请了一位医生过来诊治。家人开始了解到，对荷尔德林来说，最好就是采取温和的方式让他一个人待着。尤其对他有利的是，找一位医生推荐的"有才华的年轻男子"过来，让男青年念荷马史诗中的段落给他听。这非常"神奇"地"抚平"了他的狂躁不安。（St. A. 7.2, 223）顺便一提的是，这个可以通过阅读荷马来抚慰人的"年轻男子"，就是马克斯·普朗克的先祖。

1802年9月底，荷尔德林的情绪已经恢复了平衡，于是接受了友人辛克莱的邀请，陪同这位朋友出公差，去雷根斯堡参加帝国特派代表团会议。辛克莱后来信誓旦旦地说，他在荷尔德林身上"从未发现比那个时候更强大的精神和灵魂力量"（转引自 Chronik, 90）。但是这一论断跟辛克莱在1805年的叛国罪审判中陈述的供词相悖。肯定是出于保护朋友的目的，辛克莱在该供词中解释说：“大家知道的是，荷尔德林三年以来就精神失常了，他还带着这种状态在雷根斯堡的殿下那里拜访了我。”（转引自 Kirchner，161）在这一背景下，辛克莱还提到在雷根斯堡不得求助了三位医生。让他感觉荷尔德林重新恢复了“精神和灵魂力量”的，当是荷尔德林与“殿下”，即黑森—霍姆堡方伯之间的深入谈话。当时该方伯与其政府专员一道在雷根斯堡停留，目的是介入当地举行的国土买卖，以期扩大自己幅员狭小的邦郡领土。但荷尔德林与方伯的谈话不仅围绕扩大领土的话题展开，而且涉及基督教的命运问题，而在那位秉持虔敬主义态度的方伯看来，因为启蒙主义者对《圣经》的批判以及世俗化精神的影响，基督教已经岌岌可危。出于这一原因，方伯就给被奉为“我们诗歌的荷马与先贤”的克洛普施托克致信，请求他再次歌颂基督教的真实精神，如同他在《弥赛亚》里已经出色进行过的那样。不过，鉴于那时候形势已经发生变化——“今日的哲学家、启蒙者和传统思想清除者对文字和神学不再那么重视”，可能关键在于要摈弃“他们的诠注之梦”。（转引自 KA I，970）克洛普施托克回信说，尽管这一请求让他备感荣幸，但觉得自己年岁已高而无能无力。

可能荷尔德林已经知道了这一事件；不管他有没有收到方伯的明确请求，无论如何，他在雷根斯堡就开始继续加工已经有了多个草稿、打算献给方伯的颂歌《拔摩岛》。第一份誊清稿在1803年初完成，荷尔德林委托辛克莱在方伯55岁的生日那天敬献给他，而方伯“心怀谢意和欣喜”（MA II，923）地接受了它。至于方伯是否也把这首颂歌理解成包括自由韵律和三段式（三个三节）等在内的品达风格，这里暂不讨论，因为这首颂歌理解不易，就连荷尔德林自己也觉得费解。在一封致辛克莱的信中，荷尔德林的母亲描述儿子经常并不"觉得状态够好"(MA III, 611),无力完成这首长篇幅的诗歌。荷尔德林随后寄给方伯的版本,也只是其中的一个初稿。后来又诞生了三个其他版本。而该诗的所有版本都没有付梓。

这首颂歌充满暗示,含义隽永;诗句的句法经常被打破,语流也常常陷入滞塞,由此语句晓畅的部分就越发扣人心弦。

荷尔德林完全迎合方伯给定的主题,即复活基督之灵、对抗启蒙主义的僵化和祛魅。不过,正如《面饼与葡萄酒》一样,《拔摩岛》也立足于同样包含古希腊时代在内的灵的发展过程这一背景,暗示了基督之灵和耶稣基督自身。

拔摩岛是位于小亚细亚前方的希腊岛屿之一,在古代是个流放囚犯的岛屿。根据基督教传说,使徒约翰逃到了那里,在一个洞穴内得到了"启示",即看到了世界末日的可怕幻象。不过,这一幻象在荷尔德林的这首颂歌里几乎没有发挥作用。在荷尔德林看来,约翰也是使徒、福音传教士和《启示录》的作者,代表的是从神性的肉身在场已经过渡到完全灵化的基耶稣督教信仰。《拔摩岛》逾山越海,是一份穿越各个宗教世界及其历史的旅行报告:从古希腊开始,经过基督现身、基督继任,直到当下的、在好些地方突然显耀的诸神之夜——给人带来希望契机的主显,同时这首颂歌本身也应完全视为一种这样的主显。这一点在颂歌的结尾表达出来,此处诗人召唤了言辞,甚至是文字的后续影响力:

……但天父
统领万物之人
所最钟爱,乃坚实的文字得以

维护，现存的事体得以

妙解。德意志咏歌遵从于此。（MA I, 453；诗行 222—226）

但这就已经足够吗？对此还是存疑的：太久，已经太久 / 天神的荣光目不可见。（Ebd.；诗行 212—213）

这场旅行的第一站是不同的地点和时代，因为天神尚还居于人间，可以被人看见，正如荷尔德林笔下一直所言，那里是希腊古风的梦想之国。在近处 / 且难容纳，是那神。/ 但哪里有危险，哪里也生长 / 拯救者（MA I, 447；诗行 1—4）[1]，颂歌以这样的诗句开头，这标志着旅行在精神上的出发点。拯救者可能是未来出现者，但它也存在于对伟大过去的回忆中。诗中的"我"受其守护神的邀请和引导，踏上寻找逝去时间的路途：

……此刻一位守护神劫持我

离开自己的寓所

比我估计的速度更快，

带我到从未想过要去的远方。……（Ebd.；诗行 16—20）

这与但丁《神曲》的开头相似。颂歌《拔摩岛》同样描述了上天和入地之旅。

首先是描写天上：宁静的火焰；而在火光中 / 银色的雪还凌空高耀；/ 还有那不朽生命的见证。（MA I, 448；诗行 38—40）太阳照耀下的，是那些被雪松和月桂环抱的希腊神庙，即为神而

1　译文参考刘皓明：《荷尔德林后期诗歌（文本卷　德汉对照）》，华东师范大学出版社 2009 年版，第 273 页。

建的殿宇（Ebd.；诗行45）。一切都明亮堂皇，那是诸神的节日。

接下来就写到了拔摩岛，那时间转换之地，以及约翰进入黑暗的洞穴（Ebd.；诗行56）。然后就是对耶稣在场的回忆，耶稣之爱光耀四射，以及晚餐上的告别。耶稣被钉在十字架上身亡，这一点一笔带过：随后他就死去。对此／本有很多要说。（MA I，449；诗行88—89）此处出现了一个难以忍受的断裂：排除可见性。第一批门徒就已经不得不学习放弃，与形影告别。

从此刻开始，真理就只尚存灵中。整首诗歌即是围绕"仅仅尚还"展开，所抒之情介于希冀、怀疑与绝望之间。在古希腊的诸神黄昏之后，灵化，这一诸神在场的基督教心灵形式是否就已足够呢？有了它，就能挨过长夜吗？如同迟疑的回答所言，只有在团结一致的时候，答案才是肯定的；但是呜呼，如果他们无法容纳／彼此（MA I，451；诗行141—142），肯定就不行了。孤独感越来越强烈，它消解了人与人之间的纽带，人们被驱散，自己内部也分崩离析：

> 但可怖的是，好些地方
> 神将存活者无尽地分散开来。
> 因为他已经把形影
> 交给了尊贵的朋友
> 而且路途迢远地跨过群山
> 孤身一人……（MA I，450；诗行121—126）

这是一个悖谬：神性，事实上就是无所不包者，隐退了；而当它确实显现的时候，它就击中了那些孤独无依、不属于任何共同体、无法承受天神重负的个体。因此就会出现下面的情形：但是

很多双 / 惧怕的眼睛等待着 / 观望那道光。他们不愿 / 在锐利的光束上闪耀。（MA I, 452；诗行 186—189）

在本诗的倒数第二节中，荷尔德林直接与方伯对话：因为有一点我了然于心，/ 即是永恒天父的 / 意志对你 / 意味深长……（Ebd.；诗行 200—203）

至于荷尔德林自己，他对永恒之父的意愿的信仰如何呢？也许随后出现的诗句做了回答：宁静是它的征兆 / 在雷声轰隆的天边。有一个人站在下面 / 终其一生……（Ebd.；诗行 203—205）

即便耶稣基督跟其弟兄们，即希腊诸神共同生活在回忆中，雷声轰隆的天空下也只剩下一场等待，而那里征兆奇特地保持宁静。

差不多是创作《拔摩岛》的同一时期，或者是稍后，《思忆》诞生。跟颂歌《拔摩岛》不同的是，《思忆》中充满了令人感动的清晰明快。这是一首神奇之作，也是最后几首基调尚还明亮的诗作之一。荷尔德林其后创作的诗歌都带有一种晦暗的魔力，只是很多地方不经意间闪现出思想的火花。

思 忆

东北风吹拂，
那是我觉得最可亲的风。
因为它赐予船夫火热的灵魂，
给他们预示一帆风顺的航程。
但此刻就前去吧，问候
美丽的加龙河，
还有波尔多的那些花园。
那里，在陡峭的岸边

小路通向远方，溪水深流
汇入大河，而溪流上方
眺望着的，是一对
高贵的橡树和白杨。

我可能还记得，榆树林
怎样垂下宽大的树梢
给磨坊投下荫蔽，
而后庭生长着一株无花果树。
那些节庆的日子
褐肤的女人走过那里
踏上那丝绒般的地面，
在那三月时节，
当黑夜与白昼等齐，
条条缓慢的小径上方，
因金色的梦而沉重，
散发着引人入睡的气息。

但愿有谁，
盈满黯淡的光，
递给我一只馥郁的酒盏，
好让我安眠；因为甜蜜的
可能是荫翳下的小憩。
不好的是，
为终将逝去的思想失魂落魄。而美好的
是一番谈话，诉说

心中的想法，倾听许多
有爱的日子，
以及所行的作为。

但朋友们身在何方？贝拉敏
和他的旅伴？多少人
心怀畏怯，不敢去源头探寻；
因为财富源于
大海。他们，
好比画师，汇聚
大地之美，不厌
那鼓翼的征战，以及
孤独地栖歇，整年，在那
树叶脱落的桅杆下，那里城市的节日
不曾照彻黑夜，
而丝弦之乐和土著之舞同样不能。

但如今那些男子汉
已启航去印第安人那里。
那里，在凉风习习的山顶
在葡萄园山麓，从山上
多尔多涅河奔流而下，
与壮丽的加龙河汇合
海一样宽阔地
奔涌而出。但大海
夺去又给予记忆，

而爱情也勉力让人凝眸，

但持存者，诗人创立。（MA I, 473—475）[1]

　　这首诗在很多方面都打上了移动这一母题的烙印。一方面是
思忆的移动，对某个对象的思忆，这里指的是对波尔多时光的回
忆，也就是一种精神上的回溯：但此刻就前去吧，问候／美丽的
加龙河……让人感觉好像精神上的追溯也被一场好的顺风插上了
翼翅：东北风吹拂。

　　不过，回忆的移动在被忆起的画面那里中止，但它并没有停
歇。因为在被回忆起来的世界里，一切也都处于移动之中，涌流
和吹拂贯穿于整首诗。它让回忆者隐退，被忆起的画面展示了一
场努力奔赴，这在最后的两个诗节中表现得最为强烈。一些人朝
着泉水努力回奔，另一部分人对此心生畏惧。他们启程，扬帆出
海，寻找远方。一部分人寻找原初，而其他人正在发源之处。海
洋可以给他们许诺财富。他们在路上行进，被危险和孤独包围，
像船只失事的人一样，在脱落的桅杆下面苦守。尽管横遭驱赶
和折磨，受到灭顶之灾的威胁，但他们仍然把大地之美汇聚在
一起。诗的最后一节再次对波尔多港口呼喊，船只从那里扬帆起
航，驶向荷尔德林童年时期的童话王国印度。目光延伸到远方，
从葡萄园山麓凉风习习的山顶一路往下，俯瞰多尔多涅河与加龙
河湍急流下，最后归入大海。而大海本身也处于无休无止的移动
中，其节奏就是被奇妙地描述成如下画面的潮涨潮落：但大海／

1　译文参考刘皓明：《荷尔德林后期诗歌（文本卷　德汉对照）》，华东师范大
学出版社 2009 年版，第 456—461 页；[德] 荷尔德林：《追忆》，林克译，四川文
艺出版社 2010 年版，第 154—156 页；[德] 荷尔德林：《荷尔德林诗集》，王佐良
译，人民文学出版社 2016 年版，第 485—487 页。

夺去又给予记忆。自然的移动是崇高的，相比之下凡人迈着急促的碎步：而爱情也勉力让人凝眸。

诗中的基本特征就是移动：潮来潮往、启程与抵达、在路上、吸引人的远方。没有什么会永驻一地，时间也川流不息。如果说有那么一瞬间果真进入了诗中的"我"期盼的宁息，这时也会有以对话形式呈现的移动朝此挺进，而此处世界的整体移动特征再次跃然纸上：倾听许多 / 有爱的日子，/ 以及所行的作为。描述了如此多的移动和流逝之后，诗的尾句就让人感觉是一场胜利：但持存者，诗人创立。诗人就是对每一场启程的思忆。在不可见的状态中，他们把大地之美汇聚起来。

在荷尔德林的晚年，因为他仍然沉浸于思索之中，也就越来越强烈地受到大型发现之旅和遥远国家冒险旅行的相关报道的吸引。他第二次居留霍姆堡期间曾接受方伯宫廷图书管理员一职，但并没有开展实质性的工作；尽管如此，他还是利用这一机会阅读了馆藏丰富、与充满异域风情的远方相关的主题书籍。这一时期他还写了一首有关哥伦布的颂歌，起始句为：我曾期盼成为众英雄之一 / 而且可以放心地…… / 承认…… / 那可能是一位大海上的英雄。（MA I, 425；诗行 1—4）

第十五章

翻山越岭，去穆尔哈特拜访谢林。荷尔德林的《索福克勒斯》翻译。陌生之物变得愈发陌生。迁居霍姆堡。斯图加特数场危险重重的宴会。布兰肯施泰因的告发。辛克莱被捕。叛国罪审判。荷尔德林成为众矢之的。"我不愿成为雅各宾派的一员！"荷尔德林捣毁了钢琴。荷尔德林被转运就医。

从 1802 年夏天起，荷尔德林再度住在尼尔廷根的母亲家里。他变得安静了一些，着手翻译索福克勒斯和品达的作品。一旦情绪激动起来，家人就请来医生或者护工，让那人有时候甚至整宿都陪着他。荷尔德林几乎没有什么人际交往，也几乎不写信。母亲忧心忡忡地观察着他，对辛克莱一再提出的把荷尔德林接到霍姆堡居住的愿望采取拖延态度。她用恭顺的语气给辛克莱写信，告诉他说自己儿子的状况几乎无可救药。母亲写道，荷尔德林只会"招人厌烦"，而她绝对不想滥用辛克莱这位朋友的"慷慨和情谊"。母亲又写道，她也知道，荷尔德林跟她还有他的妹妹同住，这对他长期而言无甚益处：荷尔德林"在我们这个狭小的女士之家"缺少鼓舞，"因为我们无法供养他，为他解闷助兴"。母亲还写道，明年春天也许可以去霍姆堡的期盼让荷尔德林精神一振，因此完全可以遵循这一计划。（1802 年 12 月 20 日；MA III，610—611）

1803 年，辛克莱与荷尔德林的母亲之间还继续有书信往来。辛克莱不断催促，而这位母亲犹豫不决。辛克莱警告说，不能像对待精神病人那样对待荷尔德林，也不能疏忽大意，也不能怀揣最好的治疗意图。最后一点甚至就是最大的危险所在。辛克莱在信中写道，他足够了解自己的朋友，知道他"（是）个感觉非常细腻的人，即便是旁人对他最隐秘的评价，他也会在内心深处品读：而这本来不必让他那么介怀"（MA III，615）。荷尔德林的母亲在 1803 年夏申明，眼下可能只有上帝和辛克莱这位朋友才能帮助她"不幸的儿子"。然而，整个冬季都对霍姆堡之行抱以期待喜悦的荷尔德林，此时已经全然不见半点欢欣。母亲这时候不想再主动对荷尔德林提起霍姆堡之行的计划，以免让他觉得母亲"厌烦"他、想摆脱他。（MA III，617—618）

1803 年夏天，正好荷尔德林听闻谢林来到离自己不远的穆尔哈特省亲，于是动身前往该地，以期与自己睽违六年的旧友再度会面。谢林后来如是描述这一重逢："无人陪伴，一路徒步"，"就像是被本能引领一样地翻山越岭"，荷尔德林就这样到达他那里。"那是一场悲伤的重逢，因为我很快就说服自己，相信这把轻柔地绷上弦的琴永远地毁损了。每当我提起一个他曾经谈及的思想，他的首个回答总是正确而合适的，但接着说下去时就会思路中断。不过我从他身上体验到，那种天生的、原初的优雅带来的力量有多么强大。他停留在我们这里的整整 36 个小时里，一言一行都没有表现出任何不妥之处，也不存在与其早年高贵体面的本性两相抵牾的地方。在乡间阡陌上的道别真是令人痛苦。"（致古斯塔夫·施瓦布，1847 年 2 月 11 日；MA III，612—613）

以上是对一场已经过去四十余载的会面的回忆。与荷尔德林重逢之后，谢林在随即写给黑格尔的信中描述了当时的场景，强调了令人不快的一面，其中可以清楚窥见那时荷尔德林可能是在假装疯癫："他的样子让我大为震惊：他无视自己的外表，甚至到了令人作呕的地步，因为从他的言语不怎么看得出疯癫之态，他就是完全沾染了这种状态下的外在作风。"（1803 年 7 月 11 日致黑格尔；MA III，619）此时在维尔茨堡任教的谢林写信询问人在耶拿的黑格尔，看他是不是可以为荷尔德林做点什么。当然，"谁想关心他的话"，就得去他那里做"家庭教师"；假如有人首先"过了他的外在这一关，他也就不再招人厌烦了，因为他已经平静下来，回归了自我"。（Ebd.，612—620）黑格尔的回复让人感觉他倾向于远离荷尔德林。黑格尔在回信中写道："在耶拿住上一段时间会对人有所助益，但荷尔德林的状况已经超出了这段时间所能给予的。"但黑格尔也不想对荷尔德林完全不理不睬："我希望，他仍然对我心怀一定的、一如既往的信任，那么当他来我这里的时候，信任也许就能在他那里起点作用。"（黑格尔致谢林，1803 年 8 月 16 日；MA III，620）

荷尔德林再也没有去过耶拿。

翌年，也就是 1804 年，辛克莱的不断催促终于取得了成效。他为友人荷尔德林提供了方伯宫廷图书管理员一职（至于他计划自掏腰包来维持该职位，这一点却避而不谈）。他写信给荷尔德林的母亲说，这样做是为荷尔德林在霍姆堡的收入考虑（MA III，633）。母亲感谢辛克莱，在信中写道，"您再次表现出屈尊附就的善意，这让我不幸的爱子备感荣幸"，但她同时提醒他考虑荷尔德林的"心智能力已经大为减弱"，"恐怕很快就会被辞退"。母亲觉得，这一"冲击"可能会极大地挫败儿子的"荣誉感"，让他完全陷入精神错乱。（MA III, 625—626）

尽管辛克莱无法驱散荷尔德林母亲的顾虑，但最后母亲还是做出让步，带着忧心忡忡、可能也有一点如释重负的心情，让儿子于1804年6月搬去了霍姆堡。

在动身前的几个月，荷尔德林还颇受鼓舞，因为通过辛克莱的介绍，出版商弗里德里希·维尔曼斯已经答应出版他翻译的索福克勒斯作品。几乎不再写信的荷尔德林开始与维尔曼斯保持活跃的通信，此处可以窥见他对作品出版流露的喜悦之情。跟每一个对自己的事务信心满满的人一样，荷尔德林向出版商解释了他的翻译理念：比起对受众做一般性的介绍，我希望对我们来说较为陌生的……希腊艺术能通过翻译变得更为生动，而我可以更加凸显东方的一面……，以及完善希腊艺术不管是在哪个地方出现的错误。（1803年9月28日；MA II, 925）

荷尔德林在这里称为东方的一面，对他而言，跟上文引用过的1802年12月2日写给伯伦多夫的信中详细解释的一样，即意味着热情的一面，是天国的火焰，是狂放的，乃至野蛮的东西，而这些在温克尔曼所写的古代艺术中被"高贵的单纯和静穆的伟大"这一表达过于美化了。荷尔德林自信地承诺出版商，他要完全展现索福克勒斯悲剧的真实特质。他甚至相信自己能够祛除那些艺术错误，即原文中矫揉造作的外在形式。（MA II, 924—925）

显而易见的是，谢林在穆尔哈特与荷尔德林会面时就许诺过，要把他的索福克勒斯剧本翻译交给魏玛剧院上演。荷尔德林也对维尔曼斯提及了这一点，目的也是为自己的翻译造势。但谢林后来几乎没有为荷尔德林的翻译出力，因为最后一次在维尔茨堡（荷尔德林和辛克莱前往霍姆堡时曾停留此地）碰面之后，他写信给黑格尔说，尽管荷尔德林"比去年状态有所好转，但其精神分裂的症状仍然清晰可见。这一受损的精神状况通过他的索福克勒斯翻译完全显露出来"。（1804 年 7 月 14 日；MA III, 631）

荷尔德林翻译了两部悲剧——《僭主俄狄浦斯》和《安提戈涅》，1804 年以两卷本形式出版。他使用的希腊文底本错误百出，这让文本的意思变得含混不清。荷尔德林努力揭示文本意义，却让它变得更加晦涩，于是也就越发偏离原意了。但荷尔德林的翻译一直都颇有创见。诺贝尔特·黑林拉特[1]在 20 世纪初首次全面赞誉了荷尔德林的译作，并做出如下总结性评价："翻译难得地把两方面结合起来，一方面是对希腊语言的熟稔以及对其美感和特性的灵活领会，另一方面是对该语言最简单规则的不了解以及精准语法知识的全然缺失……要找出另外一个如此熟悉和灵活感知这门死亡语言的人，以及另外一个如此谙熟很大一部分希腊文学而又对希腊语法和所有语文学体系极其陌生的人，殊当不易。"（转引自 KA 2, 1327）

荷尔德林的翻译避免了任何古风的打磨，古代陌生的一面显得更加陌生，遥远的变得更加遥远。但这一切并非是在历史疏离化的主旨下进行，而是被视为朝向一种基本的原始力量的靠近，而在荷尔德林看来，这一力量在古代即已呈现出来，如今又在我

1　黑林拉特（Nobert von Hellingrath, 1888—1916），日耳曼语言文学家、荷尔德林研究者，曾编辑出版《荷尔德林作品集》的第四和第五卷，1916 年在凡尔登战役中阵亡后，作品未竟部分的编辑工作由泽巴斯（Friedrich Seebaß）和皮根诺特（Ludwig von Pigenot）继续推进。黑林拉特还是"格奥尔格圈"的成员，皈依格奥尔格倡导的"神秘的德国"，并曾编辑格奥尔格作品集，因为后来战死沙场而未能完成。

们心中隐秘地继续生存。在面对这些戏剧的时候，我们应当把自己从习以为常的中心驱赶出来，将自身置于离心的兴奋状态之中。深深地沉入戏剧世界的人，最终应当再也无法认识自己。在荷尔德林本人那里，可能就是如此。当恐惧上升之时，俄狄浦斯的巨大哀诉变得慑人心扉，大有被卷入癫狂之势：

> 我夜里的云朵！你这令人畏惧者
> 舒卷着，无法言表，没有被驯服
> 未被攻克！哦，于我！哦，于我！
> 如何同时进入我的心
> 带着这些刺痛
> 丑恶的喧闹和回忆！（MA II, 301；诗行 1345—1350）

但引人注意的是，荷尔德林如何一方面寄希望于古希腊作品，另一方面在评注中删除了技巧性的、精心设计的内容，用他自己的话来说就是规则上的考量（MA II, 309）。如果这些技巧性的东西非比寻常的话，那还是有其方法在内的。

1804 年夏，荷尔德林正式迁居霍姆堡。

他在那里陷入一起糟糕事件，让他最终精神崩溃，对此基希讷[1]进行了重构。该事件在斯图加特就已经显露苗头，那里正是辛克莱过来接荷尔德林共赴霍姆堡的地方。

辛克莱是在布兰肯施泰因的陪同下前往的，那是他最新认识的朋友，也许还是恋人。那是一个生气勃勃、外表帅气、讨人喜欢的年轻人，年方 21 岁，但正如后来事实显示的那样，他也是

1　Werner Kirchner（1895—1961），荷尔德林研究者，职业为文理中学教师。

一个模棱两可的人物，将会让辛克莱与荷尔德林陷入不幸的泥潭。皈依基督教之后，此人的姓名经历了一番变化：从阿伦·利维到安通·利奥波德，再到亚历山大·布兰肯施泰因。早在17岁时他就显示出超凡天赋，有能力进行精心设计的，甚至是欺骗性质的财政规划。1803年底，他从法兰克福出狱后直接来到霍姆堡，此前他因为诈骗罪身陷囹圄。很快地，他在霍姆堡赢得了方伯和辛克莱的信任，原因是他提出了建立一个彩票中心的想法，并宣称它会让维滕堡这个小公国免除财政之忧。除了布兰肯施泰因本人及其助手奥义勒律师之外，参与者中可能没人真切地看穿那个计划。它并没有给公国带来期望中的盈利，却让布兰肯施泰因及其助手中饱私囊。

1804年6月，在斯图加特举行了数场危险重重的宴会，都有公国议会成员参加，直到那时骗局依然未被揭穿，辛克莱还相信他与布兰肯施泰因之间的友谊。在那些日子里，政治一片动荡，因为那时候已经擢升为选帝侯的公爵与地方特权等级代表之间的矛盾已经激化。举国上下担心选帝侯会发动一场对抗公国议会的政变。

出席那些宴会的除了辛克莱，还有路德维希斯堡的市长和激进派反对党的代表巴茨，另外也有其他具有共和思想倾向的地方特权等级代表到场，所有人都是辛克莱图宾根时代或者耶拿时代甚为熟识的人。6月12日和19日，在下一步去往霍姆堡之前，荷尔德林也先后参加了宴会，两次布兰肯施泰因也都在场。

出席者认为可以自由讨论，于是大家也就借着酒劲畅所欲言，商谈一系列大胆而又极端的计划，其间辛克莱和巴茨也不免夸夸其谈。出席者说，最好的方法是除掉选帝侯及其部长温青格尔罗德。辛克莱谈到了细节问题，详细地阐述了谋杀的可能性。赴宴者情绪高昂，为过去的伟大革命人物干杯，沉浸在回忆之中，想起了自己昔日在图宾根以及耶拿大学生"兄弟会"度过的革命氛围涌动的岁月。这些言辞极端的宴饮朋友所商量的，肯定不是正襟危坐的谋反，它也没有引发任何政治动静。稍后，在没有遭遇特别抗击的情况下，选帝侯就解散了地方特权等级代表处。如果说席间的谈话并没有产生实际结果的话，给参与者却带来了灾难性的后果。

回到霍姆堡以后，辛克莱慢慢发现了布兰肯施泰因的欺骗活动。这让辛克莱来觉得糟心而又失望，因为就在半年前，他还准备与此人一起前往布洛涅，进入拿破仑的军营，并打算从那里出发，参加当时规划中的出征英国。照此看来，辛克莱曾想象与布兰肯施泰因共度未来，这也为他对荷尔德林决然的多次邀请打上了一个独特印记。辛克莱对荷尔德林承诺，说等他抵达霍姆堡以后，就可以在这位朋友的"胸膛上""休息一下"（MA II, 919），而与此同时他还在规划离开霍姆堡——可能就是跟布兰肯施泰因一起。

在发现布兰肯施泰因的欺骗行径之后，辛克莱当即采取行动：1805 年 1 月，他要求彩票中心公布整个账目，归还预支款项并以上诉进行威逼。这一方式把布兰肯施泰因逼上了绝路，于是他采了了报复行动。1 月 29 日，他给维滕堡公国的选帝侯上书："作为德意志人和殿下的崇拜者，我感觉和认为自己有义务向您这位国君汇报一个重要消息，希望可以阻碍一撮坏分子的谋杀计划"（转引自 Kirchner, 65）。接下来，他在信中描述了辛克莱、巴茨、魏斯哈尔[1]以及其他人等的夜间谈话。尤其是突出了辛克莱

---

1 Jakob Friedrich Weishaar（1775—1834），从 1803 年开始姓"封·魏斯哈尔"（von Weishaar），维滕堡公国政治家、法学家，曾担任公国部长。

的参与："辛克莱那时候说过，必须敢于发动一场大规模的决定性的政变。"（Ebd., 66）信中还提及，那伙人还具体商议要除掉选帝侯及其部长温青格尔罗德，并且已经在寻找可能委以重任的、有能耐的"主攻手"。

在1805年2月7日的另外一封告发信中，"荷尔德林"的名字也出现了。信中说，他"同样被告知了整个事件"（Ebd., 71）。

告发取得了预谋效果。维滕堡选帝侯向方伯提出了对辛克莱的引渡要求。方伯开始表示抗拒，后来又做了妥协，就这样辛克莱于2月26日在家中被捕。受到惊吓的母亲宽慰他，解释说他是无辜的，只是有点轻率大意。辛克莱被带到路德维希斯堡，当地随后对他进行了严厉的审问，而辛克莱有能力为自己做巧妙的辩护。尽管如此，他还是有四个月身陷囹圄，其中两个月是在完全隔绝中度过的。

这期间也对荷尔德林展开了调查。1805年3月4日，先是尼尔廷根的高级行政机关和教区管理处，几天以后又是路德维希斯堡的教会监理会出面，要求了解荷尔德林的行为和精神状况。教会监理会做出答复，说荷尔德林一开始没有辜负大家对他的高期望，"直到他最后因为用脑过度而遗憾地步入歧途"（Ebd., 210），不过可能还存在"精神状况再度康复"的希望，前提是他不会因为退回"书斋"而放任自己"天马行空的幻想"。

尼尔廷根的高级行政机关和教区管理处也表达了类似的观点，说是荷尔德林在修道院求学时期有个良好开端，后来就偏离了他的主要意图，在类似诗歌或希腊文学翻译这样的"次要事务"中迷失了自己，而且"为此，也就是因为过于紧张的研究陷入了精神迷惘，以至于他已经完全成了一个废人"。（Ebd., 211）

上级机关也请霍姆堡的医生米勒出具了一份鉴定，他曾在荷尔德林第一次返乡居住时为其诊治"疑病症"。尽管米勒强调他并不是非常了解荷尔德林及其状况，没法给出一个有把握的判断，但他在因为鉴定一事拜访过荷尔德林几次以后，做出了如下判定："当我看到那个可怜的人如此精神错乱时，我受到了多么大的惊吓啊，我没法跟他讲一句理智的话，他一刻也不停地剧烈动弹……现在的他已经发展到了如此地步，疯癫已经转变成了狂躁，以至于在旁人听来，他说话就像是夹杂着德语、希腊语和拉丁语，简直无法理解。"（St. A. 7. 2, 337）

那份证明荷尔德林已经精神错乱或者疯癫的鉴定从头到尾都是在考虑到相关情况的条件下完成的，撰写人知道荷尔德林可能会被捕入狱，而相关人等想要保护他免遭劫难。因此，鉴定里强调了他精神不健全的状况。事实上，荷尔德林确实陷入了深度忧郁，还交织着迷惘、愤怒、绝望和惧怕。他在小城里变得引人注目，因为他所到之处，不管是在大街上还是热闹的公园，都会扯开嗓子叫喊："我不想成为雅各宾派，让所有的雅各宾派滚开吧！"（Kirchner, 211）但引人注意的是，这一行为在辛克莱被捕之前就已开始，而那时荷尔德林肯定并无理由害怕卷入调查。布兰肯施泰因的告发先是让辛克莱锒铛入狱，不过也提及了荷尔德林经常挂在嘴边的呼喊"我不想做雅各宾派……"。（Vgl. Ebd., 71）也就是说，荷尔德林明确表示与雅各宾派的圈子尤其是与辛克莱划清界限，这一点在此之前就已开始。这或许也可以解释，为什么辛克莱在刑满释放后逐渐完全断绝了跟荷尔德林的联系。

上级机关对荷尔德林的调查最后还是终止了，也是因为方伯知会斯图加特的各个部门，说他希望"可以规避对此人的引渡……"（Ebd., 138）。荷尔德林一直处于精神错乱的状态，几乎无依无靠、形影相吊。只有辛克莱的母亲照顾着他。辛克莱本人尚在狱中，在他1805年秋恢复自由的时候，他没有回到霍姆堡，而是先退避到柏林，避免逃脱霍姆堡当地也在进行的针对他的敌对行动。辛克莱不招人待见，不管是在民众中间还是在同事圈内。在旁人眼中，他过于骄矜，与那些新式流行的"玩意儿"联系过密。旁人对他的猜忌中也隐藏着对其同性恋取向的反对，这也是有可能的。不过，方伯还是继续站在辛克莱这边，也支持荷尔德林。

方伯的几位千金中有一位名叫奥古斯特，尚还待字闺中，在荷尔德林第一次来霍姆堡时就爱上了他，在他第二次到来时送了他一架钢琴，以感谢他把1804年初出版的索福克勒斯剧本翻译献给了她。荷尔德林不间断地弹奏着这架钢琴，一开始是充满幻想，温柔而又悲戚。随着他的精神错乱加重，弹奏时表现得猛烈而又震怒。最后他对钢琴来了一记重击，捣毁了它。信，他是再也不写了，但他会列出颂歌写作计划的草稿，并记下关键词。他的幻想思接千里、意涌八方，就是要离开这里，到广阔天地中去，去往渴望中的远方，比如说奔赴当时被视为天堂之地的南海岛屿——天宁岛：甜蜜即是，当人疯狂了／置身神圣的狂野之中。（MA I, 471）

荷尔德林就这样度过了一段时日，内心平静自省，有时候也会暴跳如雷、怒不可遏。他一直以来的房东觉得他是个麻烦，于是他不得不搬到一个条件较差的住宅区。辛克莱1806年春从柏林回到霍姆堡，对荷尔德林的最后这次搬家已经完全置身事外。那时候，辛克莱正忙着参加关系到黑森-霍姆堡命运的一系列谈判。

当时有苗头显示，霍姆堡这个小公国可能无法在政治上继续存在。在法国的各个机关之间奔走，找拿破仑说情疏通，乃至用尽一切计谋，也都无济于事：按照 1806 年 7 月的莱茵同盟公约，黑森-霍姆堡的邦郡制合并为新创立的黑森-达姆施塔特大公爵制。由此一来，首先是公国的独立自主宣告终结，此外也不可能继续设立诸侯宫廷图书管理员的职位。1806 年 8 月 3 日，辛克莱给荷尔德林的母亲写信说："因为方伯殿下的情况发生变化，其有些地方也会遗憾地随之改变……，这就迫使他不得不采取紧缩政策，同时也至少会部分降低我在本地的露面机会。因此，我那位精神错乱到已经病入膏肓的不幸朋友，就再也不能长久地领取薪酬并留在霍姆堡了，我受人之托，恳求您把他从这里接走。他的错乱激怒了此地的暴徒，以至于我在外地期间忧心忡忡的是，会有针对他的最恶劣的人身攻击发生，而他长期以来一直我行我素，这本身可能也会让本地民众觉得危险，再加上本地没有相关机构要求采取将他带离本地的公共预防措施。这让我多么痛苦万分啊，您可以相信这一点，但任何一种情感都不得不为必要性让步……"（MA III, 643）

　　辛克莱让荷尔德林听凭命运的处置。从那一刻开始，他心目中那个活生生的荷尔德林就不复存在了。但辛克莱跟苏赛特一样，属于荷尔德林心目中的第一批贵人，在他们看来，荷尔德林可以在其作品里以及作为神话继续生活下去。辛克莱将会热情四溢地为荷尔德林做推广并仔细记录，诗人大获认可乃至名价日重的迹象在此略见一斑。辛克莱曾给询问荷尔德林境况的霍姆堡公主玛丽安娜[1] 回信，字里行间充满自豪的满意之情："施莱格尔兄弟、蒂克和布伦塔诺这时都成了'荷尔德林最伟大的拥趸'。"（转引自 Kirchner, 181）

1　Marianne，又写作 Maria Anna Amalie（1785—1846），也是普鲁士公主。

以上文字是辛克莱在 1806 年 9 月 11 日清早荷尔德林被送走几天后写下来的。那一天，荷尔德林被几名卫生员强行带上车，送往图宾根的奥滕里特医院。荷尔德林猛烈抗争，可能是因为当时他以为自己跟此前的辛克莱一样被捕了。他多次试着跳车，殴打护送人员，用长长的指甲把他们抓得鲜血直流。随行人员已经想要掉头回去了，结果坐在车里的荷尔德林最终安静下来。

　　一路上车子没有经停尼尔廷根。从那时起，荷尔德林就再也没有见过母亲。直到多年以后，他才开始重又给她写信，一封接着一封，恪守礼节，像念经一般。他们之间的关系已经破裂，内心世界也是如此。

第十六章

在奥滕里特精神病院。寄居木匠师傅齐默尔家。住在塔楼上可以观景的房间里。仍然还是个美男子。给母亲的信。在钢琴旁唱歌。即席赋诗。癫狂的程度如何？主要材料来源：瓦恩哈根·封·恩泽、威廉·魏布林格和克里斯托夫·施瓦布。当幻想以理智为代价变得更加丰富。荷尔德林的安详辞世。

在把荷尔德林送往图宾根的途中，为了不让他心生慌乱，陪同人员想说服他此番前去是给诸侯图书馆采购书籍。不过，从荷尔德林的行为方式来看，他并不相信。可能他害怕被送进监狱，就像此前辛克莱的命运一样。至于他此行的目的地是位于图宾根的奥滕里特医院，从没有人告诉过他。他 1806 年 9 月 15 日住进医院，直到 1807 年 5 月 5 日方才出院，具体来说一共在里面度过了 231 天。

这家位于图宾根的医院，即后来的大学医院的前身，那时候刚刚投入使用一年半。它有 12 个病房，一共 15 张床位。约翰·海因里希·费迪南特·奥滕里特[1]是位年轻而又雄心勃勃的医生，是在斯图加特的高级卡尔斯学校接受的中小学教育。他的大学生涯在法国和北美度过，在美国留学时期，他还拜访过由美国精神病学之父——本雅明·富兰克林创建的著名的费城医院。参观给奥滕里特留下了深刻印象，这位此前一直研究晕船病等问题的医学生，就这样被唤起了研究精神疾病的兴趣。

其时，作为科学的精神病学尚还处于发轫状态，而奥滕里特本人就是这个肇始期里的新手。荷尔德林估计就是他新建的医院接收的第一位精神病患者。奥滕里特从约翰·克里斯蒂安·莱尔[2]这位启发式治疗的先驱那里借鉴了相关原则，拒绝身体上的处罚。其理念是，通过"劝服和理性原因的陈述"来治愈患者，至少让其病情得以"改善"。考虑的治疗手段是"道义上的节制"（St. A. 7.2，363）。如果患者不能继续与人攀谈，而是陷入暴怒和叫喊，就会给他戴上一个皮质面具，这个道具尽管不是奥滕里特的发明，但与他的名字紧密相连。绑上的面具会覆盖患者的整张脸，眼鼻处会留下空隙，嘴巴会被一张填充了鹿毛的粘贴板罩住。医生认为，用这种方式可以让患者安静下来。主张启发式治疗方案的医生汲取了康德实践人类学的思想，而该思想认为外部的礼节完全可以改善人的内心世界，因此存在一条由内而外的路

1　Johann Heinrich Ferdinand Autenrieth（1772—1835），德国著名医生，1805年创建图宾根大学医院，1819年担任该校教务长，同时在维滕堡地方议会里任职，有多部自然科学和医学著作传世，最著名的是1801年出版的三卷本《实证人类生理学手册》。

2　Johann Christian Reil（1759—1813），自1787年在哈勒担任治疗学教授，自1810年在柏林任临床医学教授，在解剖学领域贡献卓越，尤其是神经系统解剖学，大力推进精神病学研究以及对精神病患者进行更富关怀的治疗，有多部医学著作问世。

径。那么，通过戴上面具来对面部表情进行外在的抚慰，为什么就不能同时引发内心的安宁呢？面具的使用被看作一种人性的方法，就跟所谓的"栅栏房间"的设立一样。这是奥滕里特的发明，其目的在于不必把狂躁中的患者绑缚起来。医生会让患者使用整个房间，只是把那些危险地带，比如窗户、壁炉等地方用木栅栏围起来，这也是胶囊房间的前身。（Vgl. Peters, 47）

从病历上没法看出荷尔德林是否经受了面具和栅栏房间等方法的治疗。但可以肯定的是，前几周他被"严格看管"：不得使用刀叉，只能用木勺吃饭，也不得外出。到了快年末的时候，才建议他出门散散步。

荷尔德林对住院期间的回忆可能是饱含创伤的，因为后来但凡他遇到某个跟那段经历相关的人，都会有激烈反应。

他的精神状况并未改善。无论如何，木匠师傅恩斯特·齐默尔是这么说的。齐默尔曾经读过《许珀里翁》，觉得"非常舒服"，现在又听说他赞赏的那位诗人被送进了医院治疗。"我去医院探访过荷尔德林，"齐默尔在三年后所写的见闻录中写道，"非常遗憾一个如此美好而又精彩的人物快要走向毁灭。因为医院在治疗荷尔德林上面再也没有什么进展，所以院长奥滕里特建议我把他带回家里，他不知道还有什么更合适的住所了。荷尔德林自始至终都是自然的朋友，可以在他的房间里面俯瞰整个内卡河谷以及施泰因拉赫河谷。我表示同意，接纳了他，迄今他住在我这里已有 30 个年头了。"（St. A. 7. 3, 134）在这不久前，齐默尔在内卡河畔修建了自己的房子，包括一幢重建的塔楼在内的部分城墙都是住宅的一部分。荷尔德林被安置在塔楼里的一间可以欣赏美丽全景的房间，在那里度过了他的下半生，共 36 个年头，直到与世长辞。齐默尔后来还要着重强调这个塔楼上的房间，是有充分理由的，因为这个明亮的房间四面开窗，正好自带一种荷尔德林钟爱的开阔氛围，而这也肯定大有裨益，让塔楼里如此漫长的生活尽管不乏心酸难过但也可以度日。荷尔德林去世后的第 15 个年头，有个大学生搬进了这个塔楼上的房间，他如是描写从房间里看到的景致："从其中的一扇窗户可以远眺柳树丛之间水流湍急的内卡河，远望到河流背后森然挺立的林荫道，几幢悦目的房子从道路中浮现出来，整幅景致被不平整的山上牧场镶上了一道蓝边。"（St. A. 7.2, 374）从另一个方向，目光可以越过城墙，沿着紧挨城墙而建的房屋远望，看到古堡山周围的小山丘。荷尔德林从那里把目光投向远方，每日如此。他在房间里踱来踱去，在房子附近的一条小径上沿着城墙散步，一走就是几个小时，时而上坡，时而下坡。如果他还想一个人到更远的地方去，那是不允许的，这也有另外一个原因：与教会监理会提供的经济支持这一"恩惠"绑定的条件之一，就是荷尔德林永远处于看管之下。但越来越频繁发生的是，有大学生来拜访这位塔楼里的居住者，在美丽的时令季节把他带出塔楼，进入周围的葡萄园。有些人把自己与荷尔德林共度的时光铭刻进永不磨灭的记忆之中，比如威廉·魏布林格和爱德华·默里克[1]；而黑塞——他的外祖父贡德特[2]还认识荷尔德林，后来在一篇文字优美、题为《在普雷塞尔的葡

---

[1]　Eduard Mörike（1804—1875），牧师、德国著名诗人、作家，比德迈耶尔流派的重要代表人物，其风格介于浪漫主义和现实主义之间。

[2]　Hermann Gundert（1814—1893），德国传教士、语言学家、印度学家、作家与出版者，长期居于印度，并在当地建了一所学校，撰有首部南印度语言——马拉雅拉姆语的语法著作，曾把《圣经》译成马拉雅拉姆语，他对印度的热爱极大地影响了其外孙、德裔瑞士籍作家、1946 年诺贝尔文学奖得主赫尔曼·黑塞（Hermann Hesse，1877—1962）。贡德特的孙子威廉·贡德特（Wilhelm Gundert，1880—1971），即黑塞的表弟，也是东亚研究者，专攻中国佛教研究和日本学。

萄园里》的短篇小说中，描述了他人与荷尔德林在葡萄园里共度的那些晴好日子。

当奥滕里特把他的病人移交给齐默尔的时候，安排的照看时间最长是三年。一开始情况看起来确实不妙，因为荷尔德林经常出现"大发雷霆"的情形，在这之后一般就会元气大伤地卧床休息几天。有一次，那是在1812年，他感觉如此糟糕，以至于大家以为他的生命很快就会走向终结。但他挺过了这场危机，出乎意料地痊愈了。从那时开始，他就一直保持着身体健康。他体格健壮，很多年以来都还是个美男子，面部线条精细，高额头，双手瘦削，不过，在替他剪指甲这件事上必须予以敦促。直到进入晚年，他的牙齿还完好无缺，后来才开始脱落。随后他的脸颊开始深陷进去，看起来就像实际年龄一样老态。在那时以前，他身上还是保留了一些青春气息，当他与齐默尔的大学生租客们坐在一起的时候，身上的青年人特征就体现得尤为明显。此时此刻，就像在家里的任何时候一样，他都备受尊敬，被人亲切关怀。"暴怒"的发作变得更加稀少，差不多完全消失。荷尔德林平静地度过如水光阴，他珍视齐默尔一家人悉心维持的令人舒适的规律性，因为那家人能体贴入微地觉察到他需要什么。荷尔德林可以在一种放心可靠的氛围中过日子。他用于膳食、住宿和护理的费用也几乎多年保持不变，都是一年200古尔登左右。这个数额并不高，如果考虑一下当时荷尔德林的经济状况的话：母亲去世后，他从她那里继承了差不多1万古尔登的财产，而其中很大一部分其实都是他此前应得的。不过，早些年一直让他颇感沉重的财产问题，他此刻再也不想过问。至于他同母异父的弟弟和亲妹妹之间的遗产争端，没有人透露给他，因为跟他谈起亲人时他容易激动和发怒。卡尔·戈克曾在1820年代初来访，荷尔德林居然没有认出他来，无论如何他当时的表现就是如此。

在齐默尔的多次劝告下，荷尔德林才在 1812 年终于愿意再次提笔给母亲写信，一年两到三次，经常都是差不多的用语，客套而又僵化，言之无物，信中感谢她的告诫，并央求她提出新的劝告，祝她身体康健，并强调自己幸福安康，而且一如既往地保证，让她相信这个儿子的忠诚、爱戴和恭顺。有几封没有标明日期，在一系列单调无聊的书信中显得特别突出。他没有明确表示写这些信对他来说就是折磨，但会为它们带给他的麻烦致歉。因此，不管他有多么想尽快停笔，但接着又会为此用拐弯抹角的言辞致歉：

> 我总是用非常简短的书信来打扰您，还请您不要生气。一个人是怎么想的，如何关心他所尊敬的人，生命如何在人的身上流逝，告知对这些情况的见证有个特点，那就是不得不用这一方式来表达歉意。我就此再次落笔，并自称为
>
> 您
>
> 最恭顺的儿子
>
> 荷尔德林（MA II, 942）

有一次他暗示说，他不是发自内心地，而是因为齐默尔才写信的。那是一封最短的信，全文如下：

> 我感到非常放松，能在那位最良善的齐默尔先生的允许下，非常恭顺地推荐自己，并自称为

您

最恭顺的儿子

荷尔德林（MA II, 956）

在另外一封信中，又幽灵般地浮现出当年在经济上依赖母亲的屈辱回忆。也许正因如此，这封信是最费解的。全文如下：

这些天，我可能不得不前来拜访您一次，我把这当作是教皇都无法赐予的恩典。为了让拜访不至于蒙上阴影，我会在笔下提及一个更可信或者更无法置信的话题，那就是您和我在远方一再重复的、有关财产的对话。

请您善意地把财产积累起来。

您

真真切切恭顺的儿子

荷尔德林（MA II, 955）

这时候写给母亲的信都是署名"荷尔德林"，不再像以前那样落款为"您的弗里茨"，或者"您永远的弗里茨"，或者"我最亲爱的妈妈的儿子"。回避见面的母亲热情地给荷尔德林写信，但是这些信件没有一封留存下来。她不再属于荷尔德林生命中可能需要的人。当母亲去世的噩耗传来时，荷尔德林不为所动地接受了这一事实。对于他在塔楼中习以为常的生活来说，那不是什么重要事件。

他每天伴着太阳起床，夏天的话就起得特别早，然后开始在房间内散步，中途休息就在房东几年后搬进来的一张沙发上进行，这样他白天就没必要躺到床上去。他也会请访客在这张沙发上落座。前来拜访的人越来越多，因为他逐渐变成了一个景点。当他独自一人时，下午也会再次绕着房子散步。他会走很多路，边走边喃喃自语。他也会阅读，不过大多只读自己的作品，在晚年主要是读他1822年再版的《许珀里翁》，该版选用的是绿色的亚麻布封皮，他非常喜欢。

那么多年里，唯有一次荷尔德林表达过改变一下现有生活的愿望。那是1820年代的某一天，他突然感觉有种愿望袭来，想去一趟法兰克福。有一段时间，他非常执拗地坚持这一愿望，以至于齐默尔把他的靴子拿走了。这惹得他勃然大怒，于是很多天卧床不起。法兰克福，那个地方当然象征着狄奥提玛。通常大家都会避免谈到那个话题，拜访者也考虑得足够周全，不会提及。但有一次有个人就真的谈到了，对此荷尔德林做了一个令人侧目的回答："啊，我的狄奥提玛！请您不要在我面前提及我的狄奥提玛。她为我生了13个儿子：一个是教皇，另一个是苏丹，第三个是俄罗斯的皇帝，还有其他。（他扳起手指一一列举）接着他用纯正的施瓦本土话急促地说道'您知道后来的情况是什么样的吗？她疯了，疯了，疯了，疯了。'"（St.A.7.3, 301）

齐默尔给自己的儿子购置了一架钢琴，也允许荷尔德林弹奏。他就经常去弹，有时候持续几个小时。他弹奏的是有名的曲子，但大多数情况下演奏的是即兴之作，是自己幻想的结果，还会随着音乐歌唱。魏布林格就经常听到荷尔德林的钢琴声，并对此做了令人动容的描述："他还能正常弹奏钢琴，但非常别出一格。当他弹琴的时候，就会连续数日坐在那里。随后他的脑海中就会有一个孩童般简单的思想久久萦系，他翻来覆去地琢磨和回想好几百次，直到再也无法忍受。另外他还会猛地抽搐一下，这就迫使他不得不把手指飞快地从琴键上移开，还有他长长的指甲碰到琴键时会发出令人不适的噼啪声……如果长时间弹奏的话，他的心灵就会变得非常柔软，尤其是眼睛下垂、脑袋抬高，看起来像是要失去知觉、饱受煎熬一般，这时他开始唱歌了。至于是用什么语言唱的，哪怕我经常听也无法感知，但他是带着充溢的热情在唱，谁见到和听到都会不寒而栗。沉重与悲伤就是他歌唱的灵魂：从他身上可以瞥见早年男高音歌唱家的模样。"（St. A. 7.3, 70）

其实，不仅是"沉重与悲伤"在发挥作用，因为当来访的大学生在房子里唱起他们醉醺的歌曲时，荷尔德林也会跟着一起高歌。有一次他甚至还邀请洛特·齐默尔——木匠最小的女儿共舞。只要不对荷尔德林刨根问底、穷究意义，而是以一种无拘无束的日常方式与他打交道，他就完全表现出感觉良好的状态，也会做出"理性的"回答。就这样，他与齐默尔共居同一屋檐下的生活渐趋和谐，而且非常轻松愉快。引人注意的是，如同齐默尔所言，每当谈起"知识界"或者有来自该圈子的人前来探访，生活中的轻松氛围就经常会被打破。有一次，以前在神学院担任荷尔德林毕业考试辅导教师、其时已在图宾根高就教授的孔茨来访，称呼荷尔德林为"硕士先生"，为此他一连好几天都面带愠色，因为他希望的称谓是"诸侯的宫廷图书管理员"，至少是被相关领域的人士如是称呼。他自己也总是会对拜访者说些字斟句酌的赞美之词，那些美言听起来是认真的，但显然并不像拜访者几乎异口同声地描述的那般真心实意。"陛下""仁慈的先生""殿下""将军先生""男爵"，他会一口气说出这些称呼，此外还加上优雅的、打上了洛可可式繁文缛节标记的鞠躬和屈膝礼。借助这一方式，他跟访客们保持了距离。还有些人请他作诗。有个访客描述了荷尔德林去世前不久的一个场景："我最后一次拜访是在 1843 年 4 月。因为我要在 5 月离开图宾根，就请他写几句诗留念。'如您这位尊贵的阁下所命，'他说道，'我是要写有关希腊、春天还是时代精神的诗歌？'我请他就'时代精神'这个主题写一首诗。"此刻他一只眼睛里散发着青春的火光，走到那张用于站立工作的桌子旁边，拿出一张对开的纸和一支还没有削切的鹅毛管笔开始书写，其间用左手手指在桌子上随着诗歌韵律打着拍子，每写完一行就点一下头，表达一下满意而清楚的"嗯"（Johann Georg Fischer；St. A. 7. 3, 295）：

时代精神

人们相会于这个世界，为了生活，
犹如年岁，犹如时代向更高处攀升，
亦如时序更替，许多真实成为盈余，
而长久汇入不同的年岁之中；
完满在生活中合而为一，
而人就顺从于高贵的追求。

致以谦卑的敬意
1748 年 5 月 24 日　斯卡达内利（MA I, 934）

在荷尔德林的晚年，他都会给自己的诗歌标注一个虚拟的日期，署上斯卡达内利或博纳罗蒂等假名。在交谈中，如果有人称呼他为"荷尔德林"，他也会坚持说自己不叫荷尔德林，而叫斯卡达内利或博纳罗蒂。当然，他跟那两个名字有点渊源。就博纳罗蒂来说，这一关联是显而易见的，因为此人是 1797 年策划政变以颠覆五人执政内阁的巴贝夫[1]的同谋者，并且因为这一身份在当年荷尔德林周围的雅各宾派朋友圈子内众口相传。荷尔德林托名博纳罗蒂，即是对革命时期的回想。

荷尔德林喜欢写诗，而且手不停笔。幸运的是，齐默尔一家并不会节约纸张。纸张的用度也计算在膳食、住宿和护理的费用账单上。遗憾的是，这一时期所写的诗大部分都被销毁了。从保存下来的寥寥几首可以窥见这样一个人物形象：他有时就像只音乐钟一样，单调地念着放之四海而皆准的格言，但一再出现特立独行而又神秘费解的固定表达，令人惊异；他一直致力于描写对自然的瞬息印象，并成功地塑造了令默里克击节的美丽景致。默里克最喜欢的荷尔德林之诗是后者在 1823 年作为礼物馈赠给他的，起始句如下：当天边有更澄明的喜乐 / 浇注下来，欢喜降临到世人身上，/ 他们为某物惊叹……尤其是这首诗里简直就像幽灵一样到处现身的羊群，对默里克触动颇深：

> 在那栈道的上方，羊群开始
> 移动，几乎走入那黄昏的森林。
>
> ……那里，牧场上也
> 逗留着那群羊儿……
>
> 但细雨从天洒落，那里

1　François Noël Babeuf，人称 Cajus Gracchus Babeuf（1760—1797），法国记者、法国大革命时期的左派鼓动者。其历史意义在于，他是首批建议将社会主义确立为实际政治制度的代表人物中的一员，作为早期社会主义者为后来的社会革命运动提供了思想依据。

整天都可以听见温柔的沙沙声。（MA I, 913—914；诗行
8—9、13—14、25—26）

住在塔楼里的早些年，荷尔德林甚至还计划出版一部年鉴，
为此每天都会写满很多张纸。其中就包括以下令人动容的素朴诗
句：这世上的舒适我已享用 / 青年时光，多么漫长！多么漫长！
业已消逝，/ 四月、五月和七月，已经远去 / 我再无价值，再也
不愿活下去！（MA I, 919）

同样是在这段时期，荷尔德林笔下还诞生了一首献给恩斯
特·齐默尔的诗。齐默尔在一封致荷尔德林母亲的信中描述了该
诗的产生经过："他在我这里看到了一张寺庙的素描，就让我仿
照式样建造一座木质的，我坚定地回答他，说我不得不为养家糊
口而工作，我没有那么幸运，能够像他一样沉浸在哲思中生活，
结果他马上说自己就是一介贫民。就在这一分钟内，他就为我在
一块木板上用铅笔写下了如下诗句：

> 人生之旅殊异
> 犹如歧路，又像群山之界。
> 我们这里之所是，那里会有神来充实，
> 以和谐、永远的酬答与宁静。（MA III, 649）[1]

1826 年，由古斯塔夫·施瓦布和路德维希·乌兰德选编的荷
尔德林诗集出版，但荷尔德林本人并没有表现得多么振奋。当他

1　译文参考［德］荷尔德林：《塔楼之诗》，先刚译，同济大学出版社 2004 年版，
第 2 页。

听说乌兰德和施瓦布确实做了很好的编辑工作时，只是闷闷不乐地说："我并不需要这些帮助，我自己也可以编辑自创的诗歌。"（St. A. 7. 2，380）这一反应当时让不少人大为震惊。大家不相信他具备那种能力，反倒认为他的疯癫状态比以前加重了。

那一刻的他，精神错乱究竟到了什么程度？

皮埃尔·贝尔托提出了一个论点，并在一部鸿篇巨制里阐明了理由。他认为，荷尔德林受到了深深的心灵伤害，对其作品的应和寥寥大感失望，因为物质生活上的挣扎耗尽心力，于是躲进了内心深处的避乱所。旁人那时一直至今称为疯癫的状态，其实是他的刻意策划或掩人耳目。

认为荷尔德林是位尊贵的装病者的人，大多是引用了辛克莱1804 年 8 月 6 日写给荷尔德林母亲的书信，其时身居尼尔廷根的荷尔德林肯定已经患病。信中写道："不光是我，此外还有他的六到八个熟人都相信他绝对没有出现精神恍惚的现象，那只是他出于深思熟虑的原因而呈现出来的一种表达方式。"（MA III，633）

在行动上来点装腔作势，这在荷尔德林身上肯定是有的，比方说在问候和告别礼仪上行屈膝礼，口称"阁下"和"圣人"。谢林也注意到，即便荷尔德林真有精神疾病，但确实也表现出"疯癫"的"外在礼节"（MA III，619）。

但这样的掩盖和装疯，如同贝尔托假设的那样，能跨越有限的场景而贯穿荷尔德林的整个下半生吗，能 36 年坚持如一？恐怕几无可能。

有关荷尔德林自身行动和自言自语的方式，有一些给人留下深刻印象的描述保存下来。从中可以看出，他的表现不会止步于"疯狂"这一标签，而是试着更精准地抓住相关特征，区分明亮面和阴暗面，把握好迷惘与镇定之间的转换。

瓦恩哈根·封·恩泽是 1808 年的第一批访客中的一员，记录了当时对荷尔德林的印象。威廉·魏布林格在 20 年代的表述最为详细，而且描写深入。最后几年中，前去拜访而又记载下来的是克里斯多夫·施瓦布[1]，即名人古斯塔夫·施瓦布[2]之子，他赢得了荷尔德林的信任，在日记里记录了他对荷尔德林的仔细观察。这三个人的记载将会在本章收尾时详述一番。

瓦恩哈根·封·恩泽，即拉埃尔·瓦恩哈根后来的丈夫，是一位受过专业教育的医生，通过在奥滕里特医院担任助手的友人尤斯蒂努斯·克纳[3]介绍，在 1808 年拜访了居于塔楼中的荷尔德林。他这样描述了当时的会面场景："可怜的荷尔德林！……他的疯癫并不那么危险，只是不能相信他那些突然闪现的念头。他没有发怒，但一直不停地讲着自己想象的东西，自以为被一心崇拜他的拜访者簇拥，跟他们争论，听取他们的异议，兴致勃勃地辩驳，提及他写过的伟大作品以及正在书写的其他之作，他的全部学识、语言技能、对前辈的熟识在谈话时信手拈来；偶尔他滔滔不绝的话语中会倏忽掠过一个独特的理念，一个睿智的关联……"（St. A. 7.2, 371）

以上所述涉及一个引人注意的论断：荷尔德林的全部"学识"

1　Christoph Schwab（1743—1821），德国哲学家。1778 年受命担任高等卡尔斯学校哲学和形而上学这一学科的教授，曾给席勒上过课。他是莱布尼茨和沃尔夫（Christian Wolff）的拥趸，毕生拒绝接受康德等人的新哲学思潮，还曾在维腾堡公国奥伊根大公门下做过秘密枢密官。

2　Gustav Schwab（1792—1850），德国牧师、诗人，属于"施瓦本诗人门派"，1838—1840 推出的《古希腊神话故事集》(Sagen des klassischen Altertums) 堪称德语青少年文学的经典之作。

3　Justinus Kerner（1786—1862），德国诗人兼内科医生，除了推动荷尔德林诗集的出版，他还是肉毒素的发现者之一，原产于德国的白葡萄品种"克纳"即是以他的姓氏命名。

任他调遣，他对自己的作品仍然非常在行。这就是精神笃定的表现，让他相信自己还能进行新的创作。不过，让人注意的还有荷尔德林的口若悬河，他讲起话来滔滔不绝、无休无止。基于瓦恩哈根的观察，精神病医生乌韦·亨利克·彼得斯[1]把"精神幻想"这一概念用到了荷尔德林身上。"在荷尔德林身上"，彼得斯在肯定克雷珀林[2]的论断的基础上写道，呈现出来的是"特别引人注目的语言表达障碍与其他精神效能相对较轻的受损这两者的结合"（Peters, 71）。也就是说，这位语言艺术家的病根在于语言，在他那里语言排斥交流功能，也不再受他操控，其结果就是语言让他脱离了言语能力，与其他人相距甚远。在旁人看来，荷尔德林必定与此同时遭受碾压，仿佛陷入孤独自闭。不断说话的冲动，包括自言自语在内，对某类群体可谓再典型不过——他们主要是从语言中赢得勃兴的活力，因此又会在迷惘中陷入语言的束缚。

第二条记载成为诸多论述和分析的基础，它出自威廉·魏布林格之手。跟瓦恩哈根不同的是，这位学者跟荷尔德林保持了几年的交往，而不是仅有一日之缘。魏布林格认为，让荷尔德林脱离自身的，不是一种解除了束缚的语言，而主要是那种支离破碎的思维，它摧毁了所有关联，不允许人长久地坚守某个确定的东西。"荷尔德林已经无法固守一个观念，不能清楚地表达它，密切地关注它，把它与类似的观念挂钩，并按照规则的次序、通过中间环节、把它与已经移除的东西联系起来。正如我们看到的，他的生活是完全向内的……甫一有什么进入他的脑海，为他唤起外面世界的对象，不管是一场回忆，或者是一条评论，他就

1　Uwe Henrik Peters（1930—2023），德国精神科医生、神经病学专家。

2　Emil Kraepelin（1856—1926），德国精神病学家，生理学家、心理学家、哲学家，实验心理学之父威廉·冯特（Wilhelm Wundt）的学生。

开始思考。但现在他缺少了一切安宁，没有了静止和坚实作为依托，无法领会在他心中——只是像在烟雾中那样——将要发生的事……，精神的集结世界对他来说就是幻影，而他的整个心性已经变成了坚定的，而且当然是可怕的观念主义……当他确实到了坚持一个概念或观念不放的地步，就会立刻头晕，也就越发精神错乱了……为了摆脱让他极度不安的眩晕，他随即陷入了胡言乱语的状态，说着没有意义的话语，就好像他那因为长时间思考而过于疲累的精神应该放松似的，同时他的嘴巴讲出一些毫无干系的言辞……这些话没有一根串联诸多对象的主线，相反很多内容都是混为一谈，在一条凌乱的线上迷失了方向，就像是被卷入了一张蜘蛛网……但现在的他……头脑里还有着太多崇高的先验的思想，此外他对诗歌的高雅体面以及独创性的表达还有些许感觉，就这样立即进行了隐晦而又极度冒险的表述，完全无力抓住自己烟雾般升腾起来的精神泡泡，或者说给予那些回忆新的转折，抑或清晰的逻辑性；另外一方面，他也尽力采用一种自己力所能及的、不寻常的外在形式和表达方式，就像刻意为之一样，来掩饰自己的尴尬……在这样的方式下，他总是在跟自己忙活……（他）如此沉浸在自身当中，以至于他没有任何一丝半点的注意力可以分给自身以外的世界。在他和全人类之间，横着一道深不可测的鸿沟……假如有人告诉他'我死了'，他就会非常动情地说：'耶稣上帝啊，他死了！'但他在起初那一瞬间并无任何感觉，也没有任何想法……因为他完全不能兼顾别的事情。"（St. A. 7. 3，75—77）而接下来的情况也正如此。"魏布林格 1830年去世，这一消息传到了荷尔德林的耳朵里；后来有人再次对荷尔德林提及此事，他表现得大吃一惊，就好像初次听到一样，居然说'这么说，他是永远告别人世了吗？'"（St. A. 7. 3，207）

在魏布林格看来，荷尔德林是个双重隔绝的人，一重对外，一重对内。不光他与外部世界的、交流意义上的联系中断了，他也被自己内部的感情世界和漫无边际的想象这层"烟雾"隔离开来：他不能把想象据为己有，想象在他头脑中发生，也从他身边穿行而过；思考没法维系想象，也不能让它成形，于是它就流逝了、消失了。

但是就内心阻隔来说，只有在人如同交际情境要求的那样，试着自我感动之时，那种感受才会让人觉得折磨。在这一情境下——也只有在这一情境下，人才想以居于自己中心的自我形象出现，然后就会绝望地发现缺乏相应的手段。在这一情境之外，自我征用的强迫症就会消失，能让一切感觉自然发生。接下来，内心的阻隔也就消失了，随之消失的还有令人痛苦的、进行自我征用的意愿。人会把自己的感受付诸流水。荷尔德林与自我之间不断进行的自说自话就属于这一类型。当然，那里面肯定也包括一些强制成分，但这也表明，那时候荷尔德林的情况尚还良好。这种症状可以称为孤狂症，前提是要了解其保护功能：它可以保护荷尔德林不被社会上的各种苛责全然摧毁。

魏布林格的描述强调了无关联性，接近后人冠以"精神分裂症"的诊断结果。

此外，年轻的克里斯托夫·施瓦布还有过跟另外一个荷尔德林交往的经历，一个更平易近人的荷尔德林。

首次见面是在1841年1月，那一刻荷尔德林正弹着钢琴，全神贯注地投身其中。施瓦布被这一场景打动了，泪水盈眶。"我如此深受感动，这一点似乎让他大喜过望，"（MA III, 666）他在日记里这样记载。荷尔德林能感觉到他人行为中无意识的、自发的一面，对此他可以做出恰如其分的反应。一旦他发现了别人的意图，就会精神失常。这一点施瓦布是理解的，这也是他跟很多其他访客不同的地方，于是他也会相应地调整自己的行为。他会放松自己，也允许荷尔德林做出同样的举动："（我）让自己的举动变得自由而得体，没有强迫性。"（MA III, 666—667）施瓦布开始谈起放在窗台上的那本《许珀里翁》，请荷尔德林从中朗读一段。这一请求显然让荷尔德林不舒服，因为他开始说些没有意义的话，还有些激动。不过，施瓦布解释说他是想给荷尔德林指出他最喜欢的地方，此时荷尔德林的举止立刻发生了变化。"我花了好一会儿时间寻找最喜欢的段落之一，翻书的时候，他就把头完全转向我这边，呆滞的眼睛里闪现温柔的光，让我回想起神学院中理想状态的、恋爱般的友情，随之又想起创作《许珀里翁》的这位诗人，忆及他用一种如此美妙的方式神化了那一段段情谊。"（MA III, 667）那段时间里，施瓦布也在神学院就读，于是立即想起了自己在学校里的"恋爱般的友情"。这一点荷尔德林也觉察到了，因此他在那一瞬间表现得跟个恋人一般，而且第二天也是如此。"我谈起那条在他脚下雄劲地奔腾而过的河流，还有那些他对自己低诉'你还是了解我'的夜晚"。他从不对言谈对象称'你'，而只是径自说出心中所思。当我翻看他的《许珀里翁》时，他喃喃自语地说：'这本书不要多看，它的内容挺野蛮的。'我又请他跟我一道坐到沙发上去，结果他说：'身体可不要落座，那是危险的。'（Ebd.）于是两人一起在房间里走来走去，荷尔德林望着施瓦布评价道："男爵您长得真英俊。"也许说这话就已经流露出了太多关注，至少那一刻他就开始回避。施瓦布继续写道："最后，他还意犹未尽地想继续跟我讲话，但他就装得跟个再普通不过的愚人似的说道：'我是人类的上帝'，那一刻他打开了门，于是我最终鞠躬告别。"（Ebd., 668—669）

以上是同时代人最重要的记录，也是后人提出的荷尔德林"疯癫"这一理论长河的主要源头。但是最简洁而又中肯的记载还是出自木匠师傅齐默尔之手："荷尔德林没有固定的想法，他可能以牺牲理智为代价，换取了自己变得更为丰盈的幻想。"（St. A. 7. 3，134）

　　1843 年 6 月 7 日，在父亲离世后悉心照料荷尔德林的洛特·齐默尔给卡尔·戈克写了一封信：

　　"我怀着敬意，谨此告知令兄安然辞世的悲伤消息。此前数日他就偶感风寒，那天我们发现他非常虚弱，于是我去请了格梅林教授[1] 过来。令兄服了教授开的药，当晚还弹了钢琴，在房间里吃了晚饭。接着他就上床就寝，但很快就不得已地爬起来，跟我说他因为害怕没法躺在床上，于是我陪他聊天，没有走开。几分钟后，他又服了一次药，但觉得越来越害怕。当时还有一位房主在场，以及另外一位跟我一起看护他的先生。但他如此平静如斯地离开了人世，没有经历一场特别的死亡抗争。在场的还有我的母亲。当然，我们当中没有任何人想到他就这样溘然长逝了。此刻，这份震惊太过巨大，以至于我无法哭出来。尽管如此，我还是得千万次地感谢慈爱的天父，因为令兄没有长久地卧病在床，而在千万人中间，很少有谁像他一样走得那么安详。"（MA III，674—675）

　　1843 年 6 月 10 日，下葬仪式在风雨交加中举行。荷尔德林生前的旧友和故人，还有那些教授，没有一人到场。不过，有好几百名大学生跟随灵柩而行。荷尔德林的未来在那个时候就已肇始。

1　Ferdinand Gottlieb Gmelin（1782—1848），自 1823 年起改姓 von Gmelin，德国自然科学研究者、图宾根的自然史和医学教授，诗人乌兰德的朋友，医生。

第十七章

浪漫派发现荷尔德林。贝蒂娜和阿希姆·封·阿尼姆。
布伦塔诺，格雷斯。忠诚的施瓦本人，青年德意志派。第
一批作品版本。青年尼采阅读荷尔德林。黑林拉特和斯特
凡·格奥尔格发现了荷尔德林。突破。滥用。海德格尔阅读
荷尔德林。1945 年后：充满无穷无尽的阐释可能性！

在荷尔德林居于霍姆堡的最后一年，即 1805 到翌年，邻近
城市法兰克福形成了荷尔德林的第一个拥趸圈子，其中心人物是
贝蒂娜·布伦塔诺[1]（从 1811 年起改姓阿尼姆），但荷尔德林本人
对这个圈子肯定是再也无法知晓什么了。这是他生前的补遗故事
的第一幕。

三十多年以后，贝蒂娜在书中讲述了浪漫派女诗人京德尔罗

1　Bettina von Arnim（1785—1859，娘家姓布伦塔诺），近代德国杰出的浪漫派女
作家之一，著名浪漫派作家克莱门斯·布伦塔诺之妹，1811 年嫁给了哥哥的好
友、浪漫派著名作家阿尼姆。她是贝多芬的灵感来源、歌德的同伴，还引起了拿
破仑的注意。

德[1]的经历。那是在 1805 年到次年的那个冬季，辛克莱在那位女诗人与朋友中间为"病中的荷尔德林"（B. v. A，Günderode，428）大做宣传，而她听说过几首他的诗，并且赞赏不已。她的第一冲动是搬到霍姆堡去护理荷尔德林。据京德尔罗德说，辛克莱鼓励她："好啊，如果您能这么做的话，他就可能康复，因为可以肯定的是，他是最伟大的哀歌诗人，……是出身于本民族的、上帝赐予的神圣典押……，但是……没有人知道他，了解那个人心中隐藏着何等的神圣……"（Ebd.，229）

上段文字是贝蒂娜睽违多年才写的，因此她是否真的那时就已选择视荷尔德林为灵魂引路人，无法确定。但无论如何，照她 1840 年写下的文字来看，事实就是如此。她为自己找到了荷尔德林，并且引以为傲，而他也一直对她有着重要意义，尤其是在宗教层面上。贝蒂娜摈弃了传统宗教信仰上的虔诚，在浪漫派作家，尤其是施莱尔马赫[2]那里学会了认识和重视游离于信仰和教会之外的宗教，现在她又在荷尔德林身上发现了一个回归的耶稣基督：那个耶稣被钉在了十字架上，而这位希腊诸神的诗人因为迟钝而冰冷的社会变得癫狂。他灵魂的构造过于"精细"，她写道。

如果贝蒂娜的描述可信的话，京德尔罗德就是多年把荷尔德林当作崇拜对象，度过了漫长的半宗教式的时光。她爬到屋顶架上，在夜空中高唱荷尔德林翻译的索福克勒斯剧本中的诗句——

1　Karoline von Günderrode（1780—1806），德国浪漫派女诗人，与为她作传的贝蒂娜·封·阿尼姆交好，她深受法国大革命思想的吸引，其诗歌偏离现实生活，多描写以爱情和死亡为主题的幻象世界，因为求爱不得而自戕。

2　Friedrich Schleiermacher（1768—1834），德国神学家、哲学家，被视为 19 世纪最重要的新教神学家，在柏林期间（1808—1834）曾经受到浪漫派的影响，但也有学者认为他不属于浪漫派。

"那一刻我知道，缪斯女神也触碰了我，给我安慰。"（Ebd., 431）京德尔罗德写道，从荷尔德林那里她了解到语言是神性的，我们要把自己的精神生存归功于语言，因此应该心怀敬畏和感激地对待语言。在诗歌中，我们为这一感谢举行庆典，而诗歌就是礼拜仪式。

对于施瓦布、乌兰德以及同一时期身处施瓦本而又对荷尔德林存留记忆的其他人来说，以上所述都过于热情洋溢，但他们也重视贝蒂娜的努力，毕竟她为荷尔德林诗选的首个版本在1826年付梓贡献了部分力量。

如前所述，贝蒂娜的哥哥克雷蒙斯也是荷尔德林的早期知音之一。他在1814年称《许珀里翁》为"本民族最上乘的作品之一，甚至可以跻身世界前列"（St. A. 7. 2, 430），并推荐拉埃尔·瓦恩哈根阅读。而瓦恩哈根完全不需要他人的推荐，因为其丈夫已经对她提及此书并赞不绝口。阿希姆·封·阿尼姆也属于荷尔德林的拥趸的内部群体。1815年，他在《莱茵水星报》上撰文提醒各位诸侯，告诫他们在摆脱拿破仑统治以后重建德意志的过程中不要再次犯错，不要像迄今一直发生的那样对"德意志精英人物"不予奖掖和支持，并在此关联中提醒他们注意荷尔德林这个代表："那个优秀人物肯定也是穷困潦倒，精神错乱了。"想见证家国情怀和美之感觉两相结合的阿希姆·封·阿尼姆，引用了《许珀里翁》中的句子："哪里的人民爱美，把当地的艺术家尊为天才，哪里就会有一股普遍精神像生活气息一般吹拂，哪里就会有融化自负的羞怯意识敞开心扉，而所有的心灵都会变得虔诚而伟大，热情会孕育出英雄……"（St. A. 7. 2, 436; KA 2, 171）

指点阿希姆·封·阿尼姆注意荷尔德林诗作中政治元素的

人，是浪漫派的出版家约瑟夫·格雷斯[1]。1802 年，格雷斯发表过一篇关于《许珀里翁》的书评，但没有引起注意。他在书评中探究了荷尔德林笔下浪漫主义基调的人世悲哀与革命失意之间的关联，揭示荷尔德林的情况就跟许珀里翁的一样："谁曾在自己最隐秘的内心深处震怒于那个世纪的糟糕状况，以及被驯化和锻造过的人类天性……谁就会在《许珀里翁》中找到一位志同道合的兄弟，会吃惊地在这位兄弟身上拥抱自己的全部过往。"（转引自 *Hölderlin-Handbuch*，477）

就这些尚还是散篇的早期颂歌而言，其中充满的怜悯基调不容忽略。荷尔德林，这位献祭者，这位心怀极度崇高的情感却处于极端困厄处境中的可怜诗人，难道不是被迫毁灭的吗？从这个意义出发，格雷斯也对 1805 年维尔曼斯推出的《夜的咏歌》（其中收入《生命之半》）写了一篇书评。"荷尔德林就像一只鹰隼，"书评的结尾写道，"他全身痉挛，扑打着弯折的翼翅，大街上的恶童追赶他、驱逐他，但如果有人了解他的时代而且心怀感情，就会在他振翅飞过，并且不忘奔向太阳之时忧戚地注视着他，目送他的离去。"（转引自 *Hölderlin-Handbuch*，477）

通过抨击折磨荷尔德林的社会状况来尊崇该诗人，这一趋势在 19 世纪 40 年代的"青年德意志"[2]群体中间成为主流。政治化的时代品位强化了荷尔德林对"德意志人"的清算，把这位诗人的不幸命运归罪于"旧"而反动的德国——这不仅是对最终埋

1　格雷斯（Joseph Görres, 1776—1848），"三月革命前"运动（1815—1848）的出版家，《莱茵水星报》的创办者。

2　1830 年法国七月革命后开始写作的德国一批激进青年作家的总称，他们没有固定的组织，也没有统一的纲领。其共同之处是密切关注当时的政治问题，主张文学应该面向现实生活，把文学当作他们反对落后事物、要求进行政治和社会变革的工具，他们的作品政治倾向性强，艺术表现力比较平庸，文学价值不高。

葬旧德国的鞭策。该群体认为，要按照荷尔德林的精神来展开行动。人们感受到了自己的罪责，并想通过自己为共和与自由所做的政治努力，来偿还对穷困而疯癫的诗人欠下的债务。赫尔韦格[1] 在 1839 年写道："荷尔德林其实是一位真正的青年诗人，德国对他亏欠了一笔巨大的债务，因为他是为了德国才毁灭的。在我们的耻辱还未溢满之前，他就从我们悲惨的境遇中脱身而出，通过潜入疯狂的神圣夜晚而得以自救，他，被召唤而来，来引导我们，为我们唱一首战歌。啊！他徒劳地期望能战死在英烈的山岗，一心为父国流血！他无所行动，在自己经常歌颂的家乡河流的岸边受苦。我沉浸在他的诗歌之中，而他似乎已然忘却曾经创作过其中一首。"（St. A. 3, 198）

　　我们不能断言荷尔德林已被完全遗忘。他一直以幕后人的形式现身，如果考虑到他在精神崩溃之前引起的共鸣何其寥寥，可以说他的在场从来就没有减弱。事实恰好相反。毕竟灰烬中还留存着焰心。为之操持的还有那些忠实的施瓦本人，尤其是路德维希·乌兰德、古斯塔夫·施瓦布及其子克里斯多夫，还有尤斯蒂努斯·克纳。

　　1826 年，路德维希·乌兰德和古斯塔夫·施瓦布出版了第一部《荷尔德林诗集》。但首个发行倡议来自活跃的普鲁士少尉海因里希·封·迪斯特[2]，此人同属柏林浪漫派的圈子，得人指引而阅读《许珀里翁》，并称之为人生最重要的体验。因此，他也为科塔出版社推出该书的新版奔走呼告，并取得成功：《许珀里翁》的第二版在 1822 年发行，但几乎没有引起关注。从 1820 年起，

1　Georg Herwegh（1817—1875），德国革命作家，"三月革命前"作家的重要代表人物之一。

2　Heinrich von Diest（1785—1847），普鲁士少尉。

封·迪斯特进行了首批尝试，把它作为散章收入不同的女性口袋书和《缪斯年鉴》。施瓦布和乌兰德在此基础上层层推进，最终在 1826 年推出轻薄而雅致的单行本，不过此时那位沉湎文学而又好斗的少尉已经不在人世，他在一场决斗中殒命。

1826 年的作品版本只包含荷尔德林诗歌的一小部分。乌兰德称之为"遗产火山中的熔岩"（St. A. 7. 2，575），认为必须对其进行筛选，找出可供阅读的部分。在一封写给卡尔·戈克的信中，乌兰德解释了自己的挑选标准。那些不足以展示诗人"个性"的诗歌被删除了，也就是早年尚还深受席勒这一典范影响的诗歌。删去的还有一些晚期诗歌，因为"其中澄澈的心灵已经显得非常阴暗"（St. A. 7. 2，567）。乌兰德承认"区分起来更为困难"。无论如何，施瓦布和乌兰德还是进行了一个颇为严格的甄选。比方说，颂歌《拔摩岛》《饼与葡萄酒》《还乡》就被排除在外。

1843 年第二版推出，加上了古斯塔夫·施瓦布根据卡尔·戈克的信息汇总而成的荷尔德林生平。荷尔德林还见证了这一版的发行。不过，送给荷尔德林的样书抽掉了荷尔德林的生平经历。

荷尔德林过世三年后，古斯塔夫·施瓦布的儿子、在大学时代就已经赢得了诗人信任的克里斯多夫·特奥多尔，又出版了一部两卷本的《荷尔德林诗集》。尽管它远未将那时已经发现的荷尔德林诗歌和断片收集完整，但还是囊括了几篇美学理论文章，比方说《恩培多克勒的根据》；第二卷收录的文献材料除了几封书信以外，还有合集"疯癫时期的诗歌"。但主编不想把这一系列收入专门留给文学作品的第一卷，他仅仅把那些诗歌视为生活记载。所收录的诗人疯癫时期的诗歌可以追溯到 1806 年之前，因为克里斯多夫·施瓦布把疯癫初始的年份定为 1802 年，因此这个系列中就载有作为"疯癫"时期诗歌代表作的一些晚期断片式颂歌，其名声在半个世纪后因为黑林拉特的推介如日中天。

这个版本没有得到进一步的推广，克里斯多夫·施瓦布1874年推出的另一部作品选集命运也是如此。不过，因为荷尔德林的诗歌从19世纪中期开始也进入中小学阅读课本，从70年代起又被收入"迈尔[1]的德意志经典作家格罗申[2]图书馆"和"雷克拉姆万有文库"系列，所以尽管他一如既往地远远落在所谓的"经典作家"之后，但也确实没有被完全遗忘。就雷克拉姆版本而言，它一直到19世纪末都还是每年销售好几万册。

通过以上物美价廉而又广为传播的版本，年轻的尼采在课堂上认识了荷尔德林，并把他当作自己的领路人。在一篇文章中，尼采挑战了恰好在教员中间盛行的、有关荷尔德林"精神病患者思想"（Nietzsche JN 2，2）的偏见。青年尼采接受了许珀里翁对德意志人的批判。尼采写道，他们获知了苦涩的"真相"，因为正是在这一高阶段的文化水平上存在着退化成为"野蛮人作风"的危险。那么德意志人"野蛮的一面"是什么呢？尼采对此的回答跟他后来在第一部《不合时宜的沉思》中给出的相似，那就是自愿拘囿于"单纯的匠人和庸人"。对年轻的尼采而言，荷尔德林是位乡愁诗人，思念着古希腊时代曾经出现、如今已经消逝的丰盈与合一。在尼采心中，荷尔德林就是一个未被发现的王国的君主，而当时还是学生的尼采带着几分自豪，觉得自己就是把光亮

1　这个书系的出版源于相关出版机构"书目研究所"（Bibliographisches Institut）的建立者约瑟夫·迈尔（Joseph Meyer, 1796—1856）的早期努力，故而以其姓氏"迈尔"命名。

2　德语口语中称10芬尼的硬币为"格罗申"，也可以指很少的钱，此处意指这些书目价格低廉，普通民众皆可购买阅读。该书系的口号即是"教育让人自由"。

带到黑暗中的使徒，但黑暗并不理解光亮。批阅老师在尼采的作文下面写下批注："我不得不给写这篇作文的学生提出友好建议，请他去效仿一位更为健康、更加清晰而又更具德意志风范的作家。"（Ebd. 2, 430）

尼采没有听从老师的建议，他将会继续坚持以荷尔德林为典范，并从他那里汲取诸多启发。尼采在希腊文化中发现了狄奥尼索斯的基本力量，在这一文化中发现了自然力的、朴拙的、充满活力的一面——即跟温克尔曼笔下的古希腊完全相反的形象，这些归根结底也是受到了荷尔德林的古希腊世界的启发。在荷尔德林那里，尼采学会了如何跟希腊诸神进行非学术意义上的交往，并从他那里首次了解到此类诸神可能代表的生命力量。

尼采也读了荷尔德林的书信（收入 1846 年作品选集的第二卷）。有一封信，具体说来就是 1798 年 12 月 24 日致辛克莱的那一封，让尼采尤其着迷，于是在《不合时宜的沉思》中的第二篇文章（《论历史学对于生活的利弊》）中引用了一段文字。引文如下：我在此再度经历了我之前遇到过多次的情形，并有了如下体会：比之通常只是被称为现实命运的那种命运，人类思想及其各种体系中转瞬即逝和轮换交替的东西几乎更让人觉得具有悲剧性。（Nietzsche 1, 300; MA II, 722）理论和真理也终会消亡，在时代的洪流中来来往往——这就是青年尼采在告别对永恒价值和永久性精神实体的信仰的那一瞬间所论及的思想。尼采肯定是继续阅读了那封信，在里面发现了多元本体论的轮廓，那是荷尔德林的一个颇为大胆的思想实验。荷尔德林写道，一切生命和机体存在的首个条件，就是神界和凡间都不存在君主统治的力量。（MA II, 723）这一切引发了个体的存在，一切事物都是个性化的，也不存在一位居于万物之上的神，相反的是，每个人心中都有自己的神，到处都有中心。这些即是后来在尼采的视角主义中发出强劲回声的思想。

如果说荷尔德林在19世纪下半叶并没有被人遗忘，那么另一方面，尼采也与之抗争的时代精神，对于像荷尔德林这样的诗歌大家也确实并不友好。

让人实在惊讶的是，自从19世纪中叶以来，绝对精神在观念论的高空翱翔以后，突然之间，矮化人类的兴趣就这样四处蔓延。思想家的事业由此开始："人无外乎就是……"对浪漫派来说，大家熟知的是，只要遇到那句咒语，世界就开始高歌。19世纪上半叶的诗歌与哲学是个扣人心弦的事业，能不断发现和造就新的咒语。19世纪下半叶是围绕叙事文学的思潮占据主导地位，却对浪漫的、形而上学的，或者其他一切热情洋溢的事物报以不信任的态度。下半叶的现实主义和以科学为坚实基础的自然主义创造出了一种技艺，即认为人类何其渺小，但是可以跟人类一起干一番伟大事业，假如我们愿意把人人从中受益的现代科学文明用"伟大"来形容的话。无论如何，在19世纪的最后30年，最近的现代即已开始，其思想与一切夸张和幻想的内容相悖。

实证主义和唯物主义的胜利前进无法被睿智的异议阻挡，特别是因为征途中掺杂了特殊的形而上学因子，即对进步的信仰。如果我们对万物和生命进行一直切分到基本组成部分的剖析，就会像这一信仰教诲的那样，发现自然的运行秘密。如果我们厘清了万事万物是如何产生的，就有能力模仿它们。此处就有意识参与工作，它识破万事万物的计谋，包括自然的；就后者而言，必须在实验中当场抓获它，如果知道它是如何前进的，就要给它指明方向。

针对其所在的时代，尼采认为社会变成了一个劳改场。工作超出了其实际意义，成为所有重要性和价值的参考点。工作变成了新的神圣事务，一种将社会联合起来的神话。庞大的社会机器将个人变成了细小的齿轮和螺母，这一形象成为人解释自我的画像，确立了人的方向定位。社会和占主导地位的精神恰好就是朝着荷尔德林忧心忡忡地预感到的那个方向发展，即诸神之夜。

不过，也正是因为1890年精神错乱之后才开始被广大读者群体发现的尼采，当时的精神氛围才发生转变，同时也有利于对荷尔德林的再度发现。这一氛围转变涉及三个方面："生命"成为新的咒语，"青年"的地位提升，以及新宗教的实验。

不光是尼采一人，但主要是他赋予了"生命"一词新的音调，神秘莫测而又如此具有诱惑力，以至于有些人，比如哲学家李凯尔特[1]，就对"只是跃动的生命扑腾"（Rickert, *Die Philosophie des Lebens*, 155）提出了警告。"生命"成为一个中心概念，就像原来的"存在""自然""神"或"自我"那样；作为一个斗争性的概念，"生命"也反对市民生活中的义务所体现的心不在焉的观念论，也抵触灵魂空空的唯物主义。在此，狂飙突进运动和浪漫派的抗议再次浮出水面。生命，被视为一种启程，它前往遥远的对岸，抵达自我和自身创造性的活力。"生命"成为一种口号，也为青年运动、青年风格派[2]、新浪漫主义、改革教育学所用。1896

1　Heinrich Rickert（1863—1936），德国哲学家，新康德主义和价值哲学的代表人物。
2　1891年至1905年，全欧范围内兴起了一场新艺术运动。德国的新艺术运动以"青年风格"（Jugendstil）命名，以1896年德国慕尼黑的《青年》（*Jugend*）杂志创刊为起点，其基本意义在于反对普鲁士建国时期的学院派精神，打破因袭传统的格式。

年创刊的、颇有影响力的杂志《青年》在创立宣言中写道："青年是此在之乐，是享受的能力，是希望和爱，是对人的信仰——青年是生命，青年是颜色，是形式与光亮。"（转引自 Glaser，146）这期杂志上同时刊印了荷尔德林的诗句，也就不足为怪。在那些年里，化名"斐杜斯"的胡戈·赫普纳[1]开始描画那些朝拜太阳的裸体人像，建立革新生活的住宅区。这些圈子都会阅读尼采的《查拉图斯特拉如是说》，当然也会阅读荷尔德林。

在 19 世纪中期，市民阶层的青年还想自己看起来老成一点。那个时候，年轻被视为缺陷，而"生命"则是某种让人清醒的事物，青年必须在生活中磨去棱角，变得老成起来。此刻老年人不得不为自己辩解，让人怀疑已经老朽和僵化。整个文化，即威廉二世时期的文化被传唤到"生活的法官席"（狄尔泰[2]），直面如下问题：这一生命依然存活着吗？在青年风范地位提升的背景下，荷尔德林被神化成美好少年的典范。

与青年风格派和生命哲学相连的，还有一场新宗教运动。大家不愿满足于通过合理化进行的巨大"祛魅"，转而从现代的"铁笼"（马克斯·韦伯）中寻找出路。此处尼采同样贡献了关键词，因为他不光宣布了上帝已死，而且通过提出"缘何还是没有出现新的上帝"这一问题，嘲弄了当下的宗教想象力的缺乏。新宗教运动发现了各自的佛祖、查拉图斯特拉或者狄奥尼索斯，在此教徒们也对新的启示翘首以盼。荷尔德林及其诸神完全符合这

1　Hugo Höppner（1868—1948），德国画家，化名为"斐杜斯"（Fidus）。

2　Wilhelm Dilthey（1833—1911），德国哲学家、历史学家、心理学家、社会学家，德国"生命哲学"的创始人，他还创立了一门新的学科——"精神科学"，认为其研究对象是人以及人的精神。此处的引文出自他的著作《体验与诗：莱辛·歌德·诺瓦利斯·荷尔德林》。

个精神场域。威廉·狄尔泰，这位生命哲学的学术祖师，在 1905 年写了一篇对荷尔德林的名声具有开创作用的文章，今天看来它对整个学术界也有划时代意义。文中写道："认为诸神在未被感化的灵魂中昭告天下、启示万物的未来，这是一种陈旧的信仰。荷尔德林就生活在此类被虔诚地庇护起来的纯洁之中，以及本性更加纯粹的美好当中。"（Dilthey, 242）

狄尔泰这位教授解释说，在荷尔德林心中，新的诸神昭告天下，全无借此取得建树的雄心壮志。这跟斯特凡·格奥尔格 [1] 形成了鲜明对比：就这位诗人而言，荷尔德林新的诸神让他陷入心醉神迷之中，而他也完全愿意借此建功立业，为自己，同时也是为了他打算用应有的自信创立的整个新文化。而他的"圈子"应当就是这一文化的先行形式。

属于这一圈子的就有诺贝特·封·黑林拉特。在准备有关荷尔德林的品达翻译的博士论文时，他在斯图加特国立图书馆里偶然发现了此前一直不为人知的，或者被人剔出的部分遗作；在他心中，此处找到的晚期作品以一种转换体验的方式成为启示。那些作品是"几乎无法置信之事的明证：我们童年时代的真实信仰仍然可以把诸神从上天呼唤下来，而传说和真实的神话式思想在我辈这些晚出生者中间还未消失。"（Hellingrath, 60）

黑林拉特生于 1888 年，1909 年 11 月在斯图加特发现了荷尔德林的手稿之后，他立即将几篇品达译作的副本寄给了与他交好

1　Stefan George（1868—1933），德国 20 世纪初最重要的诗人之一。他坚持纯艺术理想追求，倡导"为艺术而艺术"的创作理念，积极借鉴法国象征主义诗歌艺术，开启了德国唯美主义文学时代，也因此被称为 19 世纪末德国诗歌复兴的大师。此外，格奥尔格以自己创办的文学刊物《艺术册页》为中心，吸引了一大批优秀的文人学者，形成了著名的"格奥尔格圈"，在当时德语文坛上产生了重要影响。

的卡尔·沃尔夫斯克尔[1]，而这位友人又即刻把它们转寄给了格奥尔格，并赶往慕尼黑去认识这位外表也招人喜欢的年轻人。1910年，荷尔德林的品达翻译小试牛刀地发表在由格奥尔格圈子出版的《艺术册页》上面。

接下来，在格奥尔格的鼓励下，黑林拉特开始编辑一部新的《荷尔德林全集》，最重要的是第四卷，包含此前一直没有出版、大多数是断片式颂歌的后期之作。意在引发轰动的第四卷由黑林拉特1913到次年在海德堡准备，而格奥尔格也去往那里取书，以便来个近距离接触。

格奥尔格仿佛自带吸引力似的。那时候，围绕男孩马克西米连·科恩贝格尔[2]——昵称"马克西敏"这一神话展开的事件已经过去10年了（1902—1904，马克西米连之死），这一偶像崇拜的回声直到1907年还在《第七枚指环》[3]中不绝于耳。一切都还非常鲜活。在这一关联中，格奥尔格明确地把自己打造成了先知形象，自认为通过黑林拉特的发现，此时在荷尔德林身上发现了一位可敬的先驱。在当时格奥尔格圈子的中心——海德堡，成员们在1913到次年一起阅读黑林拉特逐步公布于众的荷尔德林作品断片。那几个月里，格奥尔格写下了他著名的、献给荷尔德林的《颂词》，后来收入《日子和行动》；另外，《颂词》在编排顺序上紧挨着《给马克西敏的前言》，即格奥尔格为那个神化了的男孩之死所撰的纪念文字。在格奥尔格看来，荷尔德林从天而

1　Karl Wolfskehl（1869—1948），德国作家、收藏家，自1893年起与斯特凡·格奥尔格过从甚密，身为犹太人的他从1933年开始流亡，先后逃至瑞士、意大利和新西兰。

2　Maximilian Kornberger（1888—1904），格奥尔格圈的成员。

3　诗人格奥尔格一部诗集的标题。

降来到了"语言的源头",感动了深藏的德意志精神,从中汲取力量,成功地让此灵"从野蛮的紊乱和动物本能的涌流中摆脱出来,以一种向上的姿态让它纯粹化,成为希腊式的澄澈"(George 2,300)。对尼采而言是文化创新根基的东西,在荷尔德林那里已经成为诗性行动,也就是把狄奥尼索斯的一面与阿波罗的一面结合起来。这是诗歌上的一件大事,但也确实具有民族意义。"因其显然无法分解的预言,"格奥尔格写道,荷尔德林"就是德意志最近未来的基石和新上帝的呼告者。"(Ebd.,301)不管这句话现在从细节来看是什么意思,其主旨显而易见。

这篇文章是在战争[1]爆发前不久写的,但战争结束以后格奥尔格才把它交付出版。"新上帝"显然不应误解为当下战争的上帝。

在诺贝特·封·黑林拉特奔赴战场之前,他就以单行本的形式出版了自己偏爱的《荷尔德林全集》第四卷,并把它寄给了格奥尔格圈子,以及其他挑选过的收件者,比如霍夫曼斯塔尔[2]。因为一场骑马事故受伤,黑林拉特1915年春在慕尼黑疗养休假,在此期间,他给包括克拉格斯[3]、里尔克和沃尔夫斯克尔等精心挑选的听众做了两场报告:一场的主题是荷尔德林的"疯狂",另一场是"荷尔德林与德意志人"。

在德国公众范围内,无数知识分子、艺术家、学者在战争

---

1 指的是第一次世界大战。

2 Hugo von Hofmannsthal(1874—1929),奥地利诗人、作家,19、20世纪之交德语文学唯美主义和象征主义的重要代表,1891年在维也纳结识德国诗人格奥尔格,深受其唯美主义文艺思想的感染。

3 Ludwig Klages(1872—1956),德国生命哲学研究者、心理学家、所谓的"笔相学"的创始人,在慕尼黑上大学期间与格奥尔格结识,这段时期还对本雅明产生影响,启发了后者对"光晕"概念的运用,1915年移居瑞士。

爆发时对它表示欢迎，并自称"歌德的子民"。呼声旨在抗击协约国把德国人称作"野蛮人"、把其行动称为"匈奴攻击"[1]的蛊惑宣传。黑林拉特沿用了"歌德的子民"这一表达，并把它改为"荷尔德林的子民"，借此给全民来了一个大转弯，意在与沙文主义和固执好战的自我标榜完全划清界限。荷尔德林笔下所指的德国，不是那个官方的、统领一切的德国，而是那个"秘密的德国"[2]，黑林拉特如是解释。他从沃尔夫斯克尔那里借用了1910年首次面向格奥尔格圈子使用的这一表达。沃尔夫斯克尔借此想表达一个"更好的"德国，无论如何，至少要比威廉二世时期自我夸耀的德国更好。黑林拉特承袭了这一点，解释说道："我之所以把我辈称作'荷尔德林的子民'，原因在于，德国民族本性中根深蒂固的是，深藏于余烬外皮之下的最深处的焰心只会在秘密的德国中显露出来；秘密的德国体现为至少已经辞世多年的人物的重现，早在他们受人关注、引起回响之前就是如此；秘密的德国也体现在各种作品当中，它们总是只向寥寥数人倾吐秘密，也就是对大多数人完全保持缄默，可能永远无法被非德国人了解；因为这个秘密的德国对其内在价值如此确信，或者说天真地对自己的意义如此无知，以至于这个德国完全没有做出任何努力，以求被人听闻和看见。另一个原因在于，如果说有其伟大和真实炽烈之处的歌德还有待朝着此在的宽广性扩展的话……，那么荷尔德林就是

1　最早将德国军队称呼为匈奴人的，其实不是别人，而是当时的德国皇帝威廉二世。1900年7月27日，威廉二世在不来梅港对前往中国的德国官兵发表了即席讲话，号召德军"像一千年前匈奴人在国王阿提拉领导下声威远播"，这一充满血腥味的演说被称为"匈奴演说"。随之"匈奴"这个称呼就成了德国的另一个外号，在两次世界大战中也成为其他国家对德国的鄙夷称呼。

2　《秘密德国》原为格奥尔格的一首诗的标题。

同时期最伟大的代表人物，他象征着那团隐秘之火，代表隐秘的德意志帝国，以及神性的焰心宁静而又悄然进行的显像。"（Hellingrath, 16）

在黑林拉特发现荷尔德林后期作品的那些年里，首部从精神病学的角度全面研究荷尔德林的成果也问世了，即威廉·朗格-艾希鲍姆[1] 的《荷尔德林：一个病理学研究》（1910 年）。正是在黑林拉特心中跻身至圣殿堂的那部分作品，被作者朗格-艾希鲍姆认为打上了"早发性痴呆"这一病症的沉重烙印。这部作品让黑林拉特元气大伤，因为他也怀疑自己发生了精神错乱，并深受折磨。他给自己的博导封·德尔·莱恩[2] 写信说："在日常的交往中，19 世纪所有的敌对因素折磨着我：有某位精神病研究专家所著的一本可怕的书，此外还有荷尔德林浮现在我自己的脑海里，彬彬有礼，带着精神错乱的自卑，在未来的精神病院与我相遇，原因是我有了不少与他类似的、也许我最好没有的共同点。"（转引自 Hölderlin-Handbuch, 424）

不管那些攻击对黑林拉特的伤害有多么深，他还是没有气馁，而是更激烈地与人对峙，决不偏离自己的立场："那些对其他人而言仿佛只是紧张症引起的絮叨之类的文字，在其中我们却看到了诗人最后的圆熟和神圣的高度……"（转引自 Ebd., 424）

1917 年底，随着《荷尔德林全集》第四卷的发行，这位诗人的名声迎来了巨大突破，但黑林拉特再也无法亲历了。1916 年 12

1　Wilhelm Lange-Eichbaum（1875—1949），德国精神病研究专家和医师，在柏林、蒂宾根和汉堡等地行医，在其研究中首度从社会学和社会心理学的角度研究了天才的问题。

2　Friedrich von der Leyen（1873—1966），德国日耳曼语言文学研究者、历史学家、中世纪研究者、民俗学家。

月，他在凡尔登战役[1]中阵亡。

此刻荷尔德林成了爱国者的偶像，那些感觉自己也属于秘密的、更好的德国的人，也成为他的拥趸。举例来说，克劳斯·申克·封·施陶芬贝格[2]就在格奥尔格圈子内与荷尔德林建立了文学上的联系，据说此人在1944年7月20日就义时曾经高呼："秘密的德国万岁！"但另一个说法是："神圣的德国万岁！"（Karlauf, 32；Riedel, 5）

我们不要忘记的是：荷尔德林曾经从赫尔德那里了解，每个民族、每个共同体都需要，也拥有一个创造意义的中心，一条激发活力的纽带，一个"天才"。在荷尔德林看来，那就是他理解的赫尔德所说的"民族精神"——诸神。荷尔德林深信的是，名副其实的诗人就必须在民众与其诸神之间构建联系：

> 但我们宜乎立于神的暴风雨下，
> 头颅裸露，你们诗人！
> 宜于用自己的手，抓住天父的
> 光束本身，裹以诗歌的外衣，
> 给子民传递这上天的恩赐。（MA I, 263；诗行56—60）

1　凡尔登战役是第一次世界大战中破坏性最大，时间最长的战役。战事从1916年2月21日延续到12月19日，德、法两国投入100多个师的兵力，军队死亡超过25万人，50多万人受伤。伤亡人数仅次于索姆河战役，被称为"凡尔登绞肉机"。

2　Claus Schenk von Stauffenberg（1907—1944），跟两个双胞胎哥哥贝托尔特（Berthold von Stauffenberg, 1905—1944）和亚历山大（Alexander von Stauffenberg, 1905—1964）一样，都出身贵族之家，都是格奥尔格圈的核心成员，克劳斯和贝托尔特后来都进入德国军队。克劳斯作为主谋策划了著名的1944年7月20日的暗杀希特勒事件，暗杀失败后，包括贝托尔特和克劳斯在内的众多参与者被处决。

这是一个遒劲有力的要求，而对于秘密德国的精英人士来说，荷尔德林兑现了这一要求。不过，对于那些在 20 年代，随后在纳粹时期越发糟糕地把荷尔德林曲解成民族诗人的其他人而言，荷尔德林也有重要意义：就好像他的诗《为父国而死》并非献给未来的德意志共和国、民主的父国；就好像他心中所想的不是这样一个民族，它热爱美好，那里……自负消融，而所有的心灵都会变得虔诚而伟大，热情孕育出英雄。（MAI, 757；诗行 18—22）

荷尔德林崇高而又轻柔的歌咏方式并不能阻止后世利用他的作品开展锣鼓喧天的大肆宣传。1943 年，纳粹宣传部门把 10 万册进行了字段挑选之后的荷尔德林作品版本运到了东部前线。对于宣传人员来说，做出如下暗示已经足够：荷尔德林心中的父国曾是神圣者，正因如此，宜于把他称为"我们男子汉中的好同志"（转引自 *Hölderlin-Handbuch*, 445）。

不过，这个进行了字段挑选的版本就出自推出"大斯图加特版"的出版团队之手，他们在荷尔德林忌辰 100 周年之际着手开展工作。团队工作紧张忙乱，但是以弗里德里希·拜思纳 [1] 为首的学者团队还是取得了无可指摘的成绩，而且能够拒绝收入另外一些沾染意识形态的作品。面对纸张定额和印刷能力分配上的重重刁难，团队无可奈何。这个版本系列一共 8 大卷，又拆分为 15 小卷，直到 1985 年方才完成出版。它成为所有其他荷尔德林全集版本的基础，一个例外就是从 1975 起陆续出版的所谓"法兰

1　Friedrich Beißner（1905—1977），德国日耳曼语言文学家，1933 年在格廷根大学提交的博士论文题为"荷尔德林的希腊文学翻译"（*Hölderlins Übersetzungen aus dem Griechischen*），因为主编出版八卷本斯图加特版《荷尔德林全集》（1946—1985）而知名。

克福版"，该版本则采用了完全独树一帜的编辑方法：每一篇作品的原初形式，甚至是手稿的摹本都包括在内。也就是说，作为文本收录的不完全是定稿，而是实际上永远无法定型的一首诗的逐渐成形。由此也可以推断出荷尔德林的相关人生经历，即无尽地靠近绝对文本，而永远无法抵达目的地。

此外，还要提及一个有关无限靠近的特殊故事，它关乎海德格尔对荷尔德林作品的处理。在寻找存在的途中，这位来自梅斯基尔希的思想深刻的施瓦本人，感觉自己与那位来自尼尔廷根、同样思想深邃、一路追寻诸神的诗人亲密相连。这一惺惺相惜如此强烈，以至于海德格尔用神话般的方式升华了他们之间的关联。在其颂歌《伊斯特河》中，荷尔德林沿着多瑙河的河道而下，来到了源头。后来，海德格尔不无骄傲地用谈话的方式指出，这一源头，也就是年轻的多瑙河的风景，就是他的家乡。也就是说，海德格尔正是来自荷尔德林梦想返回的地方。

如果说海德格尔从青年时代起就跟荷尔德林有着紧密联系，那么到了1934年，他出任弗莱堡首位纳粹主义校长而失败，这才促使他决定把荷尔德林确立为自己教学的重要主题。海德格尔持续毕生的、自称为公开"谈话"的授课，就是从那时开始的。

海德格尔在1934—1935年的冬季学期开设他的首个讲授颂歌《日耳曼尼亚》和《莱茵河》的荷尔德林研究系列课程，在这不久前，他给雅思贝尔斯[1]写信说，"肉身中的两根利刺"将会折磨

1　Karl Theodor Jaspers（1883—1969），德国存在主义哲学家、神学家、精神病学家。雅斯贝尔斯主要探讨内在自我的现象学描述、自我分析及自我考察等问题，强调每个人存在的独特和自由性。在1949年出版的《历史的起源与目标》（*Vom Ursprung und Ziel der Geschichte*）一书中，他提出一个著名的命题——"轴心时代"（Achsenzeit）。

他，即"对出身信仰的研究，以及担任校长的失败"。（Heidegger/Jaspers, *Briefwechsel*, 157）

为了能够解决信仰上的和政治失意的双重问题，海德格尔把荷尔德林选定为自己的英雄。借助荷尔德林，海德格尔的两个问题都得以解决。荷尔德林成了他心中新的"元首"，像希特勒这样的领袖他不再需要。对海德格尔来说，荷尔德林就是这个宗教新王国里的"元首"，就是他此刻开始用字母 y 来拼写的"存在"[1]，就像荷尔德林一样。

海德格尔一开始主要接近的是父国意义上的荷尔德林，还把他称为"我们民族历史长河的中坚力量"（Heidegger GA 39, 214），不过该力量还没有真切地显示出来。海德格尔想要改变这一点。作诗怎么可能变成力量呢，海德格尔这样发问，并用文化创立行动的全套哲学做了回答，而该哲学可能会揭示一个新的"存在"。作诗，思考和政治有共同之处，它们都可以催生具有强大力量的杰作。作诗赋予生命心境，思考让生命变得自觉，而政治给予生命共生的秩序。

就最后一点而言，在海德格尔看来，希特勒也恰好是改变了共同生活的秩序并做了新的改造，而他，作为纳粹主义革命者的海德格尔，对此是持欢迎态度的。但接下来他就注意到自己弄错了，发现社会现实以不同的方式变成了他设想以外的状况。此处，诗的力量，当然还有荷尔德林发挥了作用。"可能的是，我们某一天不得不从自己的日常中抽身而出，一头扎入诗的力量之中，而我们再也不能像离开日常那样返回其中。"（Heidegger GA 39, 22）

---

1 "存在"的德语原文是 Sein，荷尔德林的写法是 Seyn。

不过，当海德格尔"扎进"荷尔德林的作品时，他到底身在何方呢？简言之，他位于"存在"之中，就是荷尔德林和海德格尔自己阐明的"存在"。这一"存在"会发生转变，于是人接着就能作为蜕变者回到日常之中。换言之，此处所指的正是美的体验中所发生的，也就是里尔克用呼语式所写的"你必须改变你的生活"[1]。

海德格尔就这样深深地陷入荷尔德林的世界，温情地描摹自然的画面和诗意充盈的风景，但同时也低声而又庄重地反复咀嚼荷尔德林的名句，而且他念兹在兹的是，作为思想者的他自身一直在发挥作用，扮演那个唯一可以接住荷尔德林所抛之球的人。当然，不管在什么情况下，人们都会被带入荷尔德林的世界，但更多的是进入海德格尔的。海德格尔的演绎游戏最后归结为救赎，涉及的是返回一个精神丰裕的世界，而这一丰裕并非归功于闭合，而是敞开的辽阔。海德格尔承袭了荷尔德林的观点，把它称为由天与地、诸神和凡人组成的"四方体"。荷尔德林有关敞开的言之凿凿的提法深深地吸引了海德格尔，它确实帮助他摆脱了纳粹主义意识形态的魔怔。其原因是，海德格尔虽然继续言称"民族"，但现在已经不再关乎"种族"，而是指向荷尔德林的民族。

可能再没有其他大哲学家像海德格尔这样，将其思考与一位诗人的作诗关联起来。至于这是否总是对荷尔德林有利，却要打上一个问号。

在纳粹时期，荷尔德林明显遭到了意识形态上的滥用，后

1　收入里尔克诗集《新诗别集》(*Der neuen Gedichte anderer Teil*, 1908) 中的《远古的阿波罗躯干像》(*Archaischer Torso Apollos*) 一诗的终句。

来，阿多尔夫·贝克[1]这位《荷尔德林全集》斯图加特版的编辑团队成员在 1945 年后呼吁，回归"阐释和注疏，仍把诗歌诠释为在自身中完满和安居的具体形象"（转引自 *Hölderlin-Handbuch*，449）。但荷尔德林的诗歌并没有安居于自身当中，以至于它们并不会一再让阐释者陷入不安，也不会永远激发出在荷尔德林的思想基础上过度延伸的意义创造。荷尔德林作品中的宗教神学和哲学成分与作品本身背道而驰。荷尔德林所言"贫瘠时代的诗人"引发了一场大规模的历史哲学上的阐释，相关学者认为，诗人让"神圣性"通过诗歌的形式得以当下化，借此他成为最后一批人中的一员，在无超验的现代中保留了对"神圣性"的记忆。由于荷尔德林在很大范围内不为人理解，最后陷入精神崩溃，所以最终被人视为打上宗教烙印的"西方国家"没落过程中的牺牲者。在这一具有极度悲剧意义的神秘主义背景下，学者们展开了细致入微而又充满睿智的阐释工作，此外，还勤勉地从事语文学研究、编辑和文献整理等具体事务。

迄今，荷尔德林这个谜团重重的人物已经激发文学研究学科取得了至高成就，而且正是因为其作品几乎不再被广大读者群体阅读，故而缺乏一场客观公正、直接而又非学术意义上的阅读来进行纠偏。太过重要而无法被人遗忘的荷尔德林，于是就成了当下各种方法"你方唱罢我登场"的契机，不管是历史哲学的、内在哲学的、社会学的，还是结构主义抑或解构主义的。随便一种研究路径都可以从荷尔德林那里分一杯羹。荷尔德林不是自己也解释说他的作品充满无穷无尽的阐释可能性吗？

在近几十年中，哲学家也空前地发现了荷尔德林对于自身

1　Adolf Beck（1906—1981），德国日耳曼语言文学家、荷尔德林研究专家。

的意义，首先值得一提的就是迪特·亨利希[1]，以及随后的曼弗雷德·弗兰克[2]。立足荷尔德林极不明晰的哲学文本这一单薄的基础，他们展开了非常详尽的论述，相关主题涉及荷尔德林在德国观念论创立时期为克服主观主义维度所做的尝试。与黑格尔和谢林结成朋友、积极投身这一创立历史的荷尔德林，越来越对想从意识中创造一切的狂热产生了怀疑。意识中的根基对他而言成为深渊，而他在寻找可以作为支撑的存在根基。但是，在雄心勃勃的哲学阐释中，通常并不完全清晰的是：在荷尔德林看来，对哲学自我赋权的克服同时意味着诗歌的解放。只有领会了荷尔德林对其哲学思考极其微妙的重构，才能真正了解当时荷尔德林的大脑中有哪些心结和障碍得以成形，而他最后只能通过逃离哲学而进入诗歌这一方式来化解。在此过程中，抛开所有的微妙不论，荷尔德林随身携带的是有关存在的体验，一条超越意识、能在诗歌中更好地表达出来的纽带。

20 世纪 60 年代，尤其是在卓有建树的皮埃尔·贝尔托的倡导下，对荷尔德林政治意义上的阐释焕发勃勃生机：因为紧迫的社会和政治形势，亦即"德意志的糟糕局面"，荷尔德林这位雅各宾派成员不得不以失败告终——不过，这一论点早在 30 年代就曾被卢卡奇[3]提出。荷尔德林又被冠以牺牲者的名号，再次被人称为"可怜的荷尔德林"，正如《荷尔德林全集》法兰克福版

1　Dieter Henrich（1927—2022），享有国际声誉的德国哲学家，研究专长为德国观念论哲学，康德、费希特、谢林、黑格尔等都是其研究重心，另外还研究荷尔德林的哲学思想。
2　Manfred Frank（1945—　　），德国哲学家，研究重心为德国观念论、心灵哲学。
3　Georg Lukács（1885—1971），匈牙利美学家、文艺批评家、哲学家。早期受新康德主义等多种思想影响，后来接受马克思主义，成为西方马克思主义学派的创始人和重要代表。它曾在 1934 年撰写《荷尔德林的〈许珀里翁〉》一文，提及荷尔德林是个政治失败者的观点。

随附的一本由扎特勒[1]主编的期刊所指的那样。有必要再次提及的是,"法兰克福版"正是在荷尔德林研究政治化的倾向下诞生的,因为该版本不但重新清晰地编排了逐渐完成的各首诗歌,而且展现了文本的所有物质形态,让人感觉好像是有一片战场横呈眼前,从那里可以窥见荷尔德林断片式的、未完成的以及以失败告终的创作尝试。所有的文本上面笼罩着一层悲苦的气息,它传达出以下潜意识的信息:当一个天才因为德意志的状况陷入崩溃的时候,看起来就是这个样子!以这种方式推出全集,是否就遂了荷尔德林之意呢?无论如何,其诗歌《致命运女神们》写道:可一旦萦系我心的 / 神圣事业,诗歌,被我完成, / 那么欢迎你,哦冥界的沉寂!(MA I, 188)荷尔德林想得到并且也在寻找终结,即完满的形象。他经常成功做到了这一点,也只想因为这一成功扬名天下,留存于他人的记忆之中。但是在法兰克福版全集中,他不得不以失败天才的形象出现,在细节方面拥有巨大魅力,整体上能激发同情之心,又能唤醒对糟糕的政治和社会形势的愤怒——据说,当时的形势对诗意精神来说不啻一场灾难。

自从 60 年代晚期以来,从精神病学角度展开的荷尔德林接受朝着政治化的方向发展。在其杰作《疯癫与文明》中,米歇尔·福柯把注意力引向了"理性的另一面"。疯癫被赋予一种气韵,人们在疯癫中发现了关乎所谓的理性关系的黑暗真理。当然,自柏拉图以降,众人就认识到了诗人的"高贵疯癫",但自福柯开始,这一古老的话语就发生了新的转折。市民世界,即所

---

1 Dietrich Eberhard Sattler(1939—),德国出版家、翻译家,《荷尔德林全集》法兰克福版(1975—2008)的出版者。他从 1972 年起致力于荷尔德林作品的编辑工作,其实践引起了日耳曼学界以手稿形式传世的作品出版方法的变革,尤其是让复刻手稿的方式得以实施和传承。

谓的正常性偏离自身的一面，亦即"疯狂"，现在就可以视为颠覆性的东西。发生在雅各宾派成员荷尔德林身上的，此外还有打上了疯癫印记的、实实在在的颠覆。借助这一方式，荷尔德林身上的革命性就得到了更为深入的发掘，由此它不单单涉及政治话语这一路径；更多的是，有一种基本的欲求在存在的底部奋力抗争。这一切的旨归在于，让荷尔德林保持神秘。

戈特弗里德·本恩[1] 曾在诗歌《什么是糟糕之事》中揶揄道："想到一个新的念头 / 一个无法植入荷尔德林诗行的念头，/ 正如一帮教授所做的。"（Benn 3，280）对荷尔德林如此喜闻乐见的接受早就成为过去。但荷尔德林也没有被人忘却，他被当作"经典作家"铭刻在文化记忆之中。当然，他的首要身份是——诗歌的祭司。

荷尔德林论及自身时所说——"从诸神那里所得比所能消受的更多"，真有可能在他身上发生。但不得不担忧的是，我们这些后生代从诸神那里所得太少，以至于无法恰当地理解荷尔德林。荷尔德林所言的诸神之夜确实存在，就在今时此地。

因此，随着各种各样的神秘化势头的出现，或者说也正是因为这些神秘化，荷尔德林对我们来说已经渐行渐远。他还会抵达我们的心灵，我们还能进入他的世界吗？要是如此的话，那可真美好啊。

　　来吧，朋友！到广阔天地中去！

1　Gottfried Benn（1886—1956），德国诗人、作家，大学期间学习医学，在第一次世界大战中赴前线从事军医工作，是德国表现主义运动的卓越代表，出版有多部诗集，后来转而公开支持纳粹政权。

参考文献

本书所引的荷尔德林原文一般出自三卷本的慕尼黑版《荷尔德林全集》（简称 MA），编者为米夏埃尔·克瑙普（Michael Knaupp）。如果涉及该版本中没有收录的文本，就引用另外版本的全集。在参考文献部分，本书正文所引作品的简称置于括号内，放在引用的文献之前。

(St. A.) Friedrich Hölderlin: Sämtliche Werke. Große Stuttgarter Ausgabe. Hg. v. Friedrich Beißner, Adolf Beck, Ute Oelmann. Stuttgart 1943–1985.

(MA) Friedrich Hölderlin: Sämtliche Werke und Briefe. Hg. v. Michael Knaupp, München 1992 ff. (3 Bände).

(KA) Friedrich Hölderlin: Sämtliche Werke und Briefe. Hg. v. Jochen Schmidt, Frankfurt/M. 1992–1994 (3 Bände).

Friedrich Hölderlin: Sämtliche Werke. Frankfurter Ausgabe. Hg. v. Dietrich/E. Sattler u. a. Frankfurt/M. 1975 ff.

(Hellingrath) Hölderlin. Sämtliche Werke. Besorgt durch Norbert von Hellingrath. Vierter Band. Berlin 1917.

(Chronik) Adolf Beck (Hg.): Hölderlin. Chronik seines Lebens. Frankfurt 1975.

(D 1) Musenalmanach fürs Jahr 1792. Hg. v. Gotthold F. Stäudlin. Stuttgart 1791.

(D 2) Poetische Blumenlese fürs Jahr 1793. Hg. v. Gotthold F. Stäudlin. Stuttgart 1792.

(D 27) Musenalmanach für das Jahr 1807. Hg. v. Leo Freiherrn von Seckendorf. Regensburg (o. J.).

(D 1826) Gedichte von Friedrich Hölderlin. Hg. v. Ludwig Uhland und Gustav Schwab. Stuttgart/Tübingen 1826.

(D 1829) (Ludwig Neuffer:) Nachtrag einiger Gedichte von Friedrich Hölderlin. Zeitung für die elegante Welt 1829.

(D 1846) Friedrich Hölderlin's sämmtliche Werke. Hg. v. Christoph Theodor Schwab. Zweiter Band. Nachlaß und Biographie. Stuttgart/Tübingen 1846.

(Hölderlins Diotima) Adolf Beck (Hg.): Hölderlins Diotima. Susette Gontard. Frankfurt/M. 1980.

(Hölderlin-Handbuch) Johann Kreuzer (Hg.): Hölderlin-Handbuch. Leben – Werk – Wirkung. Stuttgart/Weimar 2002.

(Wittkop) Gregor Wittkop (Hg.): Hölderlin. Der Pflegesohn. Texte und Dokumente 1806–1843. mit den neu entdeckten Nürtinger Pflegschaftsakten. Stuttgart/Weimar 1993.

其他一级文献

(B. v. A., Günderode) Bettine von Arnim: Die Günderode. Hg. v. Walter Schmitz. Frankfurt/M. 1986.

(Benn) Gottfried Benn, Gesammelte Werke. Hg. v. Dieter Wellershoff. Wiesbaden 1960. (Bd. 3, S. 280).

(Diogenes Laertius) Diogenes Laertius: Leben und Meinungen berühmter Philosophen. Hg. v. Klaus Reich. Hamburg 1967 (Felix Meiner Verlag).

(Fichte, Von den Pflichten...) Johann Gottlieb Fichte: Schriften zur Wissenschaftslehre. Werke I. Hg. v. Wilhelm G. Jacobs. Frankfurt/M. 1997.

(George) Stefan George: Werke. Ausgabe in vier Bänden. München 1983.

(Goethe) Johann Wolfgang Goethe: Sämtliche Werke nach Epochen seines Schaffens. Münchener Ausgabe (21 in 33 Bänden). Hg. v. Karl Richter u. a. München 1985–1998.

(Hegel I) Georg Wilhelm Friedrich Hegel: Werke in 20 Bänden. Hg. v. Eva Moldenhauer und Karl Markus Michel. Frankfurt/M. 1986.

(Hegel, Briefe) Georg Wilhelm Friedrich Hegel: Briefe von und an Hegel. Hg. v. Johannes Hoffmeister. Hamburg 1952 (3 Bände).

(Heidegger GA 39) Martin Heidegger: Gesamtausgabe. Bd. 39. Hg. v. Susanne Ziegler. Frankfurt/M. 1989.

(Heidegger/Jaspers, Briefwechsel) Martin Heidegger/Karl Jaspers: Briefwechsel 1920–1963. Hg. v. Walter Biemel und Hans Sauer. Frankfurt/M. 1990.

(Heinse) Wilhelm Heinse: Ardinghello und die glückseligen Inseln. Stuttgart 1973 (1787).

Johann Gottfried Herder: Werke. Hg. v. Wolfgang Pross. München 1984–2002.

Friedrich Heinrich Jacobi: Über die Lehre des Spinoza in Briefen an Herrn Moses Mendelssohn. Hg. v. Marion Lauschke. Hamburg 2000.

(Kant) Immanuel Kant: Werke. Hg. v. Wilhelm Weischedel. Wiesbaden 1957 (12 Bände).

(Kleist) Heinrich von Kleist: Sämtliche Werke und Briefe in vier Bänden. Hg. v. Ilse-Marie Barth u. a. Frankfurt/M. 1990.

Friedrich Gottlieb Klopstock: Ausgewählte Werke. Hg. v. Karl August Schleiden. München/Wien 1987 (2 Bände).

(Nietzsche JN) Friedrich Nietzsche: Jugendschriften. Fünf Bände. Hg. v. Hans Joachim Mette. München 1994.

(Nietzsche) Friedrich Nietzsche: Sämtliche Werke. Kritische Studienausgabe in 15 Bänden. Hg. v. G. Colli, M. Montinari. München 1980.

Novalis: Werke, Tagebücher und Briefe Friedrich von Hardenbergs. Hg. v. Hans-Joachim Mähl, Richard Samuel. München 1978–1987 (3 Bände).

Pindar: Oden (Griechisch/Deutsch). Stuttgart 1986 (Reclam).

(Schelling) Friedrich Wilhelm Joseph Schelling: Ausgewählte Schriften. Hg. v. Manfred Frank. Frankfurt/M. 1985 (6 Bände).

(Schiller) Friedrich Schiller: Sämtliche Werke. Hg. v. Peter-André Alt u. a. München/Wien 2004 (5 Bände).

(Schiller, Briefe) Friedrich Schiller: Briefe. Hg. v. Gerhard Frick. München/Wien 1955.

(Schiller/ Humboldt, Briefwechsel) Siegfried Seidel (Hg.): Der Briefwechsel zwischen Friedrich Schiller und Wilhelm von Humboldt. Berlin 1962.

(Schiller/ Körner, Briefwechsel) Ludwig Geiger (Hg.): Briefwechsel zwischen Schiller und Körner. Stuttgart 1892.

Friedrich Schlegel: Dichtungen und Aufsätze. Hg. v. Wolfdietrich Rasch. München/Wien 1964.

(F. Schlegel, »Kritische Schriften«) Friedrich Schlegel: Kritische Schriften. Hg. v. Wolfdietrich Rasch. München/Wien 1984.

Baruch de Spinoza: Die Ethik. Hg. v. Otto Baensch. Hamburg 1976 (Felix Meiner Verlag).

(Steffens) Henrich Steffens. Was ich erlebte. München 1956 (1844).

(Tieck) Ludwig Tieck: Werke in vier Bänden. Hg. v. Marianne Thalmann. Darmstadt 1977.

(Vorländer, Quellentexte IV) Karl Vorländer: Philosophie der Neuzeit. Quellentexte. Bd. IV. Reinbek bei Hamburg 1966.

Wilhelm Waiblinger: Phäton. Roman über Hölderlin. Tübingen 1979 (Reprint).

(Waiblinger) Wilhelm Waiblinger: Mein flüchtiges Glück. Tagebücher, Briefe, Prosa. Berlin 1991.

Johann Joachim Winckelmann: Geschichte der Kunst des Altertums. Darmstadt 1993.

二级文献

Theodor W. Adorno: Parataxis. In: Noten zur Literatur III. Frankfurt/M. 1965.

Peter-André Alt: Hölderlins »Empedokles«–Projekt und die Diskussion des antiken Opferbegriffs im 18. Jahrhundert. In: Hölderlin-Jahrbuch 37, 2010/11.

Karl Otmar Freiherr von Aretin: Reichstag, Rastatter Kongreß und Revolution. Das Wirken Isaaks von Sinclair und seiner Freunde am Ende des Heiligen Römischen Reiches. In: Hölderlin-Jahrbuch 22, 1980/81.

Achim Aurnhammer: Stefan George und Hölderlin. In: Euphorion. Zeitschrift für Literaturgeschichte. Bd. 81, 1987.

Adolf Beck: Die Gesellschafterin Charlottens von Kalb. Eine Episode im Leben Hölderlins. In: Hölderlin-Jahrbuch 10, 1957.

Adolf Beck: Hölderlin als Republikaner. In: Hölderlin-Jahrbuch 15, 1967/68.

Adolf Beck: Hölderlins Weg zu Deutschland. Fragmente und Thesen. Stuttgart 1982.

Walter Benjamin: Zwei Gedichte von Hölderlin. In: Illuminationen. Ausgewählte Schriften. Frankfurt/M. 1977.

Pierre Bertaux: Hölderlin und die Französische Revolution. In: HölderlinJahrbuch 15, 1967/68.

Pierre Bertaux: Friedrich Hölderlin. Frankfurt/M. 1981.

Wolfgang Binder: Hölderlins Patmos-Hymne. In: Hölderlin-Jahrbuch 15, 1967/68.

Wolfgang Binder: Hölderlin: Theologie und Kunstwerk. In: Hölderlin-Jahrbuch 17, 1971/72.

Paul Böckmann: Hölderlin und seine Götter. München 1935.

(Böhm) Wilhelm Böhm: Hölderlin. Halle 1928 (2 Bände).

Bernhard Böschenstein: Leuchttürme. Von Hölderlin zu Celan, Wirkungen und Vergleiche. Frankfurt/M. 1977.

(Borcherdt) Hans Heinrich Borcherdt (Hg.): Schiller und die Romantik. Briefe und Dokumente. Stuttgart 1948.

Ursula Brauer: Isaac von Sinclair. Eine Biographie. Stuttgart 1993.

E. M. Butler: Deutschland im Banne Griechenlands. Berlin 1948.

Roberto Calasso: Die Literatur und die Götter. München/Wien 2003.

Ernst Cassirer: Hölderlin und der deutsche Idealismus. In: Idee und Gestalt. Darmstadt 1971 (1924).

(Dilthey) Wilhelm Dilthey: Das Erlebnis und die Dichtung. Lessing. Goethe. Novalis. Hölderlin. Leipzig 1989.

Manfred Frank: Hölderlin über den Mythos. In: Hölderlin-Jahrbuch 27, 1990/91.

Manfred Frank: »Unendliche Annäherung«. Die Anfänge der philosophischen Frühromantik. Frankfurt/M. 1997.

Michael Franz: Annäherungen an Hölderlins Verrücktheit. In: Hölderlin-Jahrbuch 22, 1980/81.

Hans-Georg Gadamer: Hölderlin und George. In: Hölderlin-Jahrbuch 15, 1967/68.

Hans-Georg Gadamer: Die Gegenwärtigkeit Hölderlins. In: Hölderlin-Jahrbuch 23, 1982/83.

Ulrich Gaier: Über die Möglichkeit, Hölderlin zu verstehen. In: Hölderlin-Jahrbuch 17, 1971/72.

(Gaier) Ulrich Gaier: Hölderlin. Tübingen/Basel 1993.

(Glaser) Hermann Glaser: Sigmund Freuds Zwanzigstes Jahrhundert. Frankfurt/M. 1979.

(Gulyga) Arsenij Gulyga: Immanuel Kant. Frankfurt/M. 1985.

Friedrich Gundolf: Dichter und Helden. Heidelberg 1921.

Priscilla A. Hayden-Roy: Zwischen Himmel und Erde: Der junge Friedrich Hölderlin und der württembergische Pietismus. In: Hölderlin-Jahrbuch 35, 2006/07.

Hannelore Hegel: Isaak von Sinclair zwischen Fichte, Hölderlin und Hegel. Frankfurt/M. 1971.

Martin Heidegger: Erläuterungen zu Hölderlins Dichtung. GA 4. Frankfurt/M. 1981.

Martin Heidegger: Hölderlins Hymne »Andenken«. GA 52. Frankfurt/M. 1982.

Martin Heidegger: Hölderlins Hymne »Der Ister«. GA 53. Frankfurt/M. 1984.

Martin Heidegger: Hölderlins Hymnen »Germanien« und »Der Rhein«. Heidegger GA 39. Frankfurt/M. 1989.

Norbert von Hellingrath. Hölderlin. Zwei Vorträge. München 1921.

Dieter Henrich: Der Gang des Andenkens. Beobachtungen und Gedanken zu Hölderlins Gedicht. Stuttgart 1986.

Dieter Henrich: Der Grund im Bewußtsein. Untersuchungen zu Hölderlins Denken (1794–1795). Stuttgart 1992.

Dieter Henrich: Sein oder Nichts. Erkundungen um Samuel Beckett und Hölderlin. München 2016.

Alexander Honold: Die Zeit der Himmlischen und ihr Empfang. Hölderlins astronomisches Werk. In: Hölderlin-Jahrbuch 35, 2006/07.

Kurt Hübner: Die Wahrheit des Mythos. München 1985.

Ilse Ilgner: »Von Erinnerung erbebt«. Zu Hölderlins Geschichtsbild in seinem Gedicht »Der Archipelagus«. In: Hölderlin-Jahrbuch 25, 1986/87.

Christoph Jamme: »Jedes Lieblose ist Gewalt«. Der junge Hegel, Hölderlin und die

Dialektik der Aufklärung. In: Hölderlin-Jahrbuch 23, 1982/83.

Christoph Jamme/Helmut Schneider (Hg.): Mythologie der Vernunft. Hegels »ältestes Systemprogramm« des deutschen Idealismus. Frankfurt/M. 1984.

Karl Jaspers: Strindberg und van Gogh (mit einem Kapitel über Hölderlin). München/ Zürich 1977.

Eberhard Jüngel: Die Wahrheit des Mythos und die Notwendigkeit der Entmythologisierung. In: Hölderlin-Jahrbuch 27, 1990/91.

Hans Jünger: Mnemosyne und die Musen. Vom Sein des Erinnerns bei Hölderlin. Würzburg 1993.

(Karlauf) Thomas Karlauf: Stefan George. Die Entdeckung des Charismas. München 2007.

Thomas Karlauf: Stauffenberg. Portrait eines Attentäters. München 2019.

Karl Kerényi: Hölderlin und die Religionsgeschichte. In: Hölderlin-Jahrbuch 8, 1954.

(Kirchner) Werner Kirchner: Der Hochverratsprozeß gegen Sinclair. Ein Beitrag zum Leben Hölderlins. Frankfurt/M. 1969.

Thomas Knubben: Hölderlin. Eine Winterreise. Tübingen 1912.

Ralf Knübel: Hölderlins Leiden. Der poetische Prozess als Versuch der Selbstverständigung. In: Hölderlin-Jahrbuch 36, 2008/09.

Max Kommerell: Der Dichter als Führer in der deutschen Klassik. Frankfurt/M. 1982 (1928).

H. A. Korff: Geist der Goethezeit. Darmstadt 1988 (1966) (4 Bände).

Karl Leonhard: Bedeutende Persönlichkeiten in ihren psychischen Krankheiten (mit einem Kapitel über Hölderlin). Berlin 1992.

Georg Lukács: Hölderlins Hyperion. In: Goethe und seine Zeit. Berlin 1950.

Bernhard Lypp: Poetische Religion. Hölderlins Kunstauffassung. In: Die Erschütterung des Alltäglichen. Kunst-Philosophische Studien. München 1991.

Gunter Martens: Hölderlin-Rezeption in der Nachfolge Nietzsches. In: Hölderlin-Jahrbuch 23, 1982/83.

Gerhard Mayer: Hölderlins »Hyperion«–ein frühromantischer Bildungsroman. In: Hölderlin-Jahrbuch 19/20, 1975–1977.

Winfried Menninghaus: Hälfte des Lebens. Versuch über Hölderlins Poetik. Frankfurt/M. 2005.

(Michel) Wilhelm Michel: Das Leben Friedrich Hölderlins. Darmstadt 1963 (1940).

Günter Mieth: Friedrich Hölderlin und Friedrich Schiller—Die Tragik einer literaturgeschichtlichen Konstellation. In: Hölderlin-Jahrbuch 28, 1992/93.

Robert Minder: Hölderlin unter den Deutschen. In: Dichter in der Gesellschaft. Frankfurt/ M. 1972.

Momme Mommsen: Die Problematik des Priestertums bei Hölderlin. In: Hölderlin-Jahrbuch 15, 1967/68.

Walter Muschg: Tragische Literaturgeschichte. (Zweite, erweiterte Auflage) Bern 1953.

Rainer Naegele: Hermetik und Öffentlichkeit. Zu einigen historischen Voraussetzungen der Moderne bei Hölderlin. In: Hölderlin-Jahrbuch 19/20, 1975–1977.

Walter F. Otto: Der Dichter und die alten Götter. Frankfurt/M. 1942.

(Peters) Uwe Henrik Peters: Hölderlin. Wider die These vom edlen Simulanten. Hamburg 1982.

Dirk von Petersdorff: Literatur und Alltag bei Hölderlin und Novalis. In: Hölderlin-Jahrbuch 34, 2004/05.

Helmut Pfotenhauer: Dionysos. Heinse. Hölderlin. Nietzsche. In: Hölderlin-Jahrbuch 26, 1988/89.

Paul Raabe: Die Briefe Hölderlins. Studien zur Entwicklung und Persönlichkeit des Dichters. Stuttgart 1963.

Walther Rehm: Griechentum und Goethezeit. Geschichte eines Glaubens. Leipzig 1936.

Walther Rehm: Brentano und Hölderlin. In: Hölderlin-Jahrbuch 2, 1947.

(Rickert, Die Philosophie des Lebens) Heinrich Rickert: Die Philosophie des Lebens. Darstellung und Kritik der philosophischen Modeströmungen unserer Zeit. Tübingen 1920; 2. Aufl. 1922.

(Riedel) Manfred Riedel: Geheimes Deutschland. Stefan George und die Brüder Stauffenberg. Köln/Weimar/Wien 2006.

(Rosenkranz) Karl Rosenkranz: Georg Wilhelm Friedrich Hegels Leben. Darmstadt 1977 (1844).

Lawrence Ryan: Hölderlin und die Französische Revolution. In: Deutsche Literatur und Französische Revolution. Sieben Studien. Göttingen 1974.

Lawrence Ryan: »So kam ich unter die Deutschen«. Hyperions Weg in die Heimat. In: Hölderlin-Jahrbuch 31, 1998/99.

Rüdiger Safranski: Schiller oder Die Erfindung des Deutschen Idealismus. München/Wien 2004.

Rüdiger Safranski: Romantik—Eine deutsche Affäre. München/Wien 2007.

Rüdiger Safranski: Goethe. Kunstwerk des Lebens. München/Wien 2013.

Gerhard Sander: Hölderlins Laufbahn als Schriftsteller. In: Hölderlin-Jahrbuch 24, 1984/85.

Wolfgang Schadewaldt: Das Bild der exzentrischen Bahn. In: Hölderlin-Jahrbuch 6, 1952.

Wolfgang Schadewaldt: Hölderlins Weg zu den Göttern. In: Hölderlin-Jahrbuch 9, 1955/56.

Guido Schmidlin: Hölderlin und Schellings Philosophie der Mythologie und der Offenbarung. In: Hölderlin-Jahrbuch 17, 1971/72.

Guido Schmidlin: »Die Psyche unter Freunden«. Hölderlins Gespräch mit Schelling. In: Hölderlin-Jahrbuch 19/20, 1975–1976.

Jochen Schmidt: Der Begriff des Zorns in Hölderlins Spätwerk. In: Hölderlin-Jahrbuch 15, 1967/68.

Jochen Schmidt: Die Geschichte des Genie-Gedankens in der deutschen Literatur, Philosophie und Politik 1750–1945. Band 1. Darmstadt 1988.

Jürgen Söring: »Die göttlichgegenwärtige Natur bedarf der Rede nicht«. Wozu also Dichter? In: Hölderlin-Jahrbuch 30, 1996/97.

Emil Staiger: Der Opfertod von Hölderlins Empedokles. In: Hölderlin-Jahrbuch 13, 1963/64.

Peter Szondi: Hölderlin-Studien. Mit einem Traktat über philologische Erkenntnis. Frankfurt/M. 1970.

Peter Szondi: Einführung in die literarische Hermeneutik. Band 5 (Schwerpunkt Hölderlin). Frankfurt/M. 1975.

(Tilliette) Xavier Tilliette: Schelling. Biographie. Stuttgart 2004.

Paul Veyne: Glaubten die Griechen an ihre Mythen? Frankfurt/M. 1987.

Barbara Vopelius-Holtzendorff: Familie und Familienvermögen Hölderlin-Gock. In: Württembergische Landesgeschichte, Bd. 13, Jg. 1954.

(Wackwitz) Stephan Wackwitz. Friedrich Hölderlin. (2. Auflage) Stuttgart 1997.

Gregor Wittkop: Hölderlins Nürtingen. Lebenswelt und literarischer Entwurf. Tübingen 1999.

Stefan Zweig: Der Kampf mit dem Dämon. Hölderlin. Kleist. Nietzsche. Frankfurt/M. 1981.

荷尔德林年表

1770 劳芬

3 月 20 日 荷尔德林在内卡河畔的劳芬降生，他是家里的长子，其父为海因里希·弗里德里希·荷尔德林，母亲为约翰娜·克里斯蒂安娜（娘家姓海恩）。荷尔德林次日受洗，洗礼名为约翰·克里斯蒂安·弗里德里希。

1771

4 月 7 日 妹妹约翰娜·克里斯蒂安娜·弗里德里克出生。

11 月 3 日 曾外祖母祖托尔[1]逝世。

1772

7 月 5 日 父亲中风而亡。父亲的大姐，生于 1732 年、当时也处于孀居状态的伊丽莎白·封·洛恩邵尔德[2]搬去与其弟妹，

1　Johanna Rosina Sutor（1725—1802）.

2　Elisabeth von Lohenschiold（1732—1777），其丈夫为图宾根大学历史系教授奥托·克里斯蒂安·封·洛恩邵尔德（Otto Christian von Lohenschiold，1720—1761）。

即荷尔德林的母亲同住。

8 月 15 日　妹妹玛丽亚·埃莱奥诺拉·海因里克出世。

9 月 25 日　外祖父海恩[1] 去世。

1774

10 月 10 日　母亲与约翰·克里斯托夫·戈克再婚。举家迁往尼尔廷根，斥资 4500 古尔登在当地购买了一座两层楼的庭院。

1775 尼尔廷根

4 月 18 日　举行坚信礼。

8 月 18 日　继妹阿纳斯塔西娅·卡洛琳娜·多罗特娅出生。

11 月 16 日　妹妹约翰娜·克里斯蒂安娜·弗里德里克夭折。

12 月 19 日　继妹阿纳斯塔西娅·卡洛琳娜·多罗特娅夭折。

1776

在尼尔廷根拉丁文学校求学，同时上家教课，以便通过位于邓肯多夫或布劳博伦的某所维滕堡初级新教修道院学校的地方录取考试。

10 月 29 日　继弟卡尔·克里斯托夫·弗里德里希出生。

1777

5 月 11 日　姑母伊丽莎白·封·洛恩邵尔德去世。荷尔德林继承了她四分之一的财产；加上父亲留下来的遗产，以及两年

1　Andreas Heyn（1712—1772），职业为牧师。

前夭折的妹妹的那部分，荷尔德林的财富积累到了 4400 古尔登。其财产由母亲以典契和房贷的形式储存起来，一直管理到她去世，储蓄利息（5%）用来支付荷尔德林的生活用度。

11 月 16 日 另一名继弟（名字不详）在降生时夭折。

1778

11 月 12 日 继妹弗里德里克·罗辛娜·克里斯蒂安娜出世。

1779

3 月 8 日 继父在肺部感染后过世。外祖母[1]海恩搬去与自己的女儿，即荷尔德林的母亲同住。

1780

开始学习钢琴，后来又学习笛子。

9 月 在斯图加特参加首次地方考试。

1782

执事（"助祭"）纳塔内尔·克斯特林和家庭教师克拉茨[2]每天给荷尔德林上一小时的私教课。

1783

9 月 参加第四次和第五次地方考试。首次与谢林结识，其

---

1 Johanna Rosina Heyn（1725—1802），她也跟自己的母亲祖托尔一样守寡多年，费心教育荷尔德林，并给他提供经济资助。

2 Johann Jakob Kraz（1754—1812），其他信息不详。

时谢林寄居在叔父克斯特林家里，同样也在上拉丁文学校。

12 月 20 日　继妹弗里德里克·罗辛娜·克里斯蒂安娜夭折。

1784 邓肯多夫

10 月 20 日　进入邓肯多夫初级修道院学校。校方签署了一项文书，规定该校学生（寄宿生）尤其有义务"不从事神职人员以外的职业"。母亲列了一张支出表，言称"只要荷尔德林循规蹈矩，就不要克扣他的生活用度"，表里填入了 1776 年以来的各项支出，相关记录一直延续到 1824 年（参见 1828 年 2 月 17 日）。

1785

3 月 21 日　按照"正式考试"的成绩排位；荷尔德林拿到了第六名，除了一次例外，他到学业结束时都保持着这个位次。

11 月　第一封书信保留下来。可能也是在这一时期，开始编纂首批得以保留的诗歌手稿。

1786 毛尔布隆

10 月 18—19 日　荷尔德林开始在毛尔布隆的高级修道院学校修读进阶课程。不久后，结识学校管理者最小的女儿露易丝·纳斯特。

11 月 7—18 日　在接待巡访的维滕堡公爵卡尔·奥伊根[1]的场合，荷尔德林朗诵了他写给公爵夫人弗兰齐斯卡的效忠诗。

12 月 18 日　首个家谱登记册保存下来。

1　Karl Eugen（1728—1793）.

1787

1月　露易丝的堂弟伊曼努尔·纳斯特来毛尔布隆拜访荷尔德林。此人离开以后，荷尔德林开始与他互通书信。这一时期也与希默[1]建立了友谊。

3月　耽读莪相[2]的诗篇；同时还阅读克洛普施托克、席勒、舒巴特、杨[3]以及维兰德[4]的作品。

夏季　荷尔德林多次生病，吐血。伊曼努尔·纳斯特再度来访。

1788 图宾根

3月　维兰德主编的《德意志信使》上发表了席勒的诗歌《希腊诸神》，它成为荷尔德林颂歌的典范。

3月18日　荷尔德林去马克格勒宁根探望病危的姑母福尔

1　Franz Carl/Karl Hiemer（1768—1822），荷尔德林图宾根时代的朋友，也是他最知名的肖像画者，韦伯（Carl Maria von Weber）歌剧《西尔瓦娜》（*Silvana*）和《阿布·哈桑》（*Abu Hassan*）的脚本作者，还是一名演员。

2　Ossian，又译"奥西安"，是凯尔特神话中的古爱尔兰著名的英雄人物，传说他是一位优秀的诗人。赫尔德在《论莪相和古代民族的诗歌》一文中提倡德国民族文学运动，歌德笔下的维特也耽读和翻译莪相诗篇，甚至说"在我心里，莪相把荷马挤出去了"。

3　Edward Young（1683—1765），英国"墓园派"诗人、剧作家、文艺评论家，他在欧洲尤其是在德国的声名鹊起主要源于写给友人理查森（Samuel Richardson）的《试论独创性作品》（*Conjectures on Original Composition*，1759）。

4　Christoph Martin Wieland（1733—1813），德国启蒙运动时期洛可可风格最重要的诗人和作家，是德国古典主义文学的领路人之一。他是当时影响最大的文学杂志《德意志信使》的主编，是大量翻译莎士比亚作品的先行者，创作有德语文学史上第一部长篇教育小说《阿迦通的故事》（*Geschichte des Agathon*），1785年还创办了德国文学向古典文学和浪漫主义文学过渡时期的重要期刊《文学汇报》（*Allgemeine Literatur-Zeitung*）。

马尔[1]，随后母亲和妹妹到来，他们一起停留到 4 月 7 日，姑母 4 月 18 日离世。

4 月　阅读《唐·卡洛斯》。

6 月 2—6 日　到普法尔茨旅行。

夏季　可能编辑了《马尔巴赫季刊》。

10 月 21 日　荷尔德林开始在图宾根神学院深造，同时黑格尔和另外三个学生从斯图加特文理中学毕业后进入该校。大学头两年研习哲学，接下来的三年主修神学。任课教授有：施努雷尔（讲授埃福罗斯[2]）、乌兰德[3]、施托尔（高级主管）；从 1789 年开始帮助学生准备毕业考试的辅导教师有：巴尔迪里[4]、康茨。

11 月 10 日　第一次发布季度成绩和排位。荷尔德林仍然位列第六。

12 月 3 日　取得学士学位。

岁末　与已在神学院学习两年的诺伊弗和马格瑙开始结下友谊。

1789

2 月 24 日　正值海因里克·纳斯特[5]新婚之际，荷尔德林的

1　Friederike Juliane Volmar（1741—1788），娘家姓 Hölderlin，荷尔德林生父的妹妹，1771 年与恩斯特·福尔马尔（Ernst Ludwig Volmar，1727—1784）成婚。

2　埃福罗斯（约前 400—前 330），古希腊历史学家，是伊索克拉底的学生，在其建议下著有《历史》，今仅存片断。

3　这里指的是神学教授乌兰德（Ludwig Joseph Uhland，1722—1803），也是诗人乌兰德（Johann Ludwig Uhland）的叔父。

4　Christoph Gottfried Bardili（1761—1808），德国哲学家、教授，逻辑实在论（Logischer Realismus）的代表人物。

5　Heinrike Nast（1767—?），来自莱翁贝格，是荷尔德林好友伊曼努尔·纳斯特和初恋女友露易丝·纳斯特的堂姐。

一首（已佚）诗歌首次印行。

3月—4月　与露易丝·纳斯特分道扬镳。同伊曼努尔·纳斯特之间的友谊也到了尽头。

4月20—21日　在复活节去斯图加特拜访诺伊弗，顺访舒巴特[1]，可能还有施托伊特林。

7月14日　巴黎发生了攻占巴士底狱事件，法国大革命开始。

夏季　师从弗里德里希·路德维希·杜隆[2]学习笛子。

11月5日　在一次视察神学院时，公爵卡尔·奥伊根警告部分有着共和倾向的学生要注意"严格的秩序和法律制度"。

11月　荷尔德林计划在神学院"压力"的迫使下退学，转而改学法学，但因为考虑到母亲的愿望，这一计划很快放弃。当月底，他回到尼尔廷根，度过一年中剩下的时日。

1790

年初　在教会监理会考试以后来神学院旁听的尼特哈默的影响下，初次研习康德和赖因霍尔德[3]的哲学。神学院的弗拉特教授主张适度的康德主义，而辅导教师迪茨主张激进的康德主义论。

3月9日　三位友人——荷尔德林、马格瑙和诺伊弗可能举行了首场"领袖人物会议"。

1　这里指的是大舒巴特（Christian Friedrich Daniel Schubart，1739—1791）。

2　Friedrich Ludwig Dulon（1769—1826），德国长笛演奏家、作曲家，幼年失明，是18世纪末最著名的长笛演奏家之一。

3　Karl Leonhard Reinhold（1757—1823），奥地利哲学家，康德批判哲学的捍卫者，德国观念论哲学的创立者之一，1783年11月逃亡到德国，很快成为主编《德意志水星报》的维兰德最重要的助手，1785年成为最重要的康德阐释者之一，1787年在耶拿大学任哲学教授，1794年开始在基尔大学任教。

4 月　教会监理会考试代表团来到神学院，目的是制定新的章程。神学院学生和辅导教师担心的是，他们会被强加"一系列荒谬而又无用的法规"。

夏季　与大学教务长之女埃莉泽·莱布雷特初识。准备文科硕士考试。

9 月 17 日　通过文科硕士考试，由此完成了神学院头两年的、专修哲学和语文学的学业。阅读温克尔曼、莱布尼茨、柏拉图、赫尔德、海因泽、比格尔[1]、雅可比等人的著作。

10 月　在斯图加特与施托伊特林攀谈，商议参与将来的《1792 年缪斯年鉴》编辑工作。

10 月 20 日　谢林在 15 岁这一年已进入图宾根神学院。

年底　与埃莉泽·莱布雷特的关系开始陷入紧张。

1791

3 月　在致妹妹的一封信中表达了"靠写书为生而不挨饿"的愿望。

4 月 19 日　趁着与希勒[2]和梅明尔[3]同游瑞士之机，在苏黎世拜访了约翰·卡斯帕·拉法特[4]。在荷尔德林写在访客登记簿上的信息旁边，拉法特做了旁注："无甚特别之处。"在往返途中，荷

1　Gottfried August Bürger（1747—1794），启蒙运动时期的德国诗人，尤其擅长叙事谣区创作，最知名的是写于 1773 年的《莱诺蕾》（*Lenore*），他对闵希豪森男爵（Baron von Münchhausen）荒诞故事的全面扩写和翻译也是举世闻名。

2　Christian Friedrich Hiller（1769—1817），荷尔德林创作于 1784 至 1800 年的诗歌中有一首《致希勒》（*An Hiller*）。

3　Friedrich August Memminger（1770—?），当时是医学专业的学生，后来行医。

4　Johann Kaspar Lavater（1741—1801），瑞士哲学家、神学家、作家。法国大革命爆发以来，他积极参与政治活动，大力批判法军对瑞士的入侵，1799 年 5 月被流放到巴塞尔，9 月在苏黎世的一场战斗中负伤，一年多后去世。

尔德林穿越多瑙河上游地区。

9 月　施托伊特林的《1792 年缪斯年鉴》出版，内收荷尔德林的四首诗。马格瑙 7 月就已结束了神学院的学业，诺伊弗在 9 月也毕业了。

年底　阅读卢梭的著作，同时研究天文学。订阅在科塔发行的、由胡腾[1] 编辑出版的《普鲁塔克[2] 作品集》。

1792

3 月—4 月　在斯图加特访友，对一位陌生女子心生爱慕。不久，《许珀里翁》的首个稿本诞生。

4 月 20 日　法国向奥地利宣战。随着普鲁士在 7 月参战，第一次反法同盟结成，一直持续到 1797 年。

夏季　与泽肯多夫[3] 结识。黑格尔在这一时期被视为粗鲁的雅各宾派，而荷尔德林倾向于支持吉伦特派。

9 月　在马拉的煽动下，巴黎爆发了九月大屠杀。

9 月 20 日　瓦尔密战役打响。

9 月 21 日　法国废除君主制，引入共和制纪年（持续到 1806 年）。

10 月 9 日　荷尔德林参加妹妹与布罗伊宁[4] 在尼尔廷根举行

1　Johann Georg Hutten（1755—1834），德国教育家、教师，因为编辑出版 14 卷本《普鲁塔克作品集》（1791—1804 年出版）声名远播。

2　Plutarch（46—120），用希腊文写作的罗马传记文学家、散文家，以及柏拉图学派的知识分子。著作颇丰，传世之作为《希腊罗马名人传》和《掌故清谈录》，前者对荷尔德林与卢梭都产生过较大影响。

3　Leo von Seckendorff（1775—1809），德国诗人、作家、翻译家，作品洋溢着强烈的爱国主义情感，曾任维滕堡公国政府专员。

4　Friedrich Breunlin（1797—1880），公务员，荷尔德林之妹海因里克（Heinrike）的丈夫。

的婚礼，送上希默所作的粉蜡笔画。

10 月 21 日　法军占领美因茨。德意志南部告急。

11 月 19 日　国民议会发布政令：法国为所有想要获得自由的民族提供博爱和援助。

1793

1 月 21 日　路德维希十六世在巴黎被处决。

5 月 13 日　在公爵及其夫人出席的情况下，宣布神学院新的章程。

5 月 23 日　夏洛特·封·卡尔布与席勒联系，请他帮忙为儿子弗里茨寻找一位新的家庭教师。

6 月　荷尔德林完成高级阶段的毕业考试。

6 月 27 日　在图宾根神学院，弗里德里希·马蒂松与诺伊弗、施托伊特林一道来访，荷尔德林为马蒂松朗诵颂歌《致勇气守护神》。

7 月 13 日　夏洛蒂·科黛刺杀马拉。

7 月 14 日　根据一个谣言的说法，包括荷尔德林、黑格尔和谢林在内的神学院学生在图宾根郊外的一片草地上栽下一棵自由树。

9 月　与伊萨克·封·辛克莱结识。

9 月 19 日　黑格尔提前通过了教会监理会考试，前去伯尔尼担任家庭教师。他与荷尔德林道别，喊出口号："神的王国！"

9 月 20 日　在一封致席勒的信中，施托伊特林推荐荷尔德林担任封·卡尔布府上的家庭教师。

10 月 1 日　荷尔德林在路德维希斯堡短暂拜访席勒，之后席勒转发了这一推荐。10 月 23 日，封·卡尔布夫人表示同意。

10 月 31 日　吉伦特派的首领们被处决。

11 月 21—23 日　与马格瑙告别。

12 月 6 日　荷尔德林在斯图加特参加完成神学学业所需的教会监理会考试，这是从事宗教职业的前提。进行见习布道，其内容是《罗马人书》第 5 章第 10 节。

12 月 28 日　抵达瓦尔特斯豪森。

1794 瓦尔特斯豪森

1 月　在瓦尔特斯豪森的封·卡尔布府上开始承担家庭教师一职。与当地的牧师约翰·弗里德里希·内宁格[1]相识，同时结识夏洛特·封·卡尔布的女伴——威廉明妮·玛丽安娜·基尔姆斯。给学生弗里茨上课，上午 9 到 11 点，下午 3 到 5 点。

3 月 20 日　荷尔德林向席勒汇报自己的教育原则；但很快他跟学生之间的关系变得紧张起来。更加深入地研读康德著作，尤其是《判断力批判》。

6 月 8—9 日　与封·卡尔布一家赴佛尔克豪森旅行。接下来独自沿着荣河步行至富尔达。

夏季　写作《许珀里翁残篇》。

7 月 28 日　罗伯斯庇尔被处决。

8 月　读费希特的著作；夏洛特·封·卡尔布请求荷尔德林寄去每周出版的知识学讲座的内容。

11 月　与弗里茨·封·卡尔布一起迁居耶拿。拜访席勒，此时第一次与歌德相遇。与索菲·莫雷奥相识，同尼特哈默过从甚密。每天去听费希特的课，肯定也会与之交谈。

1　Johann Friedrich Nenninger（？—1828），瓦尔特斯豪森的牧师。

12 月底 与夏洛特·封·卡尔布及其子弗里茨迁居魏玛。拜访赫尔德，与歌德会面。

1795 耶拿

1 月初 在双方协商一致的情况下，荷尔德林从封·卡尔布府上离开，之后回到耶拿。此时歌德的《威廉·迈斯特的学徒生涯》第一卷出版。

3 月 9 日 席勒建议科塔出版社付梓《许珀里翁》。自年初以来，《许珀里翁的青年时代》创作完成。

3 月 与伊萨克·封·辛克莱开始建立深厚的友谊，4 月初搬入其花园寓所。结识博伦多夫，此人也是亲近费希特的"自由人士同盟"的成员。

3 月 27 日 荷尔德林的母亲出售了尼尔廷根的住所，不过直到 1798 年春她还住在其中的几个房间里。

4 月 25 日 诺伊弗的未婚妻罗辛勒·施托伊特林 [1] 去世。

5 月 25 日 荷尔德林在耶拿大学注册。这一时期也在尼特哈默的家里遇到了费希特和弗里德里希·封·哈登贝格（诺瓦利斯），他们从哲学角度就宗教和启示展开对话。

5 月 27 日 耶拿爆发学生暴动。

6 月 荷尔德林突然离开耶拿。在去尼尔廷根的途中，他在海德堡与埃贝尔会面，此人可能有望通过辛克莱的推荐，帮助荷尔德林获得法兰克福贡塔德府上的家庭教师职位。

1　Rosine Stäudlin（1767—1795），诗人施托伊特林（Gotthold Stäudlin，1758—1796）之妹，荷尔德林在 1794 年把诗歌《朋友的祝愿》（*Freundeswunsch. An Rosine St.*）献给她，1793 年的诗《致一朵玫瑰》（*An eine Rose*）可能也是献给她的。

尼尔廷根

夏季 在图宾根拜访谢林。可能开始跟谢林深入讨论哲学问题。下半年,《许珀里翁》的倒数第二版诞生。

9月 在斯图加特与诺伊弗和马格瑙重逢。这一时期可能初次与兰道尔相识。

12月 再次与谢林会面。确认接受家庭教师职位后,荷尔德林前往法兰克福,12月28日抵达。

1796 法兰克福

1月 开始在法兰克福贡塔德府上担任家庭教师。此前还在霍姆堡首次拜访了辛克莱,同时也在那里结识了枢密官容。除了食宿全包,荷尔德林每年的薪资为400古尔登,他与新弟子亨利互相欣赏、相处甚欢。

4月 在去莱比锡的途中,谢林顺道在法兰克福拜访了荷尔德林。

4月10日 在波拿巴·拿破仑将军的指挥下,法军开始出征意大利,其结果是建立了新的共和国。

5月 贡塔德一家搬到城东普芬斯特魏德(大概在今天的动物园附近)的一座租住的房子里。可能就在不久以后,荷尔德林与苏赛特·贡塔德之间萌生爱恋。韵律体颂歌《狄奥提玛》问世。

7月10日 因为法军逼近,贡塔德一家(除男主人外)跟荷尔德林以及苏赛特的女伴玛丽·雷策尔逃往卡塞尔,13或14日到达。一行人在那里结识了25日抵达的威廉·海因泽。一起参观画廊和弗里德里希阿鲁门博物馆。

8月9日 继续到德里堡旅行,在此地中断了逃往汉堡的苏赛特娘家的原始计划。在这里一直待到9月中旬(此间黑格尔的

《埃琉西斯——致荷尔德林》问世）。

9月8日　维滕堡大公卡尔·奥伊根抗击法军获胜。

9月13日　一行人可能开始折回卡塞尔，并在那里一直停留到月底。

9月11—14日　施托伊特林在凯尔附近的莱茵河里自沉。这期间埃贝尔动身前往巴黎。

9月20日　威廉明妮·基尔姆斯的女儿（生于1795年7月）在迈宁根夭折。

秋季　《许珀里翁》第一卷的最终版大功告成。

11月21日　请求弟弟寄送两本《施瓦布年鉴》（见参考文献中的D1和D2）。

1797

1月　黑格尔抵达法兰克福，担任荷尔德林上一年给他介绍的戈格尔府上的家庭教师一职。

4月　《许珀里翁》第一卷出版。卡尔·戈克在复活节当天（16日）来法兰克福拜访荷尔德林。

4月22日　一支法国骑兵队沿着桑布尔河与马斯河行进，对法兰克福城外的博根海姆瞭望塔发动突袭，结果被波拿巴·拿破仑的一名信使拦截。

5月　贡塔德一家搬进城北的阿德勒弗吕希特宫避暑。

6月20日　荷尔德林将诗歌《致以太》和《漂泊者》连同《许珀里翁》第一卷一起寄给席勒。

6月27日　席勒和歌德开始在书信往来中谈论荷尔德林。

8月　《恩培多克勒》的首个计划诞生。哀歌《漂泊者》在席勒的《季节女神》上发表。

8 月 22 日　与歌德最后一次会面，当时歌德在他第三次赴瑞士旅行之前经停法兰克福。

秋季　诺伊弗和兰道尔造访法兰克福，据说荷尔德林在诺伊弗耳畔低语评价苏赛特·贡塔德："对吧，她是不是就像个希腊人？"

10 月　结识来自弗里德贝格的齐格弗里德·施密特[1]。可能这一时期容格将自己的裴相作品的翻译交给荷尔德林审阅，荷尔德林鼓励他将译作付诸出版。

10 月 17 日　《坎坡·福尔米奥和约》订立，第一次反法同盟战争结束。奥地利同意割让莱茵河左岸的领土。持续至 1799 年的拉施塔特会议旨在讨论相关诸侯的赔偿问题，但会议无果而终。

12 月 22 日　荷尔德林妹妹的第二个孩子弗里茨出世，荷尔德林成为没有到场的教父。

1798

3 月　荷尔德林考虑离开法兰克福。

夏季　荷尔德林给诺伊弗寄去了箴言体的哦得体诗歌。

7 月　给席勒寄送诗歌（从《献给太阳神》到《致我们伟大的诗人群体》）。

9 月　在一场争吵后，荷尔德林离开了贡塔德家。辛克莱给他在霍姆堡找了一个住处。

霍姆堡

10 月 4—5 日　初次与苏赛特·贡塔德重逢。直到荷尔德林

1　Siegfried Schmid（1774—1859），德国作家、士兵。

在 1800 年 6 月离开法兰克福，他俩还经常幽会，并交换信件。

10 月　荷尔德林被人引荐给汉堡宫廷。奥古斯特公主对他心生热烈爱慕。

11 月　可能完成了《许珀里翁》第二卷的写作。应辛克莱的邀请，荷尔德林前往参加拉施塔特会议，在会上结识了弗里茨·霍恩[1]、穆尔贝克、封·波默–埃舍[2]和申克[3]。会议清楚地显示，法国无意在德意志领土上推进共和制的发展。

12 月 6 日　与苏赛特·贡塔德会面。

12 月 30 日　适逢外祖母海恩 73 岁大寿，荷尔德林赋诗一首。

1799

1 月　开始《恩培多克勒》首个稿本的创作。

2 月　辛克莱随同荷尔德林在拉施塔特认识的穆尔贝克一起回来。三人谈叙甚欢，话题可能跟时政相关。第二次反法同盟战争爆发（持续到 1802 年）。

3 月 2 日　施莱格尔对诺伊弗主编的袖珍书[4]的书评发表，荷尔德林的诗歌得到盛赞和凸显。

3 月 11 日　与苏赛特·贡塔德相会。

4 月 5 日　与苏赛特·贡塔德会面。

4 月　博伦多夫在霍姆堡停留，文字中提及荷尔德林，说他

1　Fritz Horn（1772—1844），荷尔德林通过辛克莱结识的朋友，具有革命倾向。1802 年 11 月，荷尔德林曾把自己翻译出来、准备交付出版的索福克勒斯悲剧的译稿寄给霍恩。

2　Adolf von Pommer Esche（1804—1871），瑞典人，当时普鲁士的瑞典使馆秘书。

3　Johann Heinrich Schenk（1748—1813），雅可比的密友，时任战争参事。

4　指的是诺伊弗主编、施泰因科普夫在 1799 年出版的《闺房教育袖珍书》（*Taschenbuch für Frauenzimmer von Bildung*）。

是"精神上的、不折不扣的共和主义者"。

5月9日 与苏赛特·贡塔德相会。

5月—6月 开始《恩培多克勒》第二个稿本的创作。

6月4日 宣告杂志《伊杜娜》的出版计划，因为一年限期之内得不到出版商施泰因科普夫所要求的"知名人士"的供稿支持，不得不放弃。

6月 《出嫁之前的埃米莉》[1]诞生。

9月5日 与苏赛特·贡塔德会面。

10月 《许珀里翁》第二卷出版。

10月31日 与苏赛特·贡塔德相会。

11月7日 与苏赛特·贡塔德会面，把《许珀里翁》第二卷交给她。

11月9日 波拿巴·拿破仑因为政变而成为首任领事。

11月28日 霍姆堡的奥古斯特公主庆祝23岁生日。荷尔德林为她献诗一首。

12月 开始创作《恩培多克勒》的第三个稿本，由此开启了"斯图加特开本"的形成。

1800

1月 到法兰克福出差的兰道尔在霍姆堡拜访了荷尔德林。在放弃了《恩培多克勒》的写作和杂志出版计划后，荷尔德林可能开始创作诗稿。

2月6日 与苏赛特·贡塔德会面。

---

1 这是荷尔德林诗歌中占有特殊地位的一首：一是篇幅最长，二是唯一的一次采用了书信体诗的特别形式，三是这首诗的写作源于一个委托任务，其完成可以给荷尔德林带来更多的发表机会。

3月2日　妹夫布罗伊林去世。妹妹与孩子们搬到尼尔廷根与母亲同住。

复活节　回尼尔廷根探亲。

4月25日　法军在莫罗[1]将军的指挥下出征施瓦本。

5月8日　与苏赛特·贡塔德最后一次在法兰克福碰面。

6月20日　在尼尔廷根停留10天以后，搬到斯图加特的兰道尔家里。

斯图加特

7月　在兰道尔家中认识了其友人豪格[2]和胡贝尔[3]。给古切尔[4]和弗里施[5]上私教课。此后创作了大量的哦得体诗稿、哀歌以及六音部诗行的诗稿。

12月　在其双亲的委托下，伊曼努尔·封·贡岑巴赫为荷尔德林提供了一个在瑞士豪普特维尔的家庭教师职位，请他为自己的几个妹妹授课。荷尔德林应允。

12月11日　兰道尔庆祝31岁生日。

12月25日　奥地利12月3日在霍恩林登[6]附近战败，之后施泰尔[7]停战，有望很快迎来和平。

冬季　可能翻译了品达的《胜利曲》。

1　Jean Victor Marie Moreau（1763—1813），法国大革命战争中的主要将领，因为坚持共和而被拿破仑放逐到美国，后应邀重上战场，制定击败拿破仑的战术，但他没看见拿破仑退位就在德累斯顿战死沙场。

2　Christoph Friedrich Haug（1761—1829），公务员、诗人，兰道尔之友。

3　Ludwig Ferdinand Huber（1764—1804），作家、翻译家、记者，兰道尔之友。

4　Jakob Friedrich Gutscher（1760—1834），职业为记录员。

5　姓氏为 Frisch，信息不详。

6　Hohenlinden，地名，今属上拜仁州。

7　Steyr，地名，今属上奥地利州，是该州第三大城市。

1801

1月11日 在尼尔廷根过圣诞节。从斯图加特出发去豪普特维尔。

豪普特维尔

1月15日 在豪普特维尔的贡岑巴赫府上开始担任家庭教师。

2月9日 《吕内维尔和约》签订;《坎坡·福尔米奥和约》确立。

4月11—13日 告别贡岑巴赫一家,去往尼尔廷根。

尼尔廷根

6月2日 在致席勒和尼特哈默的信中,荷尔德林表达了在耶拿大学开设希腊文学课程的愿望;他没有收到回音,计划就此搁浅。这一时期诞生了他的首批咏歌。

8月6日 胡贝尔告诉荷尔德林,科塔准备在 1802 年复活节之际出版他的诗歌。为此荷尔德林编订了哦得体诗、哀歌和咏歌的誊清稿,但最终出版未果。

秋季 在施特勒林[1]的介绍下,荷尔德林接受了波尔多的一个家庭教师职位。

12月 荷尔德林肯定没有错过当月 11 日在斯图加特举行的兰道尔 32 岁生日庆典,次日他可能就动身前往波尔多了。一路上,他行经斯特拉斯堡(15—30 日)和里昂(1802 年 1 月 9 日)。

1　F. J. Ströhlin(? —?),斯图加特文理中学教师,也曾在波尔多担任家庭教师。

1802 波尔多

1月28日　开始在波尔多迈尔领事府上担任家庭教师。并开始翻译《索福克勒斯悲剧》。

2月14日　外祖母海恩在尼尔廷根辞世。

5月10日　申请了从波尔多前往斯特拉斯堡的通行证。在双方协商一致的情况下，离开迈尔一家。返回德意志的归途中在巴黎稍作停留，可能在拿破仑博物馆参观了各种"古董展"。

6月7日　在斯特拉斯堡获得出境签证。

斯图加特 / 尼尔廷根

6月中旬　先是回到斯图加特，然后去尼尔廷根，稍作停留后再次返回斯图加特。

6月22日　苏赛特·贡塔德去世。再次出发前往尼尔廷根，并在那里住了两年。

夏季　在辖区主任医生普朗克博士那里接受治疗。

9月29日　受辛克莱之邀参加雷根斯堡的帝国议会，会上遇见了霍姆堡的方伯，并再次见到了弗里茨·霍恩。十月中旬之交返回尼尔廷根。这一时期可能还编订了《霍姆堡对开本诗集》。

12月20日　母亲给辛克莱写信，这也是保存下来的第一封此类信件。

1803

1月13日　在写给辛克莱的信中附上了敬献给方伯的《拔摩岛》献词手稿，委托辛克莱转交恭贺方伯当月30日的55岁寿辰。

2月25日　帝国代表团代表大会闭幕。其结果是，维滕堡成为选帝侯国。

3月14日 克洛普施托克去世。

6月3日 弗里德里希·维尔曼斯通知荷尔德林，说他愿意承担《索福克勒斯悲剧》译本的出版工作。荷尔德林直到9月28日才答复。

6月 在穆尔哈特与谢林再次会面。

6月22日 海因泽在阿莎芬堡去世。

年底 校阅几首自己的《夜晚咏歌》，准备提交给维尔曼斯的《1805年袖珍书》。

1804

4月14日 维尔曼斯寄来了《索福克勒斯悲剧》译本的样书。

5月27日 维尔曼斯寄来了222古尔登的稿酬。

6月11日 辛克莱途经维尔茨堡时拜访了谢林，此行的目的地是斯图加特，在那里与汉堡宫廷专员布兰肯施泰因、巴茨、魏斯哈尔和泽肯多夫展开了政治会谈。

6月19日 荷尔德林参加了辛克莱那个圈子的晚宴，席间辛克莱大概发表了个人意见，认为地方特权等级与各位选帝侯的矛盾必须通过暴力才能解决，这成为其后布兰肯施泰因告发辛克莱的依据。

6月22日 辛克莱与布兰肯施泰因、荷尔德林一起动身前往霍姆堡。当月24日，荷尔德林在维尔茨堡最后一次见到谢林。

霍姆堡

7月7日 辛克莱请求方伯，用自己1802年以来一直享受的俸禄补助来设立一个宫廷图书馆员的职位，让荷尔德林容身。相关规定很快生效，但荷尔德林并没有到那个拥有 16000 册藏书量的图书馆里履职。

12 月 2 日　辛克莱在巴黎参加了拿破仑加冕称帝的仪式。在此期间，辛克莱的母亲普勒克[1]太太负责照看荷尔德林。

1805

1 月　从巴黎回来以后，辛克莱与布兰肯施泰因交恶，结果后者上书维滕堡选帝侯，告发辛克莱谋反。

2 月 26 日　辛克莱被指控策划谋杀选帝侯，被维滕堡公国的官员带走。

2 月 27 日　辛克莱、巴茨、魏斯哈尔、泽肯多夫和布兰肯施泰因的叛国罪一案开始在路德维希斯堡审判。针对荷尔德林也展开了相关调查。

5 月 9 日　席勒辞世。

7 月 10 日　从案件审理拘禁中释放出来的辛克莱返回霍姆堡。

10 月 29 日　母亲寄出给荷尔德林的唯一一封留存下来的信。

11 月 24 日　释放以后被逐出维滕堡公国的泽肯多夫来访。

1806

1 月 1 日　维滕堡的选帝侯弗里德里希成为一国之君。

1　Auguste Wilhelmine von Proeck（1742—1815），辛克莱之母，因为辛克莱的生父早逝，后改嫁随第二任丈夫姓 von Proeck。除了照顾荷尔德林，她还长时间与荷尔德林的母亲保持通信。

1 月 14 日　母亲为荷尔德林在教会监理会提出了资助申请，经过后续一连串的申请之后，终于在 11 月 4 日获批了 150 古尔登的资助款。

8 月 3 日　根据莱茵同盟文件，黑森—霍姆堡被划入已经成为大公爵领地的黑森—达姆施达特，由此辛克莱认为再也无法让荷尔德林继续住在霍姆堡了。

8 月 6 日　在拿破仑的最后通牒下，弗兰茨二世[1]取消了王权，这意味着德意志神圣罗马帝国的终结。

9 月 11 日　返回图宾根后，荷尔德林被送往奥滕里特专科医院，并于 15 日接受治疗。

图宾根

10 月 9 日　维滕堡国王批准了母亲的申请，同意给荷尔德林提供每年 150 古尔登的资助。尤斯蒂努斯·克纳在医院里为荷尔德林做病历记录，直到 10 月 21 日。

11 月　泽肯多夫主编的《1807 年缪斯年鉴》(见参考文献中的 D27）出版，而荷尔德林并不知道他有三首诗歌收入其中。

1807

5 月 3 日　荷尔德林被专科医院判定为无法治愈，出院后移交给木匠恩斯特·齐默尔看护，荷尔德林在木匠家里栖身于"塔楼房间"，直到生命终结。他一开始似乎在房间里写下了很多作品，但仅有寥寥数篇存世；晚年却只为应承拜访者的请求作诗。

1　Franz Joseph Karl（1768—1835），神圣罗马帝国（1792—1806）的最后一位皇帝。

1815

4月29日 辛克莱在维也纳去世。

1820

以普鲁士少尉迪斯特为主体的团队开始尽力收集荷尔德林的诗歌。

1821

迪斯特向克纳求助，克纳将这一请求转告给了卡尔·戈克。在寻找和收集荷尔德林诗歌手稿、复本和印刷品的过程中，阿希姆·封·阿尼姆、富凯[1]、黑格尔、瓦恩哈根·封·恩泽、豪格、克纳、孔茨等人先后参与进来；普鲁士的玛莉安娜公主支持这一工作。路德维希·乌兰德和古斯塔夫·施瓦布担任出版人。

1822

5月14日 卡尔·戈克与科塔出版社签订合同，准备推出本年度刚刚发行的《许珀里翁》第二版，同时还准备出版荷尔德林诗歌集。

7月3日 魏布林格首次拜访荷尔德林。

1823

6月9日 魏布林格第一次带荷尔德林去了他租住在厄斯特贝格的花园寓所，此后每周一次，整个夏天都是如此。

1　Friedrich de La Motte Fouqué（1777—1843），德国浪漫派作家，著有多部小说、剧本、诗歌以及历史和文学研究作品，但只有童话《水妖》（*Undine*，1811 年）传世。

7月27日 默里克与洛鲍尔[1]、施赖纳[2]一道前来拜访，随后共同绘制了一幅荷尔德林的画像。

1825

默里克与施赖纳一起再度造访，据说又给荷尔德林画了一幅肖像。

1826

6月7日 《荷尔德林诗集》（见参考文献中的D1826）发行，由路德维希·乌兰德和古斯塔夫·施瓦布担任出版者。

1828

2月17日 荷尔德林的母亲辞世。母亲的支出表（参见1784年10月20日）由弗里茨·布罗伊林加以补充；其总额为10371古尔登加1个十字币。在其后出现的遗产纷争中，尼尔廷根地方财产管理人布尔克[3]判定荷尔德林享有母亲剩余遗产中的9000古尔登。

1829

6月2日 地方主任医师乌兰德[4]博士诊断荷尔德林"此刻尚

---

1 Rudolf Lohbauer，也作Rudolph Lohbauer（1802—1873），德国记者、军事理论家、出版者，与默里克交好。

2 Johann Georg Schreiner（1801—1859），画家，尤其擅长素描和平版画，与默里克交好。

3 Israel Gottfried Burck，信息不详。

4 Gotthold Immanuel Jacob Uhland（1759—1834），职业为主任医师，是神学教授乌兰德（Ludwig Joseph Uhland，1722—1803）之子，也是诗人乌兰德（Ludwig Uhland，1787—1862）的叔父。

还患有精神疾病"；母亲 1806 年申请的经济资助于是继续发放。

9 月　诺伊弗在《优雅世界之报》（见参考文献中的 D1829）发表了 1826 年的《荷尔德林诗集》阙如的 15 首诗歌。

1830

1 月 17 日　魏布林格在罗马去世。次年，他的传记《弗里德里希·荷尔德林的生平、创作与癫狂》以遗作的形式问世。

1838

6 月　默里克收到了"一大堆荷尔德林文稿"，但没有留存下来。

11 月 18 日　恩斯特·齐默尔去世，他的女儿夏洛特继续照料荷尔德林。

1841

1 月 16 日　施瓦布再度来访，荷尔德林可能首次对他自称"斯卡达内里"，并给一首诗署了此名。在荷尔德林的晚年，不断有同情者和好奇者纷至沓来，请求诗人给他们作诗留念。由此产生了大量的时令诗，大多标注的都是虚拟的日期，并署以新的名字。

2 月 16 日　戈克与科塔出版社订立合同，准备以口袋书的形式出版《荷尔德林诗集》的第二版。

1842

春季　露易丝·凯勒[1]造访，为《荷尔德林诗集》第二版绘

1　Louise Keller（1809—1850），德国肖像女画家。

制了卷首插画。

11月 《荷尔德林诗集》第二版发行，标注的出版年份是1843。

1843

1月24日 路德维希·乌兰德、A·凯勒、克里斯托夫·特奥多尔·施瓦布一道来访；荷尔德林辞世后，施瓦布出版了诗人的首部作品全集（见参考文献中的D1846）。

6月初 荷尔德林的最后一首诗《眺望》问世。

6月7日 荷尔德林在晚上11点左右溘然长逝。

6月10日 下葬。

译后记

写下这个标题时，内心感觉可谓五味杂陈。一方面自然有一丝如释重负，毕竟历时一年半的时间，这本书的翻译总算是画上了一个句号，在此也不由得感叹时光流逝之快。另一方面，这本书是德国顶尖学者萨弗兰斯基为享有世界级声誉的德国大诗人荷尔德林所立的传记，无论是作为研究对象的诗人传主还是作为同样负有盛名的作者，都让我觉得翻译这本书大有惶恐不安之感。而这样诚惶诚恐的感受，在一路摸索的翻译过程中一再得到印证。诚然，本书是荷尔德林的传记，但在对这位诗人行云流水般的叙述中，作者自然免不了援引诗人犹如粲然群星般熠熠生辉的诗篇。都说翻译难，译诗更难，而荷尔德林诗歌的解读已属困难，再迻译成汉语更殊为不易，再加上萨弗兰斯基的深厚广博的学养和优雅厚重的行文，无疑使得整个翻译过程喜忧参半，常有"拨开云雾、守得月明"的切身感受。

萨弗兰斯基的这本传记出版于 2019 年，而翌年就是荷尔德林 250 周年诞辰，这之间的关联自不待言。头顶"天才诗人""先知诗人""哲学诗人""诗人中的诗人"等桂冠的荷尔德林，可以说也称得上"先于时代之人"或曰"死后方生"，即在世时未享盛名，去世后很多年才被重新发现。颇值一提的是，德意志文化的三大源流，即古希腊罗马文化、基督教文化和日耳曼的固有文化，以及代表这三大传统的古典主义、虔敬主义和浪漫主义，都可以在荷尔德林身上找到印记：生于施瓦本地区的他，不可避免地受到当地虔敬主义的熏陶和感染，并遵从母命学了神学专业；但后来他一再违抗母亲的意愿，不愿做一名侍奉上帝的牧师，而转向做一名以诗艺为志业的诗人，在诗歌创作中一再"言必称希腊"，并参与构建了新神话诗学。他对古希腊文化的遥望与向往不仅体现为在诗歌中对关乎希腊的母题和意象反复吟咏、一唱三叹（有一首颂歌就题为《希腊》），从他笔下汩汩流出的其他文字亦可窥见：他在学生时代撰写的有关古希腊艺术的论文，比如诗化小说《许珀里翁》和剧本《恩培多克勒之死》，又如他对索福克勒斯的两部悲剧《俄狄浦斯王》和《安提戈涅》以及品达崇高颂歌的翻译。当然，除了当时涌现的"希腊热"，为诗人的精神生活插上翼翅的还有另外两股力量，其一为以康德等人为代表的哲学思潮的风起云涌，其二是当时发展得如火如荼的法国大革命。就哲学运动而言，荷尔德林不光接受和研读了斯宾诺莎、卢梭、康德和费希特等人的哲学著作，也跟他神学院时期的室友黑格尔和谢林一起参与造就了一场声势浩大的哲学运动，正因如此，有关荷尔德林的观念论哲学背景以及他与后康德哲学之间的密切关系，早已不是什么新鲜话题。就荷尔德林与法国大革命之间的关系而论，本书中多次提及的法国荷尔德林研究的执牛耳者贝尔托就曾将荷尔德林定义为法国大革命的追随者和雅各宾派，将荷尔德林研究带入了一个左派接受研究的

新阶段 [1]。事实上，青年时代的荷尔德林非常关注时事政治和革命斗争，投笔从戎也是他的心之所系。正因如此，他才会 1798 年元旦致弟弟的长信中写道："当黑暗的王国以暴力入侵，我们还是会把鹅毛管笔扔到桌子下面，以神的名义奔向苦难最为深重而又最需要我们的地方。"

西方精神科学（又称"人文科学"）的奠基者、德国著名学者狄尔泰在《体验与诗》中也曾专辟一章叙述荷尔德林，并用近乎咏叹调的笔触发出由衷的慨叹："哪里还有另一种由这样柔软的材料，像是由月光编织而成的诗人生活呢？他的生活如此，他的文学创作也是如此。" [2] 荷尔德林也俘获了茨威格这位拥趸，后者在《与魔鬼作斗争》中宣扬诗艺对于荷尔德林的重要意义，将它提升为一种指导生命运行的法度："诗——我重复一下——对荷尔德林来说并不像对其他人那样是生活的一种悦耳动听的配料，是人类精神躯壳上的装饰品，而是具有最高目的和意义的东西，是包容和塑造一切的原则：为此付出自己的一生是唯一有价值的、光荣的献身行为。" [3] 茨威格又把荷尔德林与当时德国的诗坛君主歌德进行对比，认为"即使对于歌德，诗艺也不过是生命的一部分，而对于荷尔德林却是生之意义所在，对于歌德来说它不过是一种个人的必需，而对于荷尔德林来说却是一种超个人的、宗教的必需" [4]。茨威格所言并非夸大其词，因为作诗于荷尔德林确实是一种近乎

---

1 参见刘晗：《作为雅各宾派的荷尔德林——皮埃·伯尔道的"荷尔德林和法国大革命"与荷尔德林左派接受阅读》，《外语研究》2017 年第 3 期。

2 ［德］狄尔泰：《体验与诗：莱辛·歌德·诺瓦利斯·荷尔德林》，胡其鼎译，生活·读书·新知三联书店 2003 年版，第 364 页。

3 ［奥］茨威格：《与魔的搏斗·荷尔德林》，潘璐译，高中甫（编）：《茨威格文集·第 4 卷·传记卷上》，陕西人民出版社 1998 年版，第 212—213 页。

4 同上书，第 212 页。

宗教的行为，是一种受神感召的天职。无独有偶，荷尔德林就创作过这样一首名为《诗人的天职》的诗。20 世纪初，除了狄尔泰之外，格奥尔格圈也重新发现了荷尔德林。于是，他与陀思妥耶夫斯基、克尔凯郭尔、尼采同被视为四颗耀眼的明星。当然，更耳熟能详的当是海德格尔对荷尔德林的推崇，这位哲学大家甚至借助荷尔德林诗歌这个方向指引或者参照系统，进而构建自己诗思合一的哲学体系。从某种意义上说，代表"诗性哲学"的海德格尔与代表"哲性诗学"的荷尔德林之间似乎存在一种"相互成全"的关系：海德格尔发现了荷尔德林，荷尔德林也表现了海德格尔。

终其一生，荷尔德林的命运不可谓不多舛。都说"躁狂抑郁多才俊"，天才与疯癫者的交界地带确实令人好奇，只是这位天才诗人差不多有一半的人生都是在癫狂的状态下度过的，而且是寄居他人屋檐之下。本来诗情万丈而且哲思充盈的他，却始终怀才不遇。德国古典文学双子星座的光芒太过耀眼，以至于让他这颗当时还未冉冉升起的新星黯淡无光。而歌德和席勒这两位诗坛巨擘对他的支持和提携也实在有限，对于席勒他尤其表现得过于谨小慎微，拘谨到让席勒本人都对他的敏感表示不适。他申请耶拿大学的一个讲师教职，也以失败告终，于是不得不一次又一次地从事家庭教师一职。正因如此，在 1802 年初动身前往波尔多再次从事这一职业之前，他才会在致友人伯伦多夫的信中"哀莫大于心死"地写道："他们可能并不需要我。"此外，在进入医院治疗之前，他还险些被好友牵连而身陷囹圄。他与一直爱戴的母亲之间的关系也异常复杂：自从被带到医院治疗以后，母子两人就再未谋面，而荷尔德林甚至一度中断了给母亲传书；直到后来在他的房东兼照管人、木匠齐默尔的敦促下，才与母亲恢复了通信往来，然而此时字里行间温情脉脉的推心置腹已经不复存在，取而代之的是近乎机械的问安套语。

　　年轻时代的荷尔德林本是相貌俊逸的美男子，有过几段风流韵事似乎也在所难免，而某些传闻时至今日也无法查证。但他与担任家庭教师的府上的女主人苏赛特之间刻骨铭心的恋爱经历，才让他切身体会到爱的甜蜜，让他真正感觉到"曾经沧海难为水，除却巫山不是云"。她是他植入《许珀里翁》并且得以神化的狄奥提玛，也是歌德《浮士德》中永恒女性的化身。"无奈佳人兮，不在东墙"，毕竟苏赛特已为人妻和人母，他们注定只能相识、相知、相恋，却无法长相厮守。在他俩的不伦之恋暴露以后，荷尔德林除了匆匆不辞而别，别无其他选择。在以后的两年里，两人还保持着秘密的鱼雁传书，甚至还定期幽会。但这样的地下恋情还是让双方惴惴不安，于是荷尔德林做出了搬离到更远的斯图加特的决定，并在这一时期写下了献给苏赛特的长篇告别哀歌《美侬哀诉狄奥提玛》，这也是德国乃至世界抒情诗宝库中的一颗璀璨明珠。1801 年 12 月上旬，荷尔德林动身前往波尔多，这段徒步征程可算得上险象环生，既有恶劣气候阻挡路程，又有绿林强盗伺机出没，于是他不得不枕着一把上膛的手枪安歇。但荷尔德林在当地只停留了半年，就又踏上了返乡之旅。他的恋人苏赛特在 1802 年 6 月 22 日去世，至于他们是否有过最后一面之缘，学界尚无定论。但《许珀里翁》倒数第二稿的终句，可算是对两人之间恋情的最好诠注："世间纷杂，如同恋人龃龉。争吵不休，又和好如初。别离的，必又重逢。血液从动脉分流，又重回心脏。这一切的一切，构成了统一、恒久而炽烈的生命。"[1]

1　译文参考李炜：《永恒之间：一部与时间作对的西方诗歌史》，袁秋婷译，上海人民出版社 2020 年版，第 239 页。引文由李炜从德语原文译成英文，再由袁秋婷译成中文，笔者略有改动。

除了这段传奇般的恋情，荷尔德林也收获了相当多的友情，以及浓得化不开的知音之情。在图宾根神学院时期，荷尔德林、黑格尔、谢林"三剑客"同住一室，而荷尔德林总是罩着矮小瘦弱的谢林，以防他遭受校园霸凌。日后三人分道扬镳、离多聚少，但荷尔德林在某个夏日一路翻山越岭、长路跋涉，只为了与暌违六载的谢林重逢，莫逆之交何等固若金汤，此处略见一斑。遥想 1791 年 2 月，荷尔德林在黑格尔的纪念册上留言，上书歌德诗剧《陶里斯岛上的伊菲格涅》中的一句"喜悦与爱是飞往伟业的翼翅"；黑格尔在 1796 年夏也赋诗一首《厄琉息斯》，遥赠荷尔德林，这也是他毕生唯一的一首引人重视的诗。荷尔德林精神错乱后，黑格尔也施以援手，帮助他联系出版诗作，这更是两人情谊的见证。要说荷尔德林生前完全默默无闻，那也站不住脚，毕竟早在 1805 年的法兰克福就出现了荷尔德林的第一批知音，其中心人物有浪漫派成员阿尼姆伉俪、布伦塔诺、格雷斯、京德尔罗德等。至于木匠齐默尔，则可算是荷尔德林的头号拥趸，他去世以后，其女儿接过接力棒，继续承担起照顾荷尔德林的责任，为此甚至终身未嫁。在荷尔德林的下葬仪式举行的当日，风雨如晦，前来送他最后一程的，没有他生前的旧友、故人以及那些学富五车的教授，只有为数众多的知音——好几百名大学生。何其可怜，荷尔德林就像一把绷紧了弦的琴，因为精神疾病的折磨而毁损，又像一只被折断了翼翅的鹰隼，只能浑身痉挛地扑腾着翅膀；但又何其有幸，毕竟他也曾被亲情、爱情、友情和知遇之情包围，也曾被恒久不灭的人性之光照耀。即便是在他幽居塔楼、精神错乱的漫长年头，他还是创作出了《斯卡达内利诗集》(《塔楼之诗》)——这把琴还是奏出了华美而不朽的乐章，这只鹰终能振翅朝着太阳飞去。

自民国时期以来，汉语世界的荷尔德林翻译与研究已经走过了一个多世纪的征程。如何让荷尔德林"说汉语"，向来都不是一桩易事。除了诗人在图像、譬喻、象征、格律、节奏、布局、句法、语序、省略等诗艺层面近乎天马行空的纵横捭阖、游刃有余，诗中充盈的古典学和基督教神学等领域的艰深文化知识也常让人对其诗歌的翻译望而却步。尽管如此，万幸的是仍有"崔颢题诗在上头"。就荷尔德林各类体裁的作品汉译而言，一批翻译界前辈已经提供了可供参阅的译文：这里既有早期前辈学人比如冯至、季羡林、王佐良、杨业治、钱春绮等，也有近年来的戴晖、顾正祥、张红艳、先刚、刘皓明、林克等。当然，若论如盐溶水、不着痕迹般的化用，当数那位写下"血以后是黑暗"的薄命诗人海子。他极富创造性地汲取了荷尔德林诗歌中的人神关系等养分，成就了自己的不朽诗篇，包括致敬荷尔德林的组诗——《不幸》。海子在与这个世界诀别前夕留下了散文《我热爱的诗人荷尔德林》，约 10 年后，这篇文章被译成德语，发表于德国荷尔德林研究学会的门户期刊《荷尔德林年鉴》(1998—1999 年)。

　　笔者无意在此论资排辈或者臧否现有译文，只想表达对所有先行者的敬意和致谢，但相关的援引和借鉴恕难一一注明。即便是相对不那么好评如潮的译本，在笔者看来，也并非不能从中收获一丝一毫的助益，这也是笔者在翻译过程中的切身体会。从文学和翻译阐释学的角度来看，既然"(原)作者已死"，每位译者都有自己在进行了"视域融合"之后的不同解读；而且早年间收录于海德格尔作品中的荷尔德林诗歌的汉译，自英语转译者不在少数，所以其汉语翻译或阐释甚或可能大相径庭。姑且不论荷尔德林那些相对小众、在汉语世界尚未传播甚广的诗篇，就是他最为国人所知的那句"人，诗意地栖居在大地上"(doch dichterisch wohnet/Der Mensch auf dieser Erde），都有不同声音出现[1]。如果采取另一种不同于当下盛行的"诗意"充盈的解读方法，这句诗是否可以堂而皇之地用于房地产商的广告，恐怕要打上一个巨大的问号。另外，各位译者对文风或曰字里行间"气韵"（或许也可以套用本雅明所言的 Aura）的偏好也不尽相同，而"直译与意译""归化与异化"两相争斗的喧嚣早已不绝于耳。至于汉译作品中"汉化"的尺度与原文"陌异度"抑或异域情调的保留问题，也是见仁见智。举例来说，荷尔德林诗歌语序中的一个显著特征是经常把主语置于最后，那么这一打上了荷尔德林专属印记的、"彰明较著"（陈维纲译《在柔媚的湛蓝中》一诗所用字眼）的德语句法特征，要以何种程度在汉语中再现呢？考虑到作为非曲折语的汉语和作为曲折语的德语之间巨大的语法结构区别，要想实现这一重构可谓难矣。比如《思忆》一诗中有一句被刘皓明尽量紧贴原文地直译为"远眺着一对儿高贵的橡树与白杨"[2]（Hingeschaut ein edel Paar/Von Eichen und Silberpappeln），对此刘认为可以通过诵读时变换节奏来克服两种语言结构上的差异，即可以把"橡树与白杨"理解为原文中的主语，而非汉语母语者惯性思维中的宾语。但笔者同意程炜的说法，即这一节奏变化恐怕难以奏效[3]。为了尽可能地彰显荷尔德林这一极具个人特色的诗艺特征，笔者只有勉为其难地将原文中不带强调色彩的陈述句译为汉语中的强调句，即"眺望着的，是一对 / 高贵的橡树和白杨"，至于其审美效果

---

1 参见卫茂平：《今天您"诗意地栖居"了吗？——德诗汉译考究一则》,《中华读书报》2014 年 1 月 1 日第 18 版。
2 刘皓明：《荷尔德林后期诗歌（文本卷 德汉对照）》，华东师范大学出版社 2009 年版，第 457 页。
3 程炜：《制造语文文学——评刘皓明〈荷尔德林后期诗歌〉》,《中国学术》2017 年第 38 辑，第 263 页。

如何，还有待诸位读者评价。翻译之难而又因难见巧，此处可以再次窥见。就荷尔德林汉译的文风而言，笔者最赞同的还是已故翻译家、《里尔克全集》汉译者陈宁的观点。在他看来，荷尔德林所说的汉语，当是一种古风犹存而雅驯典丽的现代汉语。在翻译过程中，笔者借鉴前人翻译成果，在"转益多师是吾师"的基础上尽力朝着这一目标努力，但囿于自身的文化学识、古汉语功底和诗艺水平，恐怕多有力所不逮以及疏漏舛讹之处。

写到这里，感谢之情溢于言表。首先要感谢上海人民出版社，尤其是赵伟编辑的邀约和接洽，多年来该出版社一直致力于优秀学术著作的出版，在德语学术文化书籍汉译出版方面贡献颇多。真诚致谢天堂里的陈宁，他发表在豆瓣社区"荷尔德林小组"内的译文抑或原创文章，以及对现有荷尔德林诗文集翻译的评论，都让我受益良多，一并感谢与荷尔德林诗歌主题相关的其他参与者的评论和探讨，限于篇幅无法一一罗列网名。最后还要感谢来自波恩的德国汉学家汉克杰（Heinrich Geiger）博士，没有他不厌其烦地耐心答疑解惑，恐怕译文中的诸多未解之处可能就会不无遗憾地"跳将"过去。另外还需说明的是，萨弗兰斯基迄今推出了包括本书在内的多部德语国家文化名人传记，其风格都可谓通识性、学术性与可读性水乳交融，为此译本中保留了原文的德语注释和参考文献，以备通晓德语者查证；本着方便一般读者非学术性阅读的目的，笔者以毛明超翻译的萨弗兰斯基的《德意志理想主义的诞生——席勒传》（社会科学文献出版社2021年版）为标杆，对书中出现的大量专名，尤其是人名做了较为详细的注释。

"不为至大者所拘，而为至小者所含，此乃神性"，这是《许珀里翁》倒数第二稿第一部开篇的引言。按照海德格尔的阐释，天地神人构成"四方—世界"，而处于天和地两极之间的人与神需要一个"中介"，而这个"中介"就是作为半神的诗人。其实，除了诗人，译者又何尝不是一种"中介"，就好比希腊神话中奥林匹斯十二主神之一的赫尔墨斯，其主要的使命是充当众神的使者，向作为大地之子的民众传达众神的旨意。每一位以翻译为志业（而不仅仅是职业）者，都应该立志充当鲁迅所言的盗火的普罗米修斯。

"虽不能至，心向往之"。是为记。

何俊

2022 年 10 月 5 日于诗城成都

图书在版编目(CIP)数据

荷尔德林传：来吧，朋友！到广阔天地中去！/
（德）吕迪格尔·萨弗兰斯基著；何俊译. —上海：上
海人民出版社，2023
ISBN 978-7-208-18249-3

Ⅰ. ①荷…　Ⅱ. ①吕…　②何…　Ⅲ. ①荷尔德林
(Hoelderlin, Friderich 1770-1843)-传记　Ⅳ.
①K835.165.6

中国国家版本馆 CIP 数据核字(2023)第 065341 号

责任编辑　赵　伟
封面设计　胡斌工作室

荷尔德林传：来吧，朋友！到广阔天地中去！
[德]吕迪格尔·萨弗兰斯基 著
何　俊 译

出　　版　上海人民出版社
　　　　　（201101　上海市闵行区号景路 159 弄 C 座）
发　　行　上海人民出版社发行中心
印　　刷　上海盛通时代印刷有限公司
开　　本　890×1240　1/32
印　　张　12
插　　页　4
字　　数　269,000
版　　次　2023 年 7 月第 1 版
印　　次　2023 年 7 月第 1 次印刷
ISBN 978-7-208-18249-3/K·3279
定　　价　68.00 元

Hölderlin-Komm! Ins Offene, Freund!

by Rüdiger Safranski

© 2019 Carl Hanser Verlag GmbH&Co. KG, München

Chinese language edition arranged through HERCULES Business &

Culture GmbH, Germany